权威 · 前沿 · 原创

皮书系列为
“十二五”“十三五”国家重点图书出版规划项目

长江经济带高质量发展研究报告（2019）

ANNUAL REPORT ON HIGH QUALITY DEVELOPMENT OF YANGTZE RIVER ECONOMIC BELT (2019)

主　编／国务院参事室长江经济带发展研究中心
中国宏观经济研究院

社会科学文献出版社
SOCIAL SCIENCES ACADEMIC PRESS (CHINA)

图书在版编目（CIP）数据

长江经济带高质量发展研究报告. 2019 / 国务院参事室长江经济带发展研究中心，中国宏观经济研究院主编. -- 北京：社会科学文献出版社，2019. 12

（长江经济带蓝皮书）

ISBN 978-7-5201-5877-0

Ⅰ. ①长… Ⅱ. ①国… ②中… Ⅲ. ①长江经济带-区域经济发展-研究报告-2019 Ⅳ. ①F127. 5

中国版本图书馆 CIP 数据核字（2019）第 278898 号

长江经济带蓝皮书

长江经济带高质量发展研究报告（2019）

主　　编 / 国务院参事室长江经济带发展研究中心
　　　　　 中国宏观经济研究院

出 版 人 / 谢寿光

责任编辑 / 吴　敏

出　　版 / 社会科学文献出版社 · 皮书出版分社（010）59367127
　　　　　 地址：北京市北三环中路甲 29 号院华龙大厦　邮编：100029
　　　　　 网址：www. ssap. com. cn

发　　行 / 市场营销中心（010）59367081　59367083

印　　装 / 天津千鹤文化传播有限公司

规　　格 / 开 本：787mm × 1092mm　1/16
　　　　　 印 张：24　字 数：360 千字

版　　次 / 2019 年 12 月第 1 版　2019 年 12 月第 1 次印刷

书　　号 / ISBN 978-7-5201-5877-0

定　　价 / 128. 00 元

编　委　会

主编单位简介

国务院参事室长江经济带发展研究中心　国务院参事室长江经济带发展研究中心成立于2018年，运用“参事+”模式，充分发挥国务院参事室、长江沿线11个省市政府参事室及政产学研和智库等各方智力资源优势，聚焦推动长江经济带高质量发展重点工作、难点问题，开展调查研究，提出对策建议，为领导同志和有关地区、部门制定政策、部署工作提供决策参考，迄今已组织国务院参事、沿江省市政府参事及相关智库专家开展多项联合调研，相关研究成果已上报国务院领导同志。此外，国务院参事室长江经济带发展研究中心还举办年度“长江论坛”，邀请政参学企等各方人士就相关主题进行深入研讨，交流思想，汇聚众智，建言献策。

中国宏观经济研究院　中国宏观经济研究院是以宏观经济理论和政策为专长的国家高端智库，参与了大量国家发展战略的前期研究工作。自2013年起，院领导牵头设立长江经济带课题组，承担了《关于依托黄金水道推动长江经济带发展的指导意见》和《长江经济带发展规划纲要》的前期研究，并参与了文件的起草和解读工作。近年来，课题组连续跟踪长江经济带发展形势，并对长江流域管理体制、市场准入负面清单制度、长江经济带发展指标体系等重大问题开展深入研究。

前　言

推动长江经济带发展是以习近平同志为核心的党中央做出的重大决策，是关系国家发展全局的重大战略。为贯彻落实党中央、国务院关于推动长江经济带发展战略部署，国务院参事室于2018年成立了长江经济带发展研究中心，在国家发展改革委、科技部、司法部、生态环境部、交通运输部、水利部、国家统计局等部门的支持指导下，以国务院参事、长江经济带沿线省市政府参事为主体研究力量，联合中国宏观经济带研究院、上海社会科学院、同济大学国家现代化研究院、长江经济带（复旦大学）发展研究院、南京大学长江产业经济研究院、南通大学江苏长江经济带研究院、湖北社科院长江流域经济研究所、重庆长江经济带研究院等研究机构，对推动长江经济带高质量发展开展研究，提出有针对性的、可操作性的政策建议。

《长江经济带高质量发展研究报告（2019）》由国务院参事室长江经济带发展研究中心联合中国宏观经济研究院共同编制，集成了国务院参事、地方政府参事和科研院所专家近年来有关长江经济带的研究成果。本书从大力保护长江生态环境、加快构建综合立体交通、创新驱动产业转型升级、积极推进新型城镇化、努力构建全方位开放新格局五个方面探讨了长江经济带高质量发展的目标和路径。

全书由总报告、生态环境篇、综合交通篇、产业升级篇、新型城镇化篇、对外开放篇、建言献策篇及附录构成。相关政策建议突出有针对性、可操作性，体现了在深入实际调查研究的基础上，提出的一些新招、硬招、实招和行动方案。国务院参事室长江经济带发展研究中心成立以来，充分发挥参事咨询国是的作用，组织国务院参事室与长江沿线11省市的政府参事室以及政、产、学、研和智库等各方资源，为推动长江经济带发展建言献策，在推进长江保护立法、构建长江经济带发展指标体系、破解长江经济带重化工围江问题、推动区域协同发展和产业协同发展等方面提出诸多务实管用的对策建议。

本书具有一定学理性，注重目标、任务、需求和问题的导向性，适用于广大读者了解推动长江经济带发展战略的部署和工作成效，力求服务科学民主决策，助力推动长江经济带高质量发展。

编委会

2019 年 10 月

摘　要

推动长江经济带发展，是以习近平同志为核心的党中央做出的重大决策。党的十八大以来，习近平总书记站在历史和全局高度，从中华民族长远利益出发，亲自谋划推动长江经济带发展，提出了“共抓大保护、不搞大开发”、“生态优先、绿色发展”、“一盘棋”、“一张蓝图干到底”和推动长江经济带发展需要正确把握五个关系等战略思想，为新形势下推动长江经济带高质量发展指明了方向。

在习近平新时代中国特色社会主义思想指导下，在党中央、国务院坚强领导下，各有关部门单位和沿江省市做了大量工作，生态、交通、产业、城镇、开放、体制等方面取得长足进步。长江经济带建设成为引领我国经济高质量发展的生力军，这是由长江经济带的现状、地位和战略取向所决定的，也是我国实现第二个百年奋斗目标的重点任务之一。

推动长江经济带高质量发展，首要任务是大力保护长江生态环境，必须从中华民族长远利益考虑，把修复长江生态环境摆在压倒性位置。从生态系统整体性和长江流域系统性着眼，从江湖关系的角度出发，从源头上查找原因，统筹山水林田湖草等生态要素，系统设计方案，实施好生态修复和环境保护工程，逐步解决长江生态环境透支问题。

推动长江经济带高质量发展，必须统筹各种交通运输方式，加强衔接协调，降低运输成本，提高综合运输效益和整体效率。以运输组织优化调整和供应链协同创新为核心，以运输质量、效率、动力变革为路径，统筹调整发展思路，牵引带动长江经济带运输结构、能源结构、产业结构深度优化调整，加快构建与产业、经贸、生态深度融合的现代化绿色立体交通廊道。

推动长江经济带高质量发展，必须创新驱动产业转型升级，以壮士断腕、刮骨疗伤的决心，积极稳妥腾退化解旧动能，破除无效供给，彻底摒弃以投资和要素投入为主导的老路。利用旧动能腾退出的新空间培育发展先进产能，引导传统产业向高端发展，构建现代化产业体系，增加有效供给，加快形成新的产业集群，实现腾笼换鸟、凤凰涅槃。

推动长江经济带高质量发展，必须积极推进新型城镇化，统筹水、路、港、岸、产、城等多个方面，运用系统论的方法，正确把握自身发展和协同发展的关系。长江经济带各大中小城市在明确自我发展定位和方向的同时，需要立足整个城市群的发展定位和方向，找到自己错位发展的重点方向，实现协同发展、有机融合，形成整体合力，将长江经济带打造成为高效经济体。

推动长江经济带高质量发展，必须努力构建全方位开放新格局，统筹沿海、沿江、沿边和内陆开放。从硬件上改善国际运输通道，提升对外开放平台。从软件上构建开放型经济新体制，清理阻碍要素合理流动的地方性政策法规，清除市场壁垒，推动劳动力、资本、技术等要素跨区域自由流动和优化配置，复制推广上海自贸试验区改革创新经验，实现与“一带一路”建设的有机融合，培育国际经济合作竞争新优势。

目　录

Ⅰ　总报告

Ⅱ　生态环境篇

Ⅲ　综合交通篇

Ⅳ　产业升级篇

Ⅴ　新型城镇化篇

Ⅵ　对外开放篇

Ⅶ 建言献策篇

Ⅷ 附录

皮书数据库阅读使用指南

总　报　告

General Report

B.1 推动长江经济带高质量发展研究

国务院参事室长江经济带发展研究中心
中国宏观经济研究院

摘　要： 根据习近平总书记要把“长江经济带‘建设成为引领我国经济高质量发展的生力军’”的指示精神，三年来，长江经济带树立“一盘棋”思想，坚持“生态优先、绿色发展”的战略定位，坚持“共抓大保护、不搞大开发”的战略要求，坚持“保护与发展协同推进”的重大原则，坚持“一张图”作战，高质量发展特征逐步显现：共抓大保护格局基本确立，创新驱动深入人心，区域协调度不断增强，流域开放度快速提升，发展共享指标持续改善。同时也应该看到，长江经济带发展仍然面临生态环境协同治理较弱、各种运输方式各自为政、产业无序低效竞争、流域发展不平衡不协调等突出问题，需要进一步深刻领会习近平总书记关于长江经济带的战略思想，强化部门间区域间统筹协调，加快推进关键领域关键环节的核心制度改革，重点破解“十四五”时期长江经济带高质量绿色发展难题，为长江经济带引领我国经济高质量发展积累先行经验。

关键词： 长江经济带　高质量发展　生态环境

推动长江经济带发展是党中央做出的重大决策，是关系国家发展全局的重大战略。习近平总书记高度重视长江经济带的发展，先后于 2016 年 1 月 5 日和 2018 年 4 月 26 日在上游重庆和中游武汉召开座谈会，提出“把修复长江生态环境摆在压倒性位置”、“共抓大保护、不搞大开发”、“生态优先、绿色发展”和正确把握“五大关系”等战略思想。在习近平新时代中国特色社会主义思想指导下，推动长江经济带发展领导小组办公室会同国务院有关部门、沿江省市，在顶层设计、生态环境、转型发展、体制机制等方面进行积极探索。三年来，长江经济带的生态、交通、产业、城镇、开放、体制等都取得了长足进步，特别是在生态保护环境治理和交通基础设施建设两个方面成效显著。习近平总书记在重庆座谈会上提出，将长江经济带建设成为引领我国经济高质量发展的生力军，这是由长江经济带的现状、地位和战略取向所决定的，也是我国实现第二个百年奋斗目标的重点任务之一。

一　深刻领会长江经济带发展的战略思想

长江经济带是我国面积最大的区域发展战略，11 省市占国土面积的 21%，2018 年创造了 47% 的国内生产总值，也就是 1/5 的面积创造了近 1/2 的经济价值，被公认为是我国经济重心和活力所在。与其他区域发展战略不同的是，长江经济带横跨东部、中部、西部，连接南、北方，集沿海、沿江、沿边、内陆为一体，具有我国经济发展不同阶段特征，具备东西双向开放的独特优势，市场发展潜力巨大。同时，不容忽视的是，长江经济带地区生态地位十分突出，带内长江干流和主要支流、湖泊具有强大的涵养水源、繁育生物、释氧固碳、净化环境功能，是人类赖以生存和永续发展的重要支撑。基于长江经济带特殊的生态特性，习近平总书记从战略高度，对长江经济带高质量发展明确提出若干要求。

（一）战略定位：生态优先、绿色发展

定什么样的位，是任何发展战略决策面临的首要问题，科学定位是发展战略取得成功的基本前提。习近平总书记在重庆召开的推动长江经济带发展座谈会上，第一次明确赋予长江经济带“生态优先、绿色发展”的战略定位，并在武汉召开的深入推动长江经济带发展座谈会上，再次强调了这一战略定位。习近平总书记对长江经济带发展这一全新的战略定位，从一开始就引发了人们强烈的思想震动，随着实践的深入，这一思想发挥出越来越强大的正能量。长江经济带是一条经济带，为什么要生态优先？这是由长江和长江经济带特殊且重要的地位和作用所决定的。长江拥有独特的生态系统，是我国重要的生态宝库。它既是中华民族的母亲河，更是中华民族永续发展的生命河。长江经济带坚持“生态优先、绿色发展”的战略定位，不仅体现了对自然规律的尊重，也彰显了对经济规律、社会规律的尊重。生态优先并不是只保护不发展，而是要在生态修复、环境治理的前提下，实现不对生态环境造成大面积破坏和威胁的绿色发展，在发展中保护，在保护中发展。

（二）战略要求：共抓大保护、不搞大开发

习近平总书记在重庆召开的推动长江经济带发展座谈会上指出，当前和今后相当长一个时期，要把修复长江生态环境摆在压倒性位置，共抓大保护、不搞大开发。在党的十九大报告中，习近平总书记再次明确指出：“以共抓大保护、不搞大开发为导向推动长江经济带发展。”这是在新的历史起点上推动长江经济带发展的总要求和基本遵循。如何理解“共抓大保护、不搞大开发”？这两句话互为前提，只有共抓大保护，才有可能实现不搞大开发；也只有不搞大开发，才有可能实现共抓大保护。所谓“共抓”，就是

要增强系统思维能力，发挥好协同作用，长江上中下游、左右岸、干支流、江湖库所涉及的各个地方、中央的各个部门都要承担起责任并且形成强大合力。所谓“大保护”，首先是保护范围和领域要“大”，保护好长江整个山水林田湖草生态系统，保证“一江清水、两岸青山”，实现碧水、蓝天、净土；其次是保护力度要“大”，依法治江、依规治江，制定负面清单，划定红线，立下“禁令”，各级政府各个部门都要以空前的资金投入力度和行政执法力度保护长江这一中华民族的母亲河和生命河。所谓“大开发”，是指规模强度超出资源环境承载能力的、对生态环境有较大破坏性的经济开发建设。“不搞大开发”，是指要有序有度有限地开发建设，追求科学、绿色、可持续发展，在全国率先实现高质量发展。

（三）重大原则：保护和发展协同推进

如何处理好生态环境保护和经济发展的关系，这是发展过程中普遍存在的现实问题。随着我国经济由高速增长转向高质量发展，正确处理好两者关系尤为重要，需要从思想上高度重视，从行动上贯彻落实。习近平总书记反复强调，生态环境保护和经济发展不是矛盾对立的关系，而是辩证统一的关系。生态环境保护的成败归根到底取决于经济结构和经济发展方式，习近平总书记要求我们坚决摒弃以牺牲环境为代价换取一时经济发展的做法，积极探索推广绿水青山转化为金山银山的路径，选择具备条件的地区开展生态产品价值实现机制的试点，探索政府主导、企业和社会各界参与、市场化运作、可持续的生态产品价值实现路径，实现生态文明建设、脱贫攻坚、乡村振兴协同推进，这不仅是实现可持续发展的内在要求，也是推进现代化建设的重大原则。

（四）树立“一盘棋”思想

长江经济带作为流域经济，涉及水路港岸产城等多个方面，拥有山水林田湖草和江湖库等多个生态要素构成的完整自然生态系统。同时，长江经济带也是一个巨大的经济社会系统，涉及中央十多个管理部门和 11 省市，涉及上中下游、左右岸、干支流。长江经济带以长江为纽带，长江的主体功能覆盖生产、生活和生态三大功能，生产功能又涉及防洪、通航、发电和养殖等。推动长江经济带发展需要处理的关系和矛盾异常繁多，需要科学的制度保障和高超的组织统筹，运用系统的方法手段，正确把握自身发展和协同发展的关系。长江经济带的各个部门、各个地区、各个城市在各自发展过程中要树立“一盘棋”思想，把自身发展放到协同发展的大局之中，从生态系统整体性和长江流域系统性着眼，统筹山水林田湖草生态要素，统筹各种交通运输方式，避免产业的无序低效竞争，实现沿江三大城市群差异化协同发展，做好区域协调发展“一盘棋”这篇大文章，努力将长江经济带打造成为有机融合的高效经济体。

（五）坚持“一张图”作战

习近平总书记明确指出，推动长江经济带发展涉及经济社会发展各领域，是一个系统工程，不可能毕其功于一役。要做好顶层设计，要有“功成不必在我”的境界和“功成必定有我”的担当，以钉钉子精神，脚踏实地抓成效，积小胜为大胜，一张蓝图干到底。《长江经济带发展规划纲要》（以下简称《纲要》）及10个专项规划的规划期大部分都是近期到2020年、远期到2030年。当前世界面临百年未有之大变局，需要我们结合《纲要》实施情况及国内外发展环境新变化，按照新形势新要求调整完善规划内容，起到统领各专项规划的作用，其中空间规划将统领水资源利用、水污染防治、岸线使用、航运发展等方面空间利用任务，促进经济社会发展格局、城镇空间布局、产业结构调整与资源环境承载能力相适应。各项规划要对实现既定目标制定明确的时间表、路线图，稳扎稳打，分步推进。只要一锤接着一锤敲，必然会大有成效。

二　推动长江经济带发展三年进展和特点

（一）共抓大保护格局基本确立，绿色发展度持续提升

三年来，我国围绕“共抓大保护”印发实施了《长江经济带发展负面

清单指南（试行）》和《长江流域水环境质量监测预警办法（试行）》等政策文件，全面建立了河长制、湖长制。同时，国务院有关部门、沿江各省市在长江经济带开展了一系列专项整治行动。1361 座非法码头，有 1254 座被彻底拆除，107 座得到生态复绿和规范提升。2673 个饮用水水源地环境违法问题完成整治 99.9%。入河排污口底数摸清，完成登记造册。河道管理范围内 1376 处固体废物得到清理整治。

由于长江水质改善是水陆空生态环境综合治理的结果，可以将长江水质作为反映长江经济带绿色发展度的核心指标。经过三年治理，长江水质总体稳定，长江流域监测断面符合或优于Ⅲ类的水质比重保持稳定上升，从 2014 年的 77.5% 上升至 2018 年的 88.9%，劣Ⅴ类水质从 9.6% 降至 2.3%（见表 1、图 1）。长江干流水质、长江三峡库区水质均符合或优于Ⅲ类标准。

表 1　2012 ~ 2018 年长江流域水质评价结果

单位：公里，%

年份	评价河长	Ⅰ类	Ⅱ类	Ⅲ类	Ⅳ类	Ⅴ类	劣Ⅴ类	Ⅲ类及以上	Ⅱ类及以上
2018	85843	—	—	20.1	7.5	2.0	2.3	88.9	68.1
2017	70897	7.8	55.1	21.0	8.8	3.1	4.2	83.9	62.9
2016	70456	7.4	49.4	25.9	8.8	3.7	4.8	82.7	56.8
2015	67687	7.3	47.3	24.2	8.6	5.0	7.6	78.8	54.6
2014	64553	6.2	46.4	24.9	9.0	3.9	9.6	77.5	52.6
2013	59648	6.0	47.9	20.5	8.4	5.6	11.6	74.4	53.9
2012	57562	4.9	45.3	24.5	8.6	4.6	12.1	74.7	50.2

资料来源：2012 ~ 2017 年数据来源于《中国环境统计年鉴》，2018 年数据来源于《2018 年长江流域及西南诸河水资源公报》。

森林覆盖率也是反映长江经济带绿色发展度的核心指标之一。《长江经济带发展规划纲要》要求，到 2020 年长江经济带森林覆盖率达到 43%。根据各省（市）公布的 2018 年森林覆盖率数据计算，长江经济带森林覆盖率已超过 48%。其中，中游地区森林覆盖率接近 55%，上游地区与长江经济带整体水平持平，达到 48.3%，下游地区为 36.3%（见图 2）。

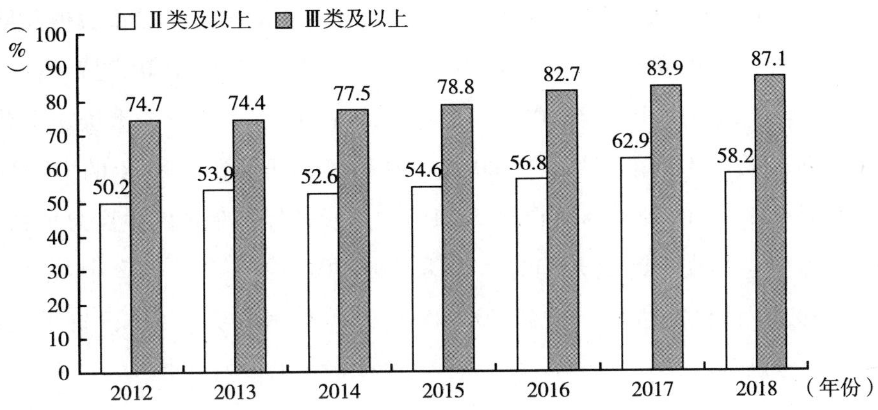

图1　长江流域水质变化情况

资料来源：2012～2017年数据来源于《中国环境统计年鉴》，2018年数据来源于《全国地表水水质月度报告》。

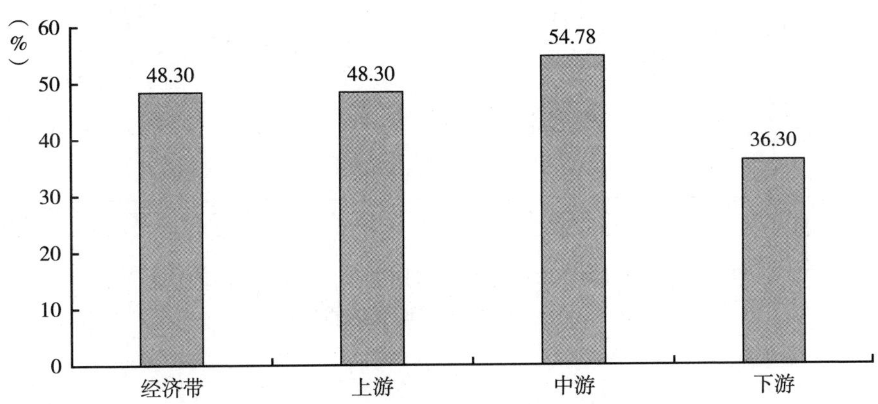

图2　2018年长江经济带森林覆盖率

资料来源：各地《国民经济和社会发展统计公报》。

（二）经济增长稳中求进，经济贡献度大幅提升

长江经济带在中国经济巨轮中具有“压舱石”作用，2014年以来，长江经济带对全国经济增长的贡献率上升较快，从2014年的43.7%快速上升到2017年的47.1%，受重庆经济增速调整等影响，2018年贡献率出现小幅

回落，与2016年水平持平。虽然2018年与2016年的经济贡献率数值相同，但结构已经发生了变化。中游（湖北、湖南、江西三省）贡献率持续提升，从2016年的11.7%上升到2018年的12.2%；上游（四川、重庆、贵州、云南四省）贡献率回落明显，从2016年的11.9%回落到2018年的11.6%；下游也从2016年的23.3%下调至23.1%。从长江经济带地区生产总值占全国比重来看，呈现不断上升趋势，2018年比2012年上升了3.2个百分点，首次突破40万亿元大关，达到402985亿元，同比增长7.4%，高于全国0.8个百分点。

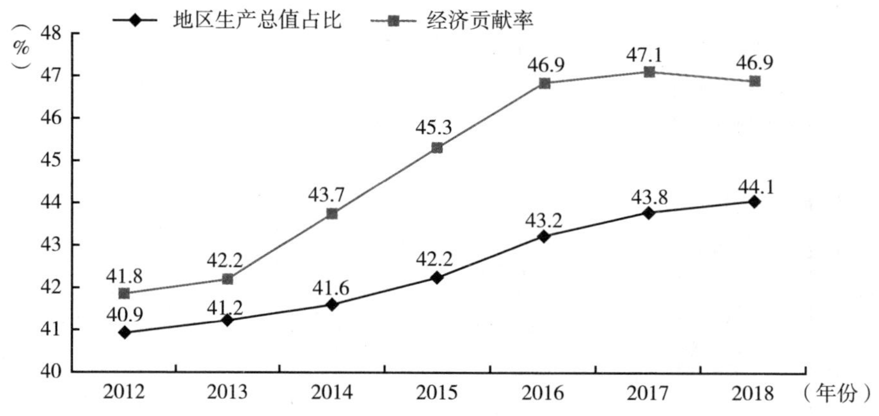

图3　2012～2018年长江经济带地区生产总值占全国比重、对全国经济增长的贡献率

资料来源：国家统计局。

（三）地区差距有所缩小，区域协调度不断增强

在全国区域分化加深背景下，长江经济带地区分化现象得到了初步遏制。用长江经济带11省市人均地区生产总值加权变异系数来表示地区经济发展差距。变异系数的数值越小，地区差距就越小。2018年，长江经济带11省市人均GDP加权变异系数为0.430，与2014年持平，比2017年下降0.008，地区发展差距小幅收敛（见图5）。流域上下游发展差距逐步缩小，2018年长江经济带实现人均GDP 10202美元，首次迈上1万美元台

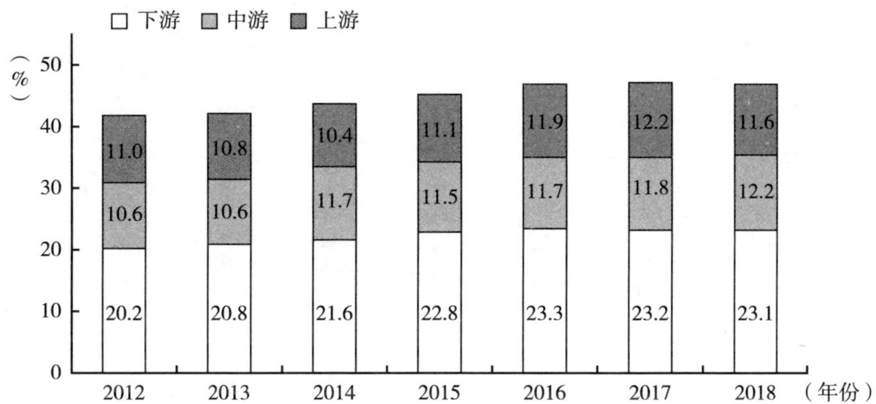

图4　2012～2018年长江经济带上、中、下游对全国经济增长的贡献率

资料来源：国家统计局。

阶，不断接近世界银行设立的高收入经济体门槛。其中，下游实现人均GDP 14237美元，中游、上游为8479美元和7148美元。区域协调度增强得益于贵州、云南、四川等上游地区高速增长，2018年上游人均GDP相当于下游的50.2%，比2014年上升1.0个百分点，比2012年上升2.9个百分点。

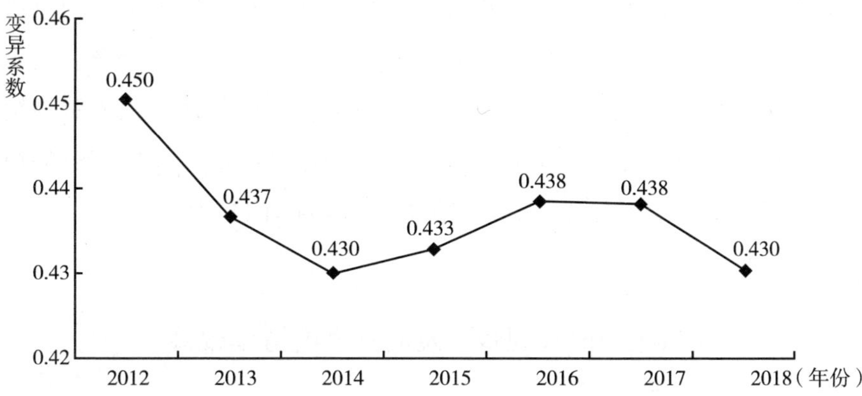

图5　2012～2018年长江经济带11省市人均GDP加权变异系数

资料来源：国家统计局。

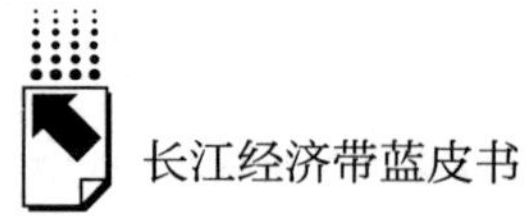

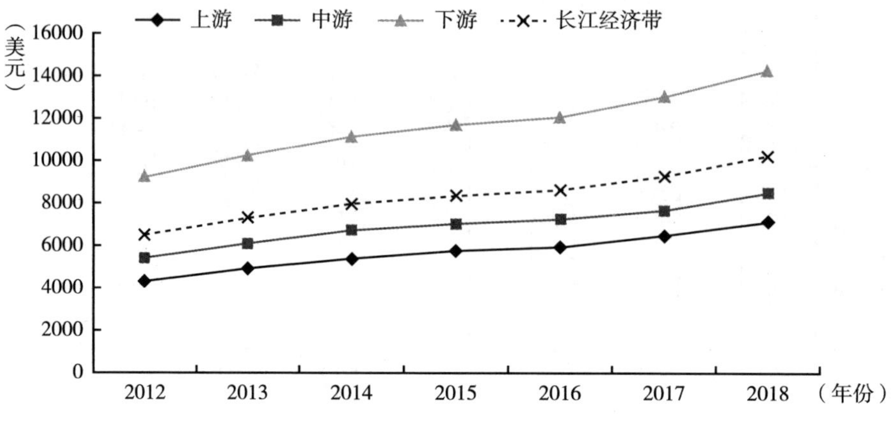

图 6　2012～2018 年长江经济带上、中、下游人均 GDP

资料来源：国家统计局。

（四）外资和外贸增长较快，流域开放度快速提升

长江经济带 11 省市货物贸易进出口总额是衡量地区对外开放程度的核心指标。三年来，沿江各省市加快推进自由贸易试验区、跨境经济合作区建设，下游长三角地区引领作用进一步增强，中游地区打造内陆开放新高地，上游成渝地区主动融入全球价值链分工。2018 年，长江经济带货物贸易进出口总额首次突破 2 万亿美元，达到 20292 美元，同比增长 13.2%，占全国比重达到 43.9%，占世界比重达到 5.2%，均为 2001 年加入世界贸易组织以来最高值。利用外资增长较快，在 2018 年全球直接投资减少 19% 的情况下，长江经济带上中下游省市实际利用外资额均有不同程度的增长，其中长三角地区增长了 3.4%。

（五）收入与经济增长同步，发展共享度持续改善

长江经济带的城乡居民收入比是衡量城乡差距的核心指标。在经济下行压力较大的背景下，长江经济带各地居民收入持续提高，2018 年，在扣除物价因素后，各省市居民人均可支配收入大多实现了 6% 左右甚至更高的增

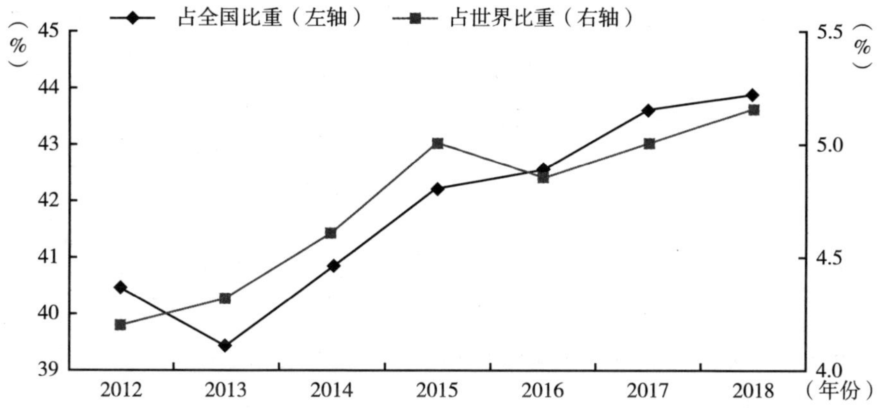

图 7　2012～2018 年长江经济带货物贸易进出口总额占全国、世界比重

注：2016 年长江经济带货物贸易进出口总额占全球比重较 2015 年略有下降，主要受人民币汇率变化造成的价格因素影响（2016 年人民币兑美元平均汇率 6.6423，比 2015 年贬值 6.6%）。

资料来源：Wind 数据库。

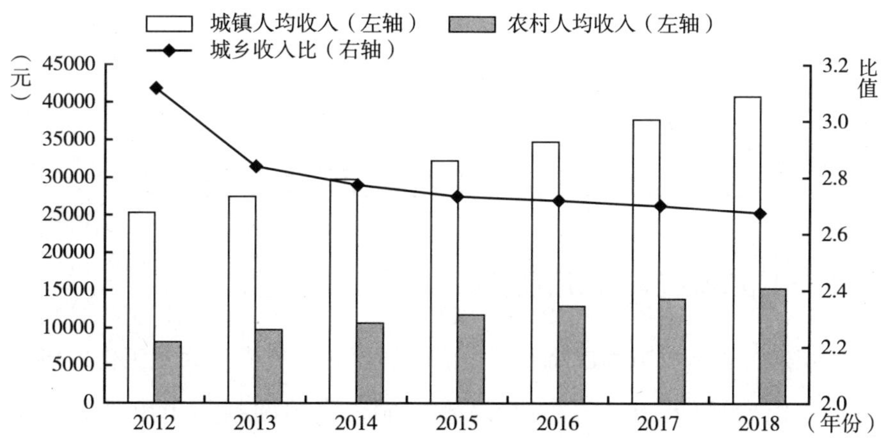

图 8　2012～2018 年长江经济带城乡收入比

资料来源：国家统计局。

长，人民获得感、幸福感明显增强。新型城镇化和乡村振兴战略助力安徽、江西、湖北、湖南、四川等人口大省和农业大省城镇化率快速提高，带动长江经济带整体城乡居民收入差距持续缩小。2012 年以来，长江经济带城乡居民收入比连续六年下降，2018 年为 2.67，略低于全国 2.69。从内部看，上中下游城乡收入差距均呈现缩小态势，特别是经济增长和城镇化率提高较快的上游地区城乡收入差距收敛更为明显。

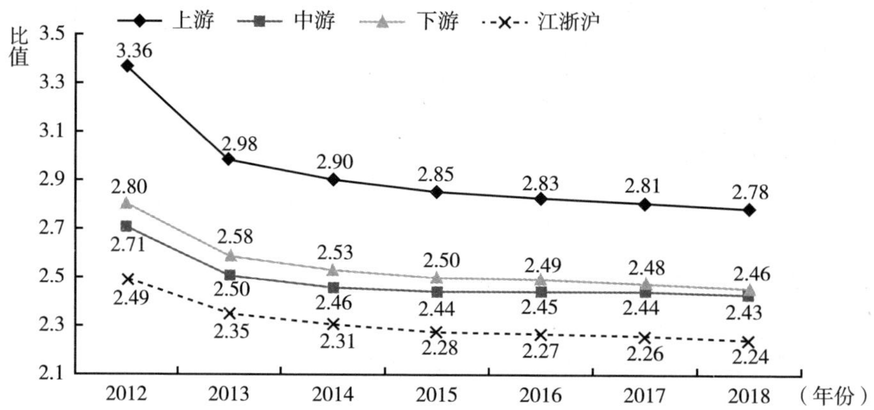

图 9　2012～2018 年长江经济带上、中、下游城乡收入比

资料来源：国家统计局。

三　推动长江经济带发展面临的主要问题

（一）生态环境协同治理较弱

三年来，各有关方面围绕长江生态环境保护修复做了大量工作，但生态环境形势依然严峻。长江“双肾”洞庭湖、鄱阳湖频频干旱见底，接近 30% 的重要湖库仍处于富营养化状态，长江生物完整性指数到了最差的“无鱼”等级。沿江产业发展惯性较大，废水、化学需氧量、氨氮排放量占全国的 40% 左右。长江岸线、港口粗放利用问题仍然突出，饮用水源地周边环境风险隐患突出，固体危废品跨区域违法倾倒呈多发态势，污染产业向中上游转移风险隐患加剧。这些多年积累形成的问题，表面看是生态环境的问题，实质上是粗放型发展方式的必然结果，依靠生态环境部一个部门难以解决根本问题，而生态环境协同保护的体制机制尚未建立，生态环境保护制度也不完善，市场化、多元化的生态补偿机制也没有真正建立起来。

（二）各种运输方式各自为政

我国不同运输方式管理部门之间缺乏协同机制，造成交通运输结构不平衡不合理，各种交通运输方式衔接协调不畅，进而导致我国运输整体效率不高，物流费用成本偏高。长江经济带在综合交通运输建设方面取得较大进展，干支线高等级航道、铁路营业里程、公路通车里程实际完成数均快于预期目标，单项基础设施建设进展很快，但综合交通运输的建设、管理和服务跟不上。铁水联运“最后一公里”尚未完全打通，沿江主要港口铁水联运量占港口吞吐量比例仅为2%～3%，长江航运的三峡船闸“肠梗阻”问题越来越突出，港口集疏运体系建设滞后，港口、航运、铁路、海关、商检等各系统之间信息互联互通程度不高，价格机制不健全。这些一直严重制约长江经济带交通运输的整体效率。

（三）产业无序低效竞争

长江上中下游地区处于不同经济发展阶段，从理论上说，有着较好的产业协作和梯度转移条件。然而，受地方思想观念、营商环境、生产成本和体制机制等因素影响，下游地区产业向中上游地区自然梯度转移的效果并不理想，制约跨区跨产业合作和要素流动的障碍仍很多，一些地方甚至出现抢占发展资源、破坏产业链条的连接和延伸等无序低效竞争现象，产业重复建设问题较为严重，上中下游优势互补的产业链条还未建立起来。同时，长江沿岸长期积累的传统落后产能体量很大、风险很多、动能疲软，沿袭传统发展模式和路径的惯性巨大，如果不能积极稳妥化解这些旧动能、变革创新传统发展模式和路径，不仅会挤压和阻滞新动能培育壮大，还可能引发“黑天鹅”“灰犀牛”事件。

（四）流域发展不平衡不协调

长江经济带横跨我国东中西部，地区发展条件差异大，基础设施、公共服务和人民生活水平的差距较大，三峡库区、中部蓄滞洪区和7个集中连片特困地区脱贫攻坚任务还很繁重。从城镇化率来看，下游的长三角远高于全国平均水平，而中上游7省市中除湖北、重庆外，其余5省均低于全国平均水平。以下游地区带动中上游地区经济发展，缩小东中西部发展差距，促进区域经济协同发展，是长江经济带发展战略的重要任务之一。由于长江经济带省际协商合作、政府间协商议价等机制尚在建立完善之中，加之全国南北分化加剧，长江经济带依然存在“东高西低、南快北慢”发展不平衡特征。

四　推动长江经济带高质量发展的几点思考

（一）深刻领会座谈会精神，把握新形势新要求

习近平总书记在两次长江经济带发展座谈会上的重要讲话，为推动长江经济带高质量发展指引了目标方向、明确了发展路径。长江经济带高质量发展是新形势下实现我国第二个百年奋斗目标的客观要求，我们要将之放在世界面临百年未有之大变局的背景下去谋划。当前国际政治格局、投资经贸规则、产业竞争格局、经济治理体系和周边地缘政治都发生了转折性变化，我国经济也进入爬坡过坎的关键阶段，国内外不确定性因素增多，一方面给长江经济带制造了很多新的机遇，另一方面也带来较多风险挑战。长江经济带有中国经济发展动力最为强劲的“长三角”，也有中上游地区较为广阔的发展腹地和巨大的潜在市场需求，有能力把握新一轮科技革命和产业革命带来的历史性机遇，从制度上破解发展瓶颈，营造良好的营商环境，吸引国际高端生产要素，加快转型升级和绿色发展步伐，引领全国高质量发展。

（二）提高战略统筹能力，正确把握五大关系

长江经济带是一个流域经济带，涉及上中下游、干支流、左右岸经济社会方方面面，必须加强战略统筹，处理好习近平总书记在武汉座谈会上强调的五大关系。一是整体推进和重点突破的关系。整体推进要体现在规划、政

策和制度安排上，各部门发布的各项措施要增强关联性和耦合性，不能彼此矛盾，相互掣肘。重点突破一定要在整体推进的基础上，抓主要矛盾和矛盾的主要方面，防止单兵突进，顾此失彼。二是生态环境保护和经济发展的关系。我们要从生态环境保护中寻找潜在需求，这些需求可能激发出新的供给，形成新的增长点。同时，我们要积极探索政府主导、企业和社会各界参与、市场化运作、可持续的生态产品价值实现路径，吸引资本、技术、人才等要素向生态环境好的地方流动，把绿水青山变成金山银山。三是总体谋划与久久为功的关系。推动长江经济带发展是一项系统工程，在做好顶层设计的前提下，需要各部门在顶层形成合力，各地方按照既定目标和统一的时间表、路线图，共同稳打稳扎，分步推进。四是破除旧动能和培育新动能的关系。一方面要采取提高环保标准、加大执法力度等多种手段，淘汰关停落后产能，倒逼产业转型升级；另一方面，要在综合立体交通走廊、新型城镇化、对内对外开放等方面寻找新的突破口，协同增强长江经济带的发展动力，促进长江经济带与“一带一路”有机融合，培育国际合作新优势。五是自身发展和协同发展的关系。各部门各地方在谋划生态环境治理、综合交通运输、产业创新发展、新型城镇化等时，均要考虑协同发展大局，沿江三大城市群要结合所在区位条件、资源禀赋、经济基础，制定差异化协同发展的新目标、新举措。找准大中小城市错位发展和城乡融合的重点方向，促进流域上下游、左右岸、干支流联动发展。

（三）加大改革创新力度，实现核心制度突破

长江经济带发展战略是我国促进流域经济发展的重大战略，其初衷是要在全国率先走出一条生态优先、绿色发展之路。长江经济带面积大、范围广，要促进 11 省市协同发展、绿色发展，进而实现高质量发展，必须实施相应的制度配套改革。在管理机构设置上，要有一个“谋全局”统领性的管理实体，从长江流域的整体性和系统性出发，统筹各部门相关工作，真正将山水林田湖草等生态要素统筹起来，将各种运输方式统筹起来，将长江经济带 11 省市的规划、调度、监管、执法等事项统一管理起来，把握关键节

点，整体推进长江经济带发展战略。在平衡机制的设计上，一方面要大力推进市场化、多元化生态补偿机制建设，鼓励流域下游与流域上游、生态受益地区与生态保护地区通过资金补偿、对口协作、产业转移、人才培训、共建园区等方式建立横向补偿关系，架起绿水青山向金山银山的转化桥梁。另一方面要强化上中下游互动协作机制，下游地区不仅要出钱出技术，更要推动绿色产业合作，推动下游地区人才、资金、技术向中上游地区流动。在关键环节改革方面，要积极探索财税体制创新安排，改革土地管理制度，让各要素自由流动起来，建设统一、开放、竞争、有序的市场体系。

（四）发挥规划引导作用，做好三项基础性工作

推动长江经济带高质量发展是一场攻坚战，更是一场持久战，不仅需要有“一张图”，而且需要根据形势变化，在这张图上明确时间表、路线图和具体作战任务。在当前百年未有之大变局的复杂环境下，国内外不确定性因素带给我们更多机遇，也带来更多挑战。为保证顺利推动长江经济带高质量发展，当前需要做好以下三项基础性工作。

一是明确2020年后未来五年发展思路。《长江经济带发展规划纲要》（以下简称《纲要》）明确了到2020年的目标和任务，展望了2030年的发展前景。2020年后，长江经济带的发展思路和重点任务是否需要调整，这是当前亟待解决的问题。需要结合《纲要》实施情况和国内外发展环境的新变化，按照新形势新要求调整完善规划内容，明确“十四五”时期长江经济带发展思路。

二是建立长江经济带考核评价指标体系。促进长江经济带“一盘棋”发展，考核评价指标体系是重要抓手。建立一套有长江特色、科学合理、简单适用的指标体系，相当于把发展思路数字化、指标化，有利于各部门和地方统一思想，共同朝既定发展目标采取有力行动；有利于推动统计创新，畅通数据交换渠道，推动11省市规范数据采集的标准和方法，建立和完善数据生成机制、发布机制、共享机制、分析机制和预警机制，提高政府部门获取数据的便捷性、及时性和准确性，提升科学决策水平。

三是摸清长江经济带产业发展底数。我们常说长江经济带“化工围江”，长江沿岸重化工业高密度布局，是我国重化工产业的集聚区，从磷矿开采到磷化工企业加工直至化工废弃物生成，整个产业链条都是长江污染隐患。地方开展化工污染整治工作后，需要对现存化工企业数量、规模、污染水平进行摸底，对其他传统重化工业、新兴产业的数量、结构、布局进行摸底，构建长江经济带产业数据库，为促进产业升级，重构长江经济带产业链、供应链、价值链提供坚实基础。

生态环境篇

Ecological Environment Reports

B.2 长江经济带市场准入负面清单制度研究*

苏　铭**

摘　要： 建立长江经济带市场准入负面清单制度是落实“共抓大保护、不搞大开发”的重要举措。本文阐述了建立长江经济带市场准入负面清单制度的本质要求和重大意义，厘清了编制负面清单亟待解决的关键问题，提出了负面清单编制的思路和原则。在此基础上，把岸线、河段、区域划分为禁止类和限制类两大类别，又针对各类别提出岸线开发、河段利用、

* 本文系推动长江经济带领导小组办公室委托中国宏观经济研究院开展“长江经济带市场准入负面清单制度研究”课题成果。该课题由吴晓华副院长任组长，课题组主要成员有罗蓉、苏铭、樊一江、毛科俊、盛朝迅、刘保奎、任继球、于晓莉、杜琼等。同时，感谢国家发展和改革委员会、工业和信息化部、水利部、生态环境部等领导、专家的共同研讨和帮助支持。

** 苏铭，中国宏观经济研究院能源研究所副研究员，主要研究领域为能源发展战略和规划，以及能源环境、绿色发展问题。

区域开发和产业发展方面的管控措施即要求，从而整合形成一张负面清单。最后，研究提出构建全方位监管体系、检测体系和信息共享机制、考核评价和责任追究制度、动态调整制度、既有项目分类引导退出机制，以推动负面清单制度发挥实效。

关键词： 长江经济带 市场准入 负面清单

一 本质要求

《长江经济带发展规划纲要》明确提出，“根据主体功能区规划要求，明确各地区环境容量和生态红线，制订负面清单，设定禁止开发的岸线、河段、区域和产业，强化日常监测和问责，切实保护长江生态环境。对不符合要求占用的岸线、河段、土地和布局的产业，必须无条件退出。”

市场准入负面清单制度，是指国务院以清单方式明确列出在中华人民共和国境内禁止和限制投资经营的行业、领域、业务等，各级政府依法采取相应管理措施的一系列制度安排；市场准入负面清单以外的行业、领域、业务等，各类市场主体皆可依法平等进入。长江经济带市场准入负面清单制度主要是借鉴市场准入负面清单制度理念，贯彻落实“共抓大保护、不搞大开发”的总体定位，划定生态环境脆弱的岸线、河段、区域，实施禁止或限制准入措施；对可以开发利用的岸线、河段、区域，制定产业准入禁止或限制目录，严控生态环境损害大的产业无序布局，切实践行生态优先、绿色发展。因此，研究制定长江经济带市场准入负面清单制度，是将“共抓大保护、不搞大开发”落到实处的全新探索。

二 重大意义

（一）有利于保护好长江生态环境

近现代以来，特别是最近几十年，随着人们生产活动加剧，长江经济带生态环境遭受了严重破坏，已成为流域生态安全和经济社会可持续发展的瓶颈。长江干流水质总体尚好，但岷江、沱江、淮河、太湖、滇池、巢湖等流域劣Ⅴ类断面较多，城市黑臭水体占比较高，而且重度污染河段比例也很高，长江口及杭州湾海域劣Ⅳ类水质海域的面积比例呈持续上升趋势。中上游地区水土流失问题突出，石漠化已成为西南广大喀斯特地区最严重的生态环境问题之一；中下游地区湿地湖泊面积不断缩小，枯水期延长，洞庭湖枯水期面积降至不足500平方公里，鄱阳湖枯水期已高达半年甚至更长时间。长江流域水生动物的生存空间和生态环境严重压缩，白鳍豚、中华鲟、白鲟、胭脂鱼、松江鲈鱼等种群数量逐年下降。城市群大气污染物排放高度集中，集中连片污染问题突出。土壤重金属污染范围很广、超标很高。

通过实行市场准入负面清单制度，理顺生态环境保护与经济发展的关系，将环境污染控制、环境质量改善和环境风险防范有机衔接起来，促进各类资源节约集约利用，改善和提高生态系统服务功能，从源头上扭转生态环境恶化的趋势，才能确保环境质量不降级并逐步得到改善，构建结构完整、功能稳定的生态安全格局，真正保护好长江生态环境。

（二）有利于倒逼沿江产业转型升级

长江沿线布局了四大钢铁公司和七大炼油厂等诸多大型重化工业生产基地，化工、船舶、造纸、电力、有色金属、建材等高污染、高耗能产业密集。传统重化工业密集布局不仅给长江经济带生态环境造成了较大破坏，也抑制了新兴行业培育和新旧动能转换。

通过实行市场准入负面清单制度，严格产业准入限制性要求或准入标准，有利于培育各类市场主体节约集约利用生产要素、不断提高产业核心竞争力和内生增长动力的市场环境，推动生态环境保护成为各产业、各企业自发自觉行为，倒逼沿江产业转型升级。一方面倒逼沿江地区改造升级传统重化工产业，加快钢铁、石化、建材、有色金属、纺织等“两高一剩”产业技术改造步伐，加快工业园区生态化、循环化发展，提升传统产业绿色生产水平，增强市场竞争力与发展后劲。另一方面倒逼沿江地区着力培育接续产业，着力培育新能源汽车、电子信息、数字经济等绿色经济，加快发展高端装备制造、新一代信息技术、节能环保、生物技术、新材料、新能源等技术密集型、知识密集型、资金密集型产业，推动产业结构升级。

（三）有利于优化流域国土空间布局

国土空间优化开发问题，是关乎我国经济社会持续健康发展的重大问题。长江经济带是我国综合实力最强、战略支撑作用最大的区域之一，在我国区域开发战略中具有重要地位。近年来，长江经济带地区经济快速发展，长江三角洲地区发展迅速，转型升级步伐明显，在参与全球产业分工与竞争中，形成比较雄厚的先进制造业和现代服务业基础，已成为世界六大城市群之一；中上游地区发展加快，在发挥原有产业优势的同时，在光电、生物科技、电子信息等领域形成了一批新的增长点。但与此同时，区域发展也面临着结构层次较低、科技创新能力不强、产业发展趋同、重化工业布局过密、生态环境恶化等突出矛盾和问题。

通过实行市场准入负面清单制度，按照生态系统完整性原则和主体功能区定位，划定不同类型功能区域，以空间视角整合数量和要素视角，以区域整体治理代替点源式个体治理，在不同区域上施行不同的禁止或限制目录，对区域内部进行合理规划、科学布局，引导人口分布、产业布局与资源环境承载能力相适应，有利于形成保障流域生态安全和经济社会协调发展的空间格局，有利于增强长江经济带经济社会可持续发展能力，有利于提升长江经济带的整体竞争力。

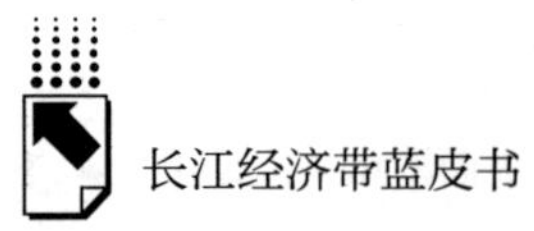

（四）有利于增进广大人民群众福祉

党的十九大报告指出，新时代我国面临的突出问题是发展不平衡不充分，已成为满足人民日益增长的美好生活需要的主要制约因素。水是生命之源、生产之要、生活之基，人们逐水而居，城市因水而兴、弃水而废。水是联结长江经济带的灵魂纽带，也是长江经济带联动发展的根本源泉。然而，最近几十年，生产空间大量挤占生态生活空间，人们面临不断恶化的生态环境，大大削弱了人民群众的幸福感和获得感。

通过实行市场准入负面清单制度，合理规划人们的生产、生活和生态旅游休闲空间，提高绿色低碳城镇化水平，留足岸线亲水生活空间，增强水资源安全保障能力，有利于建设水清、地绿、天蓝的绿色生态廊道和美好家园，有利于解决发展不平衡不充分的矛盾，有助于显著提升长江经济带人民群众的福利水平。

三　需解决的关键问题

（一）岸线、河段、区域、产业四部分有机整合成“一张清单”的问题

根据《长江经济带发展规划纲要》要求，需要研究编制岸线、河段、区域、产业四个方面的市场准入负面清单。从专家研讨和地方调研情况看，普遍认为将岸线、河段、区域、产业四个负面清单整合成“一张清单”，清晰明了，更具操作性，这样方能更好体现“一张清单管到底”的精神。但是，如何将河段、岸线、区域、产业四个性质完全不同又有一定相关性的负面清单，逻辑一致、清晰直观地整合成“一张清单”，绝非易事。宜在建立岸线、河段、区域、产业四张负面清单的基础上，循序渐进，自下而上，逐步整合到“一张清单”上来。

（二）负面清单管控措施与既有法律法规的关系问题

习近平总书记明确指出，当前及未来一段时期要把保护和修复长江生态

环境放在压倒性位置，切实扭转长江生态环境恶化态势。根据这一要求，负面清单的编制必须贯彻近水从严的原则，管控措施应当严于既有法律法规要求，这是在研讨过程中逐步形成的共识；但与此同时，也给负面清单的研究编制和出台带来了挑战。一是如何把握“度”的问题。管控措施是要多大程度上严于既有法律法规，这是一个需要深入研究的问题。也有专家认为，管控措施可以更为严格，与正在划定的生态保护红线相衔接，能更加严格约束市场行为。二是超越既有法律法规后的负面清单通过问题。负面清单具有法律效力，既然突破了既有法律法规，就需要广泛征求意见，待人大通过后方能实施，而不仅仅是政府政策文件由政府批准即可。因此，处理好从严管控与既有法律法规的衔接问题，是决定长江经济带市场准入负面清单制度能否赢得共识和有效贯彻落实的关键所在。

（三）产业一致性管控与地区差异化诉求的矛盾问题

习近平总书记强调，长江经济带发展要坚决贯彻共抓大保护、不搞大开发的总体方针。如何更好地体现“共抓大保护”的思想内涵，在产业发展方面提出一致性的、能被各方面接受的管控措施是负面清单编制的难点所在。从资源环境承载力和生态环境影响来讲，多数专家认为上中游地区资源环境承载力差，其产业发展对长江上中下游生态环境都可能带来显著影响，应当从严管控，既要有技术标准要求又要有空间总量管控要求。从区域发展角度看，上中游地区认为自身经济发展起步晚、发展水平落后，需要放宽约束，在产业管控上给予适当倾斜。工业和信息化部等产业主管部门认为，不区分各省市，设定上中下游一致的准入标准，实际上既体现了对上中游从严约束的要求，又体现市场公平，有利于负面清单的落地。此外，从严管控上中游地区产业准入是负面清单的要求，上中游地区如何实现从绿水青山到金山银山的转变则需要国家其他政策的支持。

（四）负面清单制度的动态调整问题

调研发现，地方及企业普遍反映有的管控举措当前适用但未来可能不适

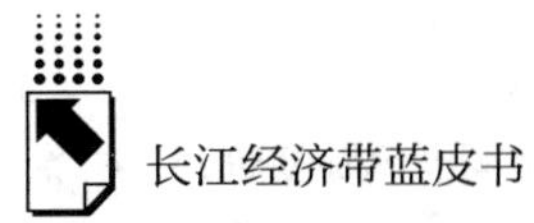

用，同时，尽管当前可以接受比较严格的管控要求，但未来发展需求存在很大不确定性，不接受一下子完全管控住而未来没有变通余地，管控举措应因时而异。因此，注重动态调整，提高适应发展形势变化的能力，不断发现问题、及时解决问题，应是负面清单制度的核心要义。

四　负面清单编制的思路和原则

长江经济带市场准入负面清单编制的基本思路是：全面贯彻党的十九大精神，深入学习贯彻习近平新时代中国特色社会主义思想，统筹推进“五位一体”总体布局，协调推进“四个全面”战略布局，牢固树立创新、协调、绿色、开发、共享的发展理念，坚持生态优先、绿色发展，共抓大保护、不搞大开发，把修复长江生态环境摆在压倒性位置，严格市场准入标准，控制开发利用强度，严禁生态岸线、主要河段、重点生态功能区等生态环境敏感区的各类活动，从严控制农产品主产区、城市化地区生产活动以及产业发展项目，有力促进长江经济带绿色生态廊道和生态文明先行示范带建设。

具体而言，应把握以下四项原则。

第一，坚持生态优先、绿色发展。以不破坏长江生态环境作为市场准入的根本宗旨和出发点，体现长江经济带绿色发展要求，提升岸线、河段、区域、产业市场准入标准，严格保护一江清水，努力构建上中下游相协调、人与自然相和谐的绿色生态廊道。

第二，坚持江湖和谐、近水从严。牢牢把握让中华民族母亲河永葆生机活力这一根本要求，建立健全最严格的生态环境保护和水资源管理制度，区分近水、远水区域，对近水区域实行更为严格的准入措施，切实保护长江水环境。

第三，坚持严控增量、消化存量。严控增量、消化存量，增量部分必须严格按照负面清单执行，严禁以任何形式擅自放宽或者选择性执行负面清单规定。尊重现行开发利用实际情况，既有不符合要求占用的岸线、河段、土地和布局的产业，要限期无条件退出。

第四，坚持统筹协调、稳妥推进。统筹协调岸线、河段、区域、产业等四个部分市场准入负面清单，规避交叉重叠和缺项漏项，切实做到保护一致、开发一致，立足国情、循序渐进，真正发挥好市场准入负面清单作用，实现“一张清单管到底”。

五　负面清单编制要点

按照《国务院关于实行市场准入负面清单制度的意见》的要求，参考《市场准入负面清单（2018 年版）》的编制方式，长江经济带市场准入负面清单主要由三大类要素构成，分别是市场准入类别、适用范围、管控措施及要求。其中，市场准入类别基于岸线、河段、区域划定为禁止准入和限制准入两大类，覆盖长江经济带全部国土面积，管控措施及要求则根据不同的市场准入类别分别提出岸线开发、河段利用、区域开发以及产业发展方面的禁止或限制措施，从而将岸线、河段、区域、产业四部分有机整合成“一张清单”，具体如表 1 所示。

（一）市场准入类别

基于主体功能区规划和长江流域综合规划的类别划分，贯彻共抓大保护、不搞大开发要求，将长江经济带的全部国土面积划分为两大类，即禁止准入类和限制准入类。

一是禁止准入类，包括 15 个门类，总面积 40 多万平方公里，约占长江经济带总面积的 20%，分别为：国家级、省级自然保护区，国家级、省级风景名胜区，饮用水水源保护区，世界文化自然遗产，森林公园，地质公园，涉水工程保护范围岸线，重要枢纽工程及库区范围，全国重要江河湖泊水功能区划中的调水水源保护区和源头水保护区，全国重要江河湖泊水功能区划中的渔业用水区，国际重要湿地、国家重要湿地内的湿地公园，水产种质资源保护区，蓄滞洪区，国家公园试点区，农业野生植物原生境保护区（点）。

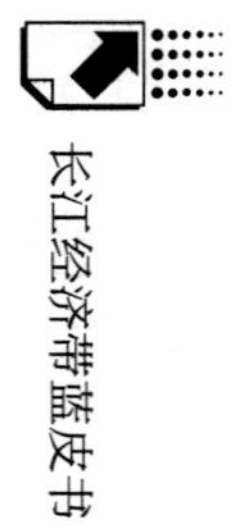

表 1　长江经济带市场准入负面清单（简稿）

市场准入类别	适用范围	管控类别	管控措施及要求
禁止准入类			
1.1 国家级、省级自然保护区	上海市崇明东滩鸟类国家级自然保护区等 14 个涉及长江干流河段、岸线的自然保护区	岸线开发	核心区和缓冲区岸线上禁止建设任何生产设施
		河段利用	核心区和缓冲区河段上禁止设置入河排污口和取水口
		区域活动	①除经主管部门批准的科学研究观测和调查活动，核心区禁止任何单位和个人进入；缓冲区只准进入从事科学研究观测活动，禁止其他各类活动 ②禁止猎捕野生动物，禁止任何单位和个人擅自引入外来物种 ③禁止新建公路、铁路和其他基础设施穿越核心区、缓冲区 ④禁止进行砍伐、放牧、狩猎、捕捞、采药、开垦、烧荒、开矿、采石、挖沙等活动
		产业发展	①禁止高尔夫球场建设、索道建设、会所建设以及社会资金进行商业性探矿勘察 ②禁止任何对生态环境造成负面影响的盈利性产业项目建设
	上海市金山三岛海洋生态自然保护区等 374 个不涉及长江干流河段、岸线的自然保护区	区域活动	①除经主管部门批准的科学研究观测和调查活动，核心区禁止任何单位和个人进入；缓冲区只准进入从事科学研究观测活动，禁止其他各类活动 ②禁止猎捕野生动物，禁止任何单位和个人擅自引入外来物种 ③禁止新建公路、铁路和其他基础设施穿越核心区、缓冲区 ④禁止进行砍伐、放牧、狩猎、捕捞、采药、开垦、烧荒、开矿、采石、挖沙等活动
		产业发展	①禁止高尔夫球场建设、索道建设、会所建设以及社会资金进行商业性探矿勘察 ②禁止任何对生态环境造成负面影响的盈利性产业项目建设

续表

市场准入类别	适用范围	管控类别	管控措施及要求
		岸线开发	禁止建设工业固体废物集中贮存、处置的设施、场所和生活垃圾填埋场
		河段利用	禁止设置入河排污口和取水口
1.2 国家级、省级风景名胜区	江苏省镇江三山国家级风景名胜区等5个涉及长江干流河段、岸线的国家级、省级风景名胜区	区域活动	①禁止进行影响和破坏文物安全及其环境的活动，包括开山、采石、开矿、开荒、修坟立碑，以及修建储存爆炸性、易燃性、放射性、毒害性、腐蚀性物品的设施等 ②禁止违反风景名胜区规划，设立各类开发区和在核心景区内建设宾馆、招待所、培训中心、疗养院以及与风景名胜资源保护无关的其他建筑物 ③禁止擅自引进外来生物物种和转基因物种
		产业发展	①禁止一切破坏景观、污染环境、妨碍游览的盈利性产业项目建设 ②允许开展的游览项目建设，应制定生态保护、污染防治和水土保持方案，禁止对周围景物、水体、林草植被、野生动物资源和地形地貌造成破坏
	江苏省夫子庙—秦淮风光带国家级风景名胜区等425个不涉及长江干流河段、岸线的国家级、省级风景名胜区	区域活动	①禁止进行影响和破坏文物安全及其环境的活动，包括开山、采石、开矿、开荒、修坟立碑，以及修建储存爆炸性、易燃性、放射性、毒害性、腐蚀性物品的设施等 ②禁止违反风景名胜区规划，设立各类开发区和在核心景区内建设宾馆、招待所、培训中心、疗养院以及与风景名胜资源保护无关的其他建筑物 ③禁止擅自引进外来生物物种和转基因物种
		产业发展	①禁止一切破坏景观、污染环境、妨碍游览的盈利性产业项目建设 ②允许开展的游览项目建设，应制定生态保护、污染防治和水土保持方案，禁止对周围景物、水体、林草植被、野生动物资源和地形地貌造成破坏
1.3 饮用水水源保护区	上海市陈行水源地等152个涉及长江干流河段、岸线的饮用水水源保护区	岸线开发	①禁止在一级保护区岸线上新建、改建、扩建与供水设施和保护水源无关的涉水建设项目 ②禁止在二级保护区岸线上新建、改建、扩建排放污染物的涉水建设项目 ③禁止在准保护区内岸线上新建、扩建对水体污染严重的建设项目；改建建设项目，不得增加排污量

续表

市场准入类别	适用范围	管控类别	管控措施及要求
		河段利用	①禁止在一级保护区、二级保护区河段内设置入河排污口 ②禁止在准保护区河段内新建、扩建入河排污口，改建入河排污口不得增加排污量
		区域活动	①在一级保护区内禁止从事网箱养殖、畜禽养殖、种植以及旅游、游泳、垂钓。禁止堆放工业废渣、生活垃圾和其他废弃物；禁止建设输送污水的渠道、管道，禁止建设墓地。禁止设置与供水需要无关的码头、停靠与保护水源无关的机动船舶 ②在二级保护区内禁止堆放化工原料、危险化学品、矿物油类等有害矿产品；禁止设置易溶性、有毒有害废弃物暂存和转运站；禁止设立装卸垃圾、粪便、油类和有毒物品码头；禁止网箱养殖、旅游等活动污染饮用水水体 ③在准保护区内，禁止施用高毒、高残留农药；禁止滥用化肥；禁止使用炸药、毒品捕杀鱼类；禁止毁林开荒；等等
		产业发展	①在一级保护区和二级保护区内禁止建设与供水设施和保护水源无关、排放污染物的盈利性产业项目 ②在准保护区内禁止新建扩建制药、化工、造纸、制革、印染、染料、炼焦、炼硫、炼砷、炼油、电镀、农药等对水体污染严重的产业项目，禁止改建增加排污量的产业项目
	上海市黄浦江上游一级水源保护区等 304 个不涉及长江干流河段、岸线的自然保护区	区域活动	①在一级保护区内禁止从事网箱养殖、畜禽养殖、种植以及旅游、游泳、垂钓；禁止堆放工业废渣、生活垃圾和其他废弃物；禁止建设输送污水的渠道、管道；禁止建设墓地；禁止设置与供水需要无关的码头、停靠与保护水源无关的机动船舶 ②在二级保护区内禁止堆放化工原料、危险化学品、矿物油类等有害矿产品；禁止设置易溶性、有毒有害废弃物暂存和转运站；禁止设立装卸垃圾、粪便、油类和有毒物品码头；禁止网箱养殖、旅游等活动污染饮用水水体 ③在准保护区内，禁止施用高毒、高残留农药；禁止滥用化肥；禁止使用炸药、毒品捕杀鱼类；禁止毁林开荒；等等

续表

市场准入类别	适用范围	管控类别	管控措施及要求
		产业发展	①在一级保护区和二级保护区内禁止建设与供水设施和保护水源无关、排放污染物的盈利性产业项目 ②在准保护区内禁止新建扩建制药、化工、造纸、制革、印染、染料、炼焦、炼硫、炼砷、炼油、电镀、农药等对水体污染严重的产业项目,禁止改建增加排污量的产业项目
1.4 世界文化自然遗产	江苏省明孝陵等35个世界文化自然遗产	区域活动	①禁止在保护范围(遗产区)内进行与遗产保护无关的建设工程以及爆破、钻探、挖掘等破坏地表、地貌的活动 ②禁止引进外来有害生物等等
		产业发展	禁止建设可能影响世界遗产、文物保护单位安全及污染环境的产业项目
1.5 森林公园	上海市佘山国家森林公园等837个森林公园	区域活动	①禁止毁林开垦和毁林采石、采砂、采土、开矿、放牧、非抚育和更新性采伐以及其他毁林行为 ②禁止在核心景观区、生态保育区建设宾馆、招待所、疗养院等接待服务设施 ③严格控制旅游规模,禁止对森林及其他野生动植物资源等造成损害等等
		产业发展	禁止开展旅游地产开发及各类对生态环境影响较大的产业项目
1.6 地质公园	崇明岛国家地质公园等135个地质公园	区域活动	①特级保护区(点),除经批准进入人员外,禁止游客进入,禁止设立与地质遗迹保护无关的建筑设施;一级保护区,除必要的游赏步道和相关设施,禁止机动交通工具进入;二级保护区,除设立少量地质旅游服务设施,禁止设置影响地质遗迹景观的建筑;三级保护区,除设立与景观环境协调的地质旅游服务设施外,禁止建设楼堂馆所、游乐设施等建筑 ②禁止进行采石、取土、开矿、放牧、非抚育和更新性采伐以及其他对保护对象有损害的活动
		产业发展	禁止建设不符合地质遗迹保护法规和规划的产业项目

续表

市场准入类别	适用范围	管控类别	管控措施及要求
1.7 涉水工程保护范围岸线	滞洪区进退洪口门、重要引调水工程口门的岸线，以及长江河道管理范围内的堤防、涵闸、水库、桥梁、码头、渡口、管道、缆线等涉水工程范围的岸线	岸线开发	①在水工程保护范围内，禁止从事影响水工程运行和危害水工程安全的爆破、打井、采石、挖沙、取土等活动；在堤防和护堤地，禁止建房、放牧、开渠、打井、挖窖、葬坟、晒粮、存放物料、倾倒垃圾、开采地下资源、进行考古发掘以及开展集市贸易等活动 ②禁止擅自在中型以上公路桥梁跨越的河道上下游各1000米范围内抽取地下水、架设浮桥以及修建其他危及公路桥梁安全的设施 ③禁止在公路桥梁、铁路桥梁跨越的河道上下游的一定范围内采砂等等
		产业发展	禁止建设与涉水工程保护无关的盈利性产业项目
1.8 重要枢纽工程及库区范围	三峡、葛洲坝、向家坝、溪洛渡、向家坝、溪洛渡等6个重要枢纽工程及库区	岸线开发	①禁止在大坝管理和保护范围内进行爆破、打井、采石、采矿、挖沙、取土、修坟；禁止在坝体修建码头、渠道、堆放杂物、晾晒粮草；禁止在大坝的集水区域内乱伐林木、陡坡开荒等导致水库淤积的活动 ②禁止占用水域的行为等等
		产业发展	禁止在库区建设石化化工项目
1.9 全国重要江河湖泊水功能区划中的调水水源保护区、源头水保护区	分布在江苏、安徽两省的7个调水水源保护区、源头水保护区	河段利用	禁止设置入河排污口
1.10 全国重要江河湖泊水功能区划中的渔业用水区	长江南京浦口饮用—渔业用水区（左岸）等16个渔业用水区	河段利用	禁止设置入河排污口

续表

市场准入类别	适用范围	管控类别	管控措施及要求
1.11 国际重要湿地、国家重要湿地内的湿地公园	上海市炮台湾国家湿地公园等 344 个国际重要湿地、国家重要湿地内的湿地公园	区域活动	①湿地保育区除开展保护、监测等必需的保护管理活动外，禁止进行任何与湿地生态系统保护和管理无关的其他活动。恢复重建区除开展培育和恢复湿地的相关活动外，禁止其他无关活动。宣教展示区除开展以生态展示、科普教育为主的活动外，禁止其他无关活动。合理利用区除开展不损害湿地生态系统功能的生态旅游等活动，禁止其他无关活动。管理服务区除开展管理、接待和服务等活动外，禁止其他无关活动 ②禁止开(围)垦、填埋、占用湿地，擅自改变湿地用途；禁止倾倒、堆置废弃物、排放有毒有害物质或者超标废水；禁止开矿、采石、取土、修坟以及生产性放牧等行为；禁止投放、种植不符合生态要求的生物物种；禁止擅自猎捕野生动物，禁止非法捕捞 ③核心区禁止人口定居等等
		产业发展	禁止开展房地产、度假村、高尔夫球场等任何不符合主体功能定位的产业项目
1.12 水产种质资源保护区	上海市长江刀鲚国家级水产种质资源保护区等 279 个水产种质资源保护区	区域活动	①在规定的特别保护期内以及主要保护对象的繁殖期、幼体生长期等生长繁育关键阶段，禁止进行捕捞、爆破作业等活动 ②禁止开展围湖造田造地、围海造地或围填海等等
		产业发展	禁止在核心区建设污染环境、破坏水产种质资源的产业项目
1.13 蓄滞洪区	分布在湖北、湖南、江西、安徽、江苏的 79 个蓄滞洪区	区域活动	①禁止区外人口迁入 ②禁止无序开发土地，禁止在蓄滞洪区内新开垦土地，禁止对区内湖泊、洼地的围垦或者占用等等
		产业发展	①禁止在蓄滞洪区内建设有严重污染或环境风险的工厂和仓储项目；禁止在分洪区新建生产、储存危险物品的产业项目 ②禁止用工数量较多的企业进驻蓄滞洪区的非安全区等等

续表

市场准入类别	适用范围	管控类别	管控措施及要求
1.14 国家公园试点区	大熊猫国家公园试点区等5个国家公园试点区	区域活动	①严格保护区，禁止任何单位和个人擅自进入，禁止建设建筑物、构筑物；生态保育区，禁止开展除保护和科学研究以外的活动，禁止建设除保护、监测设施以外的建筑物、构筑物；游憩展示区、传统利用区，禁止毁林、毁草、开荒、开矿、选矿等行为 ②禁止擅自引入、投放、种植不符合生态要求的生物物种；禁止擅自猎捕、采集列入保护名录的野生动植物
		产业发展	禁止建设与国家公园保护目标不符的盈利性产业项目
1.15 农业野生植物原生境保护区(点)	江苏省吴江市太湖野生水生植物原生境保护点等97个农业野生植物原生境保护区(点)	区域活动	①除经主管部门批准的科学研究观测和调查活动，核心区禁止任何单位和个人进入；缓冲区除经批准的参观考察、科普宣教及驯化、繁衍珍稀濒危野生动植物等活动外，禁止其他活动 ②禁止猎捕野生动物、非法采集野生植物，禁止破坏保护设施和保护标识；禁止擅自引入外来物种；禁止砍伐、放牧、狩猎、捕捞、采药、开垦、烧荒、开矿、采石、挖沙等活动 ③禁止新建公路、铁路和其他基础设施穿越原生境保护区(点)核心区、缓冲区
		产业发展	禁止建设对生态环境影响的各类盈利性产业项目
限制准入类			
2.1 重点生态功能区	上海生态保育区(生态走廊、生态间隔带)、浙江省浙西山地丘陵重点生态功能区、安徽省大别山水土保持生态功能区、江西省怀玉山山脉水源涵养生态功能区、湖北省大别山水土保持生态功能区、湖南	岸线开发	严格限制开发利用项目，有关岸线开发利用项目应当依照相关法律法规以及《长江岸线保护和开发利用总体规划》等要求报有关主管部门同意后，方可开工建设
		河段利用	①严格限制取水口和入河排污口设置，须设置应依法在水行政主管部门或流域管理机构办理取水许可或入河排污口设置同意手续 ②在水质未达标的国家重要江河湖泊水功能区内，严格限制新建、扩大入河排污口，改建入河排污口不得增加入河污染物量

续表

市场准入类别	适用范围	管控类别	管控措施及要求
	省武陵山区生物多样性与水土保持生态功能区、重庆市三峡库区水土保持重点生态功能区、四川省秦巴山生物多样性保护与水土保持生态功能区、贵州省威宁—赫章高原分水岭石漠化防治与水源涵养区、云南省滇东北三峡库区上游生态功能区等46个重点生态功能区	区域活动	①禁止天然林商业性采伐 ②禁止开(围)垦湿地 ③禁止毁林开荒、陡坡种植 ④禁止破坏野生动物栖息地、鱼类洄游通道等等
		产业发展	严格按照本地《重点生态功能区产业准入负面清单》执行
2.2 农产品主产区	江苏省沿海农业带、浙江省嘉兴市农业区、安徽省淮北平原主产区、江西省鄱阳湖平原农业主产区、湖北省黄鄂黄国家层面农业主产区、湖南省长株潭都市农业圈、重庆市农产品主产区、四川省盆地中部平原浅丘区、贵州省黔中丘原盆地都市农业发展区、云南省滇中高原特色农业区等39个农产品主产区	岸线开发	严格限制开发利用项目,有关岸线开发利用项目应当依照相关法律法规以及《长江岸线保护和开发利用总体规划》等要求报有关主管部门同意后,方可开工建设
		河段利用	①严格限制取水口和入河排污口设置,需设置应依法在水行政主管部门或流域管理机构办理取水许可或入河排污口设置同意手续 ②在水质未达标的国家重要江河湖泊水功能区内,严格限制新建、扩大入河排污口,改建入河排污口不得增加入河污染物量
		区域活动	①严格限制填湖造田、造地 ②禁止使用炸鱼、毒鱼、电鱼等破坏渔业资源的方法进行捕捞,严格限制在饮用水源(含备用水源)取水口和挡坝口前3公里网箱养殖 ③禁止擅自占用永久基本农田,严格控制各类建设占用耕地 ④严格限制利用草山草坡建设规模化养殖场,严格控制规模化畜禽养殖附属设施用地规模 ⑤严格限制农产品主产区直接焚烧秸秆 ⑥严格控制农村集体建设用地规模等等

续表

市场准入类别	适用范围	管控类别	管控措施及要求
		产业发展	①严格按照《产业结构调整指导目录》的禁止或限制要求执行 ②禁止高污染、高排放等限制准入产业在长江干流岸线贴岸发展等等
2.3 城市化地区	上海市都市功能优化区、江苏省长三角(北翼)核心区、浙江省长三角国家优化开发区域、安徽省合肥片区、江西省鄱阳湖生态经济区、湖北省武汉市、湖南省长株潭城市群核心区、重庆主城片区及渝西片区、四川省成都平原地区、贵州省黔中地区、云南省滇中地区等 59 个城市化地区	岸线开发	严格限制开发利用项目,有关岸线开发利用项目应当依照相关法律法规以及《长江岸线保护和开发利用总体规划》等要求报有关主管部门同意后,方可开工建设
		河段利用	①严格限制取水口和入河排污口设置,需设置应依法在水行政主管部门或流域管理机构办理取水许可或入河排污口设置同意手续 ②在水质未达标的国家重要江河湖泊水功能区内,严格限制新建、扩大入河排污口,改建入河排污口不得增加入河污染物量
		区域活动	①严格划定城市开发边界,严格控制建设用地总规模 ②禁止向"两高一资"、产能过剩、低水平重复建设项目供地等等
		产业发展	①严格按照《产业结构调整指导目录》的禁止或限制要求执行 ②禁止高污染、高排放等限制准入产业在长江干流岸线贴岸发展等等

二是限制准入类。除禁止准入类以外的其他岸线、河段和区域均为限制准入类，包括3个门类，分别是重点生态功能区、农产品主产区、城市化地区。这三类与全国主体功能区规划确定的重点生态功能区、农产品主产区、城市化地区一致，为体现从严要求，均为限制准入类。长江经济带全域206万平方公里，扣除禁止准入类的40多万平方公里，限制准入类共覆盖160多万平方公里。

（二）适用范围

对于各类别岸线、河段、区域，名称以国家层面或省级层面的规范名称为准，原则上以县级行政区或以自然、法定边界为基本单元。

1. 禁止准入类

（1）国家级、省级自然保护区。长江经济带11省市共有各类国家级、省级自然保护区388个，面积达11.4万平方公里。其中，涉及长江干流岸线、河段的国家级、省级自然保护区共14个。

（2）国家级、省级风景名胜区。11省市共有各类国家级、省级风景名胜区430个，面积达9.5万平方公里。其中，涉及长江干流岸线、河段的国家级、省级风景名胜区共5个。

（3）饮用水水源保护区。11省市共有饮用水水源保护区456个，面积超过1万平方公里。其中，涉及长江干流岸线、河段的用水水源保护区共152个。

（4）世界文化自然遗产。11省市共有世界文化自然遗产35个，面积达3.9万平方公里。

（5）森林公园。11省市共有各类森林公园837个，面积达4.3万平方公里。

（6）地质公园。11省市共有各类地质公园135个，面积达2.1万平方公里。

（7）涉水工程保护范围岸线。主要包括蓄滞洪区进退洪口门、重要引调水工程口门的岸线，长度约50公里，以及长江河道管理范围内的堤防、

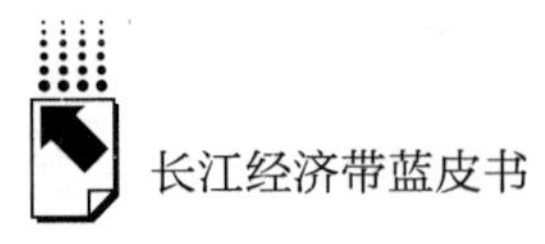

涵闸、水库、桥梁、码头、渡口、管道、缆线等涉水工程范围的岸线。

（8）重要枢纽工程及库区范围。主要包括三峡、葛洲坝、向家坝、溪洛渡、向家坝、溪洛渡等6个重要枢纽工程及库区，涉及长江干流岸线长度45.3公里。

（9）全国重要江河湖泊水功能区划中的调水水源保护区和源头水保护区。共7处河段，主要分布在江苏、安徽两省。

（10）全国重要江河湖泊水功能区划中的渔业用水区。共16处河段，主要分布在江苏、四川两省，长度近200公里。

（11）国际重要湿地、国家重要湿地内的湿地公园。11省市共有上述各类湿地公园344个，面积超过1.2万平方公里。

（12）水产种质资源保护区。11省市共有水产种质资源保护区279个，面积达4.8万平方公里。

（13）蓄滞洪区。11省市共有蓄滞洪区79个，主要分布在湖北、湖南、江西、安徽、江苏等五省，面积达1.6万平方公里。

（14）国家公园试点区。11省市共有国家公园试点区5个，面积近2.3万平方公里。

（15）农业野生植物原生境保护区（点）。11省市共有农业野生植物原生境保护区（点）97个，面积为91平方公里。

2. 限制准入类

依据《全国主体功能区规划》及省级主体功能区规划确定的重点生态功能区、农产品主产区、城市化地区名录，设定为长江经济带市场准入负面清单的限制准入类。考虑到禁止准入类各区域点多且比较分散，参照《全国主体功能区规划》及省级主体功能区规划的做法，在汇总限制准入类三大区域面积时，不再逐一将禁止准入类区域剔除出来，故限制准入类三大区域面积之和即为长江经济带总面积。

（1）重点生态功能区。共46个，涉及276个县、市、区，面积89.3万平方公里，占长江经济带总面积的43.3%。重点生态功能区的范围，既有《全国主体功能区规划》明确的国家层面、跨省级行政区的，也有在一省一市范围内的。

（2）农产品主产区。共39个，涉及295个县、市、区，面积63.3万平方公里，占总面积的30.7%。

（3）城市化地区。共59个，涉及496个县、市、区，面积53.8万平方公里，占总面积的26%。

（三）管控措施及要求

根据市场准入类别，从岸线开发、河段利用、区域活动以及产业发展四个管控类别方面，提出相应的管控措施及要求，具体又分为禁止措施和限制措施两种。

第一，岸线开发管控措施。岸线开发部分以“建设项目类型、建设活动或事项”为重点先行规范。对于禁止准入类，根据其类型特点设置不同的岸线开发管控措施。例如，在自然保护区的核心区和缓冲区，其长江干流岸线上禁止建设任何生产设施；在风景名胜区岸线，其长江干流岸线上禁止设立各类开发区和在核心景区建设宾馆、招待所、培训中心、疗养院以及与风景名胜保护无关的其他建筑物；在饮用水源保护区，其长江干流岸线上禁止新建、改建、扩建与供水设施和保护水源无关的建设项目；在涉水工程保护范围岸线上，禁止从事影响水工程运行和危害水工程安全的爆破、打井、采石、挖沙、取土等活动，禁止在港口内从事养殖、种植活动；在重要枢纽工程及库区范围内，禁止爆破、打井、采石、采矿、挖沙、取土、修坟等危害大坝安全活动。对于限制准入类，严格限制开发利用项目，有关岸线开发利用项目应当依照相关法律法规以及《长江岸线保护和开发利用总体规划》等要求报有关主管部门同意后，方可开工建设。

第二，河段利用管控措施。河段利用部分以“设置（新建、改建、扩大）取水口、设置（新建、改建和扩大）入河排污口”等为重点先行规范。对于禁止准入类，严格禁止设置取水口和入河排污口。对于限制准入类，设置取水口和入河排污口应依法在水行政主管部门或流域管理机构办理取水许可或入河排污口设置同意手续；在水质未达标的国家重要江河湖泊水功能区内，严格限制新建、扩大入河排污口，改建入河排污口不得增加入河污染物量。

第三，区域活动管控措施。区域活动部分主要是考虑区域主体功能定位、资源环境承载能力等因素，依据相关法律法规和政策文件规定，提出土地节约集约利用、水资源利用保护、能源消耗、生态环境保护等管控措施，严格控制人为因素对自然生态、文化自然遗产等原真性、完整性的干扰，严禁不符合主体功能定位的各类开发活动。对于禁止准入类，自然保护区、饮用水源地、世界自然文化遗产、湿地公园等各类别普遍实行严格分区管理，一级或核心保护区基本上禁止任何人类活动或引入外来有害物种；在允许开放的区域，建设、观光、旅游、科考等行为均应严格控制在生态环境承载力范围内。对于限制准入类，重点生态功能区突出生态保护优先，主要管控措施包括禁止天然林商业性采伐，禁止开（围）垦湿地，禁止毁林开荒、陡坡种植，禁止破坏野生动物栖息地、鱼类洄游通道等；农产品主产区突出保障农产品供给安全，主要管控措施包括严格限制填湖造田造地、直接焚烧秸秆，严格控制各类建设占用耕地和农村集体建设用地规模等；城市化地区突出经济社会发展与资源环境相适应，主要管控措施包括严格划定城市开发边界，严格控制城市建设用地规模，禁止向“两高一资”、产能过剩、低水平重复建设项目供地等。

第四，产业发展管控措施。产业发展主要包括第一产业、第二产业的相关细分行业及生产设备、工艺和产品，管控措施及要求主要依据既有产业相关法律法规和产业政策相关规定，并适度从严。对于禁止准入类，产业发展项目受到严格管控，普遍禁止任何对生态环境造成负面影响、破坏景观的盈利性产业项目。对于限制准入类，重点生态功能区产业发展管控措施按照本地《重点生态功能区产业准入负面清单》执行；城市化地区、农产品主产区产业发展管控措施按照《产业结构调整指导目录》的禁止或限制要求执行，同时考虑到近水从严原则，限制准入的产业在长江干流岸线贴岸发展也严格禁止。

六 实施机制

（一）构建全方位监管体系

建立由国家发展改革委、工业和信息化部、水利部等部门牵头组成的监管体系，建立省、市、县三级分权管理制度，建立健全负面清单执行情况监管的法规制度体系，建立健全与市场准入负面清单制度相适应的行业自律机制，构建公众参与机制，形成法律约束、行政监督、公众参与的有机结合的监管格局。强化跨部门联合监督，形成监督管理合力，提高监管效率。

（二）健全监测体系和信息共享机制

完善监测体系，统一规划、整合监测点位，建设重点突出、布局合理、功能完善的监测网络，按照统一标准规范开展监测和评价。国家发展改革委、工业和信息化部、水利部会同有关部门，加快日常监测组织机构建设，形成日常监测长效机制，并根据日常监测评估，对未按负面清单要求执行的进行通报批评并督促整改。建立健全与市场准入负面清单制度相适应的信息公示制度和信息共享制度。

（三）建立考核评价和责任追究制度

建立有利于推动负面清单落地实施的激励性考核评价体系，提高负面清单执行情况在地方绩效考核中的权重。严格落实党政领导干部生态环境损害责任追究制度。对违反负面清单管理规定情形的，依法严肃追究企业法定代表人、实际控制人、主要责任人的责任。督促长江经济带各地区加强企业及个人诚信体系建设，建立健全失信联合惩戒机制。

（四）建立负面清单动态调整机制

长江经济带市场准入负面清单应在实施过程中不断进行动态调整，建议

以2年为一个周期实行动态调整。沿江11省市人民政府和各类市场主体针对形势变化，均可提出调整负面清单的建议。针对有关建议和意见，国家发展改革委、工业和信息化部、水利部在开展专家论证、公众参与、第三方评估等工作基础上，根据事项性质，按规定程序报请调整。

（五）建立既有项目分类引导退出机制

负面清单管控措施及要求仅针对新建项目，不适用于现有企业、工艺、设备或产品。沿江11省市对不符合负面清单规定的既有产业、开发项目、基础设施等，应统筹考虑其所在区域、类别和合法性等因素，分类建立引导退出机制，积极稳妥引导退出。对位于其他长江支流的禁止准入类和限制准入类项目，可参照该负面清单执行，由沿江11省市结合实际情况确定退出方式、退出时限或整改措施等。

B.3

长江经济带能源协同发展研究*

苏　铭**

摘　要： 能源问题是影响长江经济带生态环境保护和高质量发展的关键因素。本文剖析了长江经济带能源发展中存在的流域/区域突出性问题，主要包括上中游水电开发与流域生态环境保护矛盾加剧、燃油船舶污染与长江绿色生态廊道建设矛盾突出、沿江地带油气管网设施能力存在不足、冬季清洁取暖呼声强烈但既有政策不适应该需求、云贵川渝区域清洁电力协同消纳和外送存在瓶颈制约、两湖一江面临保障能源安全和推进绿色低碳转型的双重压力、长三角地区能源距离高质量发展要求差距较大等。贯彻落实生态优先、绿色发展战略定位，按照“共抓大保护、不搞大开发”总体要求，研究提出按照“流域协同”“区域协同”“品种协同”“（带）内（带）外协同”原则推动长江经济带能源协同发展，进而围绕七大问题研究提出了相应的实施途径和保障机制建议。

关键词： 长江经济带　能源协同　绿色发展

---

* 本文系国家能源局委托开展的“长江经济带能源协同发展专题研究”课题成果。该课题由国家发展和改革委员会能源研究所牵头，中电联技经中心、水电水利规划设计总院、中国石油规划总院、电力规划设计总院及三峡集团、湖北能源集团作为协作单位共同参与，感谢各单位专家的联合研讨和支持。

** 苏铭，中国宏观经济研究院能源研究所副研究员，主要研究领域为能源发展战略和规划，以及能源环境、绿色发展问题。

一 推动长江经济带能源协同发展的重大意义

（一）长江经济带发展的核心要义

长江是中华民族的母亲河，也是中华民族发展的重要支撑。长江是我国重要的战略水源地和生物基因宝库，长江流域具有涵养水源、繁育生物、水土保持、洪水调蓄、释氧固碳、净化环境等重要生态功能，对我国生态安全具有不可替代的作用。千百年来，长江经济带孕育了光辉灿烂、瑰丽多姿的历史、文化，筑牢了中华文明之基，时至今日仍是我国人口最密集、人才最集聚、创新最活跃、经济最发达的区域之一。然而，近现代以来，特别是最近几十年，随着人们生产生活行为加剧，长江经济带生态环境遭受了严重破坏，已成为流域生态安全和经济社会可持续发展的瓶颈。

习近平总书记站在中华民族永续发展的历史高度，在推动长江经济带发展座谈会（2016 年 1 月 5 日）、中央财经领导小组第十二次会议（2016 年 1 月 26 日）、中共中央政治局会议（2016 年 3 月 25 日）、深入推动长江经济带发展座谈会（2018 年 4 月 26 日）上反复强调，长江经济带发展必须坚持生态优先、绿色发展的战略定位，把生态环境保护摆上优先地位，涉及长江的一切经济活动都要以不破坏生态环境为前提，共抓大保护，不搞大开发。其核心要义主要体现在以下几个方面：一是正确处理生态环境保护和经济发展的关系，坚持生态优先、绿色发展，共抓大保护，不搞大开发，探索协同推进生态优先和绿色发展新路子。二是正确把握（行业/区域）自身发展和协同发展的关系，坚持“一盘棋”思想，顺应流域经济特征，把长江经济带打造成有机融合的高效经济体。三是正确把握破除旧动能和培育新动能的关系，推动长江经济带建设现代化经济体系，以长江经济带发展推动高质量发展。四是正确把握总体谋划和久久为功的关系，做好顶层设计，针对既定目标制定明确的路线图、时间表，稳扎稳打，分步推进，坚定不移将一张蓝图干到底。五是正确把握整体推进和重点突破的关系，从生态系统整体性和长江流域系统性着眼，统筹山水林田湖草等生态要素，全面做好长江生态环境保护修复工作。

（二）能源协同发展是实现长江经济带高质量发展的必要条件

长江本身就是一个巨大的水能资源宝库，而绵延数千里的航道又是一个巨大的能源输运通道。能源作为国民经济的重要物质基础，在长江经济带发展中发挥着重要的作用。推动长江经济带迈向高质量发展新阶段，重中之重是推动流域/区域能源协同发展。

第一，坚持“一盘棋”思想，顺应流域经济特征，关键是要处理好能源自身发展与各领域、各地区协同发展的关系。能源发展既涉及长江经济带经济社会、生态环境保护等方方面面，又是连接长江经济带各省市的重要纽带；既是经济社会发展的重要物质基础，又是破坏生态环境的重要因素。能源发展必须要率先树立流域/区域思维，从长江经济带整体出发，协调好与各其他领域、各地区的关系，以协同发展助力长江经济带高质量发展。

第二，践行生态优先、绿色发展要求，重中之重是要处理好能源发展与生态环境保护的协同关系。无论是长江流域水电开发，还是长江航道水运发展，能源的大量生产和使用均对流域生态环境造成巨大影响。坚持生态优先、绿色发展，必须首先处理好各类水电开发与全流域生态环境的关系，必须妥善应对好船舶燃油和运输油品对长江生态环境的影响。

第三，按照现代化经济体系建设要求，培育新动能，破除旧动能，能源率先高质量发展是加快长江经济带动能转换、迈向高质量发展的重要助力。世界能源技术创新进入活跃期，能源科技变革有望引领新一轮工业革命，能源新技术与现代信息、材料和先进制造技术深度融合，能源利用新模式、新业态、新产品日益丰富，将带来人类生产生活方式的深刻变化。长江经济带特别是长三角地区是我国创新最活跃的区域之一，也是能源科技创新和应用的大本营之一，势必要在能源高质量发展方面进行率先探索，通过能源发展转型升级带动长江经济带高质量发展、引领我国能源高质量发展。

第四，正确把握总体谋划和久久为功的关系，必须考虑到能源设施长期影响和路径锁定特征，早早谋划，制定能源协同发展路线图、时间表。能源基础设施建设周期长，以水电为例，长江干流水电从开工到建成往往需要6~7年时间，如果考虑到前期准备，时间就更长，更重要的是，一旦建成，其服役期更长。能源基础设施建设运行对长江经济带发展具有长期深远的影响，如不能提早谋划，早做安排，将显著影响长江经济带高质量发展目标实现。因此，谋划长江经济带高质量发展路线图，必须着眼长远，加快制定能源协同发展路线图，使能源发展与长江经济带发展共同迈向高质量发展阶段。

二 长江经济带能源发展整体状况及存在的突出问题

（一）能源清洁低碳发展总体优于全国平均水平

2016年，长江经济带9省2市能源消费总量达16.8亿吨标准煤，占全国的36.8%。能源消费远超出其本地供应水平，近55%的能源均依赖外省区调入或进口。

从能源消耗强度看，2016年长江经济带单位GDP能耗为0.546吨/万元（2010年价），比全国平均水平低12%。得益于经济结构的优化和节能技术的普及，长江经济带能源效率相对更高。

从能源消费结构看，2016年长江经济带煤炭占一次能源消费结构的比重为56%左右，显著低于全国62%的平均水平。上中游的水电和沿海的核电在其能源结构优化中发挥着重要作用。

（二）流域/区域能源发展不协同成为突出问题

尽管长江经济带能源在清洁高效、绿色低碳发展方面高于全国平均水平，但作为区域经济发展的重要支撑和流域生态环境保护的关键要素，其流域/区域不协同问题已成为制约长江大保护和绿色高质量发展的重要瓶颈。

一是上中游水电开发与流域生态环境保护矛盾加剧。一方面，受上游大中型水电开发力度不断加大等多种因素影响，江湖水资源关系出现深度调整。洞庭湖、鄱阳湖枯水期大幅提前、水位明显下降、面积大幅萎缩，洞庭湖面积已由历史上的6000平方公里缩减至目前的冬季不足500平方公里，鄱阳湖枯水期明显提前至10月、连续枯水位时间已高达半年甚至更长、冬季湖水面积甚至不足50平方公里，对生态系统平衡及流域可持续发展产生了严重影响。另一方面，小水电特别是梯级电站开发过度，严重破坏小流域生态功能。审计署发布的《长江经济带生态环境保护审计结果》显示，截至2017年底，长江经济带已建成小水电2.41万座，最小间距仅100米，开发强度较大。梯级电站割断河段，降低河流自身净化能力，也造成水生生物生境变化和河岸植被退化。部分水电站采用引水发电方式致使下泄生态流量严重不足，造成下游河段减脱水甚至断流。过度开发已致使333条河流出现不同程度断流，断流河段总长超过1017公里。

二是大量燃油船舶污染与长江绿色生态廊道建设矛盾突出，推动LNG动力船舶替代任重道远。长江常年有十余万艘船舶，燃料主要是普通柴油和燃料油，SO_2、NOx和颗粒物排放很多，船舶油污造成水体和大气污染，严重影响长江生态环境。LNG动力船舶技术相对成熟、减排效果显著，利用LNG动力船舶替代燃油动力船舶成为防治航运污染的现实选择。中央和地方制定了不少鼓励政策，但仍存在诸多掣肘，发展规模未达预期，主要包括：对LNG动力船舶安全性认识不统一，对其在内河航运上给予更严格的要求，三峡船闸更是禁止其通过；LNG动力船舶的经济性尚不显著，船舶改造或新建费用高，燃料经济优势不足；LNG加注站建设与LNG动力船舶发展存在“鸡和蛋”问题，且水上LNG加注站岸线资源紧张、审批程序复杂且不明确，船用LNG供应也受到一定制约；国内LNG动力系统的核心技术还有待提高，相关产品研发、供给相对滞后。

三是沿江地带油气管网设施能力存在不足，对清洁能源供应有制约，也不适应全国互联互通要求。天然气发展对改善长江生态环境意义重大，由于LNG内河运输制约因素较多，依靠管网系统保障稳定安全仍将是重要方向。截至2017年底，长江经济带天然气管网密度不足100公里/平方公里，管网密度远低于发达国家水平。除上海外，各省均有部分县市未通管道气，天然气供应质量、供应安全受到严重制约。再者，目前天然气管网建设多是依托于中石油、中石化、中海油等国有石油公司投资建设，各公司管网自成体系，不同公司之间几乎没有形成有效的互联互通，特别是长江经济带处于全国的腹心地带，天然气管网联通滞后对全国管网互联互通也将形成制约。另外，目前大量环渤海、长三角地区的成品油需向长江上游运输，但安徽至湖北、湖北至重庆之间缺乏成品油管网布局，导致大量成品油需要通过长江航道向上游运输，给三峡大坝带来较大通航压力和运行风险。

四是国家冬季供暖区域划分政策已不能满足长江经济带居民美好生活需要，推动冬季清洁取暖需克服多重挑战。近年来长江经济带广大地区出现数度“冷冬”，冬天变得更加寒冷漫长，冰雪、冻雨频频出现，人民群众感觉冰冷难捱。但是长期以来我国将秦岭—淮河作为冬季供暖南北分界线，仅秦岭—淮河以北城镇地区进行冬季集中供暖，而长江经济带9省2市大部分处于夏热冬冷地区，没有布局冬季供暖设施，四川阿坝、贵州毕节等地市处于寒冷地区，由于历史原因也没有纳入冬季供暖规划，较难承受冬季寒冷天气。推动长江经济带冬季清洁取暖呼声日渐强烈，一些城市也正尝试推动城镇集中供暖，但要全面推动此项工作，仍需统筹谋划、攻坚克难、稳妥推进。首先，不同于北方地区把冬季取暖作为基本民生保障，长江经济带冬季取暖意味着生活品质进一步提升，需对其进行合理定位。其次，长江经济带建筑保温隔热性能普遍较差，其建筑外墙传热系数限值约是北方地区节能建筑的3倍，如果在此基础上直接供暖，能耗损失较大，费用较高。再次，长江经济带覆盖面积广，地区差异性大，如何因地制宜选择合适的清洁取暖方式是一个不小的挑战，不可盲目推动集中供暖。最后，冬季供暖能耗大幅提升将改变用能负荷季节特性，对清洁能源稳定供应也带来一定压力。

五是云贵川渝区域清洁电力协同消纳和外送存在瓶颈制约，区域内清洁能源开发利用矛盾较为突出。云南、贵州和四川是我国重要的清洁电力基地，近年来随着清洁能源装机规模快速增长，加之各地电力需求增速趋缓，出现了严重的弃水弃风现象；重庆更多依赖煤电，随着区域内煤炭产能大幅减少，目前甚至不得不进行长距离煤炭海江联运，电力供应始终呈紧张态势。除了既有通道拥挤、外送通道与电源建设时序不匹配外，云贵川渝四省市之间电力基础设施互联不足、协同消纳和外送能力差也是一个重要原因。目前，仅四川和重庆之间通过6回500kV交流线路连接，云贵和川渝分属南网区域和国网区域，无电网连接，且同属南网区域的云贵之间也无电网连接，从而使得区域内需求潜力尚未得到充分挖掘和有效满足，跨区域水火互济协同外送更无从谈起。此外，由于跨省跨区电力交易涉及相关市场主体所在省市的直接利益，而各省市电力市场开放程度不同、准入标准不一、隐性壁垒依然存在，跨省跨区电力交易机制极不健全，也对区域电力市场建设和清洁电力协同消纳构成显著制约。

六是两湖一江地区能源资源较为缺乏，面临保障能源安全和推进能源绿色低碳转型的双重压力。湖南、湖北和江西化石能源资源均较为匮乏，超过90%的煤炭和几乎全部的石油天然气均靠外部调入；水电资源尽管较为丰富，但更多外送至华东、华南，核电项目建设也遥遥无期。能源通道条件差、输送不畅问题十分突出，成为制约两湖一江地区能源安全的重要瓶颈。既有铁路运力有限，越来越多依赖海江联运调入；干线天然气管道进度放缓，储气调峰能力薄弱；油品入湘管输率低，车船运输成本较高；酒湖特高压直流工程虽已建成，但送电能力受到限制；区域内能源设施联络薄弱，基础设施共建共享程度低。在这种情况下，近年来三省市积极推动铁路运煤通道建设，并布局了一批大型煤电项目，但这反过来又制约了能源绿色低碳转型，改善区域生态环境的压力不断加大。

七是长三角地区能源距离高质量发展要求差距较大，区域市场一体化进程亟待加快。长三角地区是我国经济最发达、创新最活跃的区域之一，但经济重型化特征仍然显著，能源消费总量很大，2016年达7.57亿吨标准煤，占全国总量的16%以上；单位GDP能耗达0.464吨标准煤/万元（2010年价），比全国平均低25%，但距离发达国家平均仍有近1倍的差距。长三角地区煤炭消费强度很高，绿色低碳发展任重道远，2016年煤炭消费密度高达1778吨/平方公里，是全国平均水平的4倍以上；煤炭占一次能源消费总量比重达60%，仅与全国平均水平相当；煤炭在终端能源消费中的比重也超过30%，粗放低效燃烧依然严重，对区域生态环境影响很大。此外，长三角地区一体化发展进程加快，但能源科技创新和示范应用的一体化进展缓慢，省级电力市场建设正在起步，区域电力、天然气市场未见雏形，一定程度上制约了长三角地区能源绿色高质量发展。

三　按照“四个协同”推动长江经济带能源协同发展

贯彻落实长江经济带生态优先、绿色发展，共抓大保护、不搞大开发的总体要求，未来长江经济带能源发展必须顺应流域经济特征，以加快绿色低碳转型和协同保护长江生态环境为核心，妥善处理好流域能源开发利用、经济社会发展、生态环境保护之间的关系。为此，应牢牢坚持和扎实做好“四个协同”。

一是坚持“流域协同”，促进江湖和谐、生态文明。尊重自然规律、河流演变规律以及江河湖泊自然生态关系，深入研究并协调处理好能源发展与生态环境保护的关系，保护和改善流域生态服务功能。以切实改善江河湖泊关系及流域生态环境为目标，推动水电生态开发、绿色发展，强化干流大中型水电联合调度，推动小水电减量发展。贯彻落实美丽长江和安全长江要求，加快船舶燃油清洁替代，加快油气管道互联互通，切实降低燃油污染和油品输运对黄金水道的影响。

二是坚持“区域协同”，强化共建共享、协同保障。根据长江经济带上中下游自身特点，推动上中下游各自区域内能源协同发展。促进云贵川渝地区能源电力共同市场建设，提升水电协同消纳能力。推进两湖一江能源基础设施共建共享，协同保障能源供应安全。按照长三角一体化发展要求，加快长三角地区能源一体化发展步伐，推动能源率先高质量发展。

三是坚持“品种协同”，加快能源清洁高效发展、绿色低碳转型。顺应新一轮能源变革大势，加快构建清洁高效、绿色低碳的能源体系。坚持科学发展水电，大力发展风电、光伏发电，稳步推进核电建设，推动清洁低碳能源发展迈上新台阶。深化能源供需两侧结构性改革，有序压减煤炭生产和消费总量，加大天然气、电力清洁能源替代力度。深入推进工业、建筑、交通领域能源变革，推进冬季清洁取暖，促进能源高质量发展。

四是坚持“（带）内（带）外协同”，推进清洁能源大范围配置、高效发展。长江经济带11省市既有全国清洁能源供应基地，又有全国能源消费集中地，其能源与全国各省市之间有较强的联系。既要强化长江经济带带内能源协同发展，大力建设长江经济带上中下游清洁能源走廊，促进水电、天然气等清洁能源发展消纳和利用，又须注重与长江经济带以外省市的协作，强化电力、天然气基础设施互联互通，促进清洁能源大范围配置和高效利用。

四　推动长江经济带能源协同发展的实施途径

按照《国务院关于实行市场准入负面清单制度的意见》的要求，参考《市场准入负面清单（2018年版）》的编制方式，长江经济带市场准入负面清单主要由三大类要素构成，分别是市场准入类别、适用范围、管控措施及要求。其中，市场准入类别基于岸线、河段、区域划定为禁止准入和限制准入两大类，覆盖长江经济带全部区域面积，管控措施及要求则根据不同的市场准入类别分别提出岸线开发、河段利用、区域开发和产业发展方面的禁止或限制措施，从而将岸线、河段、区域、产业四部分有机整合成“一张清单”。

第一，贯彻生态优先推动长江流域水电健康发展。统筹协调流域开发与保护，坚持“生态优先，统筹考虑，确保底线，适度开发”，保障水电绿色可持续发展。以水电项目环境影响评价结果作为先决条件，统筹移民安置和市场需求，稳妥推进重点区域（四川、云南）和重点河流（金沙江、雅砻江、大渡河、澜沧江）生态友好型大型水电建设，有序增加“西电东送”规模。统筹考虑大型水电项目对生态的影响。以生态调度为主线，正确处理防洪、航运、发电的矛盾，优化长江干流大型水电运行方式，以三峡枢纽为核心推进长江上游大型水库群联合调度，建立统一调度会商平台，适当增加枯水期下泄流量，保障中下游重要河湖生态用水。严格控制中小流域、中小水电开发，保留流域必要生境，维护流域生态健康，西部地区严格控制中小水电开发力度，弃水严重的云南、四川停止建设无调节能力的中小水电，东中部地区不再开发中小水电。建立中小水电破坏生态环境惩罚退出机制，按照《长江经济带小水电无序开发环境影响评价管理专项清理整顿工作方案》要求，持续推进既有小水电关停和绿色环保整改工作，切实保护流域生态环境。加快实施流域生态修复，积极开展长江中上游、金沙江、岷江等流域水电开发生态保护与修复。

第二，大力推进船舶燃料替代和清洁能源供应保障。强化船舶污染和用油质量监管，倒逼船舶燃料清洁转型。持续推进港口码头岸电设施建设，全面提升船舶停靠期间岸电使用率。将 LNG 动力船舶替代燃油船舶作为长江航运主要发展方向，以大规模推广和全面普及 LNG 动力船舶为目标，加大既有燃油船舶改造力度，推动新建船舶普遍使用 LNG 动力。加快制定沿江 LNG 加注站建设及相关配套规划，快速有序推进 LNG 加注码头建设，完善水上加注网络，提升加注服务供给能力。将 LNG 动力船舶用气指标纳入各地资源规划，保障资源稳定供应。强化技术创新，推进混燃动力技术深化研究和 LNG 单燃料发动机技术研发，不断降低 LNG 动力船舶购置及改造成本。加快安全防护和安全距离等标准制修订，研究建立科学的 LNG 动力船舶内河航运及过闸政策，保障 LNG 动力船舶沿江畅通航行。

第三，全面提升沿江地带油气管网互联互通水平。准确认识长江经济带连接东西、辐射南北的区位特征，按照全国油气管网互联互通总体要求，加快推进沿江地带油气管网建设，率先实现互联互通。充分把握长江航运 LNG 动力燃料替代乃至气化长江经济带的需求趋势，加快沿江骨干天然气管网布局，打通互联互通瓶颈。近期加快完成中贵线、中缅管道、西二线等增输和正反输改造工程以及长江经济带内节点互联互通工程，提高“南气北上”供应能力和“东西串气”能力，中长期完善长江经济带内“三横四纵”骨干管网布局以及分输支线管网布局，提高储气调峰能力，提高天然气普遍服务能力。积极推进成品油管网互联互通，推动荆门—宜昌段成品油管道进一步向重庆市延伸，将中下游成品油直接通过管道输送至川渝地区，大幅减少成品油船舶过三峡船闸运输量。按照互联互通原则，统筹推进长江中上游地区成品油管道建设项目，优化管道资源配置，减少重复投资。

第四，积极推动长江经济带冬季清洁取暖。把推动长江经济带冬季清洁取暖作为满足人民美好生活需要、促进形成强大国内市场的重要手段。对于长江经济带大部分夏热冬冷地区，应定位为满足人民日益增长的美好生活需要，谋划合理的冬季清洁取暖模式和路径；对于个别寒冷地区，应定位为“基本民生保障”，借鉴北方地区清洁取暖实践经验，加快推进冬季清洁取暖工作。长江经济带大部分地区宜采用分散式取暖模式而不是集中供暖，应坚持政府引导、市场主导原则，鼓励各类企业进入清洁供暖领域提供优质化服务，强化企业主体地位，让市场因地制宜选择清洁取暖模式。将强化建筑节能作为根本前提，尽快制定出台适合长江经济带特点的建筑节能标准，加快推进建筑节能改造特别是外墙、外窗、屋顶的保温隔热改造。健全清洁取暖统计和计量体系，建立适宜技术指导目录，加强商业模式创新，多措并举，培育壮大长江经济带冬季清洁取暖市场。

第五，探索推进云贵川渝区域能源电力市场建设。把构建区域统一能源电力市场作为促进云贵川渝清洁电力协同消纳和外送的重要途径。近期，在现有通道的基础上，充分利用水火置换的发电权交易扩大云南、贵州的水电交易范围和交易量，加大四川水电与西北地区的电力置换交易规模，扩大金沙江两侧水电站协同出力模式实现云贵和川渝的置换交易，提升云南、四川水电消纳能力和有效满足重庆电力需求。中长期，加强云贵省间联网以及外送通道建设，逐步打破国网、南网的区域分割限制，实现区域内电力基础设施互联互通；积极建设包含电量市场、容量市场、可再生能源配额市场和辅助服务市场在内的“四位一体”的区域电力市场，形成有利于清洁电力协同消纳和外送的模式。

第六，强化两湖一江地区能源基础设施共建共享和协同保障。把强化区域能源合作作为保障能源安全、促进能源转型的重要手段。协同开展跨区域能源合作，支持雅中—江西特高压直流输电通道、蒙西—华中煤运通道、仪征—长岭原油管道复线、锦郑长成品油管道、西气东输三线中段、川气东送二线等重大能源基础设施共建共享，加大清洁能源供应保障力度。加强区域内能源基础设施互联互通，提升区域内电网互济能力，完善区域内成品油管道体系，推进区域性天然气管网、LNG 码头建设。加强区域能源储备基地建设，协同推进湖北荆州等大型煤炭储配基地、长江中游原油储备基地及成品油油库、区域性储气调峰设施建设。建立能源安全协同保障机制，开展统一规划布局，搭建区域能源合作平台，建立统一区域能源市场和安全应急处置体系。

第七，加快长三角地区能源率先高质量发展。充分发挥长三角地区创新驱动、改革开放、能源转型等多领域先行示范作用，以长三角能源高质量发展带动长江经济带能源高质量发展。统筹推进煤炭消费减量替代，加大工业用煤清洁替代力度，协同改善区域大气质量。大力发展工业园区分布式能源系统，积极推进节能建筑和可再生能源建筑一体化发展，持续推进新能源汽车大发展和城际轨道交通体系建设，全面促进工业、建筑、交通等用能高质量发展。适当加快沿海核电建设，大力推进海上风电建设，建立健全天然气产供储销体系，加强需求侧响应提升区外清洁电力消纳力度，促进能源供应高质量发展。依托 G60 科创走廊，推动区域联合研发实验室建设，加快能源科技创新和应用推广一体化。打破省间壁垒，加快建立区域电力、天然气市场，推进能源市场一体化。

五　保障长江经济带能源协同发展的体制机制

长江经济带能源发展问题涉及面广，问题复杂、敏感，协调难度大，为切实推动能源协同发展，建议建立行之有效、保障有度的体制机制。

一是强化顶层统一规划和指导。顺应长江经济带广大人民群众追求更加美好生活的需要，促进经济、能源、生态环境三者相协调，由中央政府部门统筹谋划、合理定位、有序推动长江经济带能源协同发展。针对上述关键性问题，明确提出针对性指导意见，由政府主导的抓紧制定发展规划，由市场主导的积极发挥政府引导作用。

二是建立区域能源发展协调机制。把推动能源协同发展作为长江经济带发展的一项长期重要任务，建立由推动长江经济带发展领导小组办公室牵头、各部门共同参与的能源发展协调机制。依托长江经济带省际协商合作机制平台，建立健全地方之间、央企之间、央地之间的能源发展协调机制，共同研究解决区域能源协同发展中的重大事项。

三是以构建开放统一、竞争有序的市场为目标深化电力和油气体制改革。按照“先区域市场、后全国市场”的步骤，破除省际壁垒，推动区域和全国电力市场建设。完善油气管网公平接入机制和投融资机制，实现管输和销售分开，鼓励采取公开招标方式引入其他参股管道项目。全面落实市场准入负面清单制度，清单之外允许各类市场主体平等进入，鼓励各类资本参与 LNG 接收站、油气储备库等基础设施投资建设。

四是健全绿色财税金融政策支持机制。建立区域能源发展补偿机制，让下游地区有效分担上游清洁能源开发中的一系列社会成本问题。健全节能环保、清洁生产、清洁能源产业的财政激励和税收优惠政策，加大能源重点领域和关键环节的科技研发和推广应用的财税政策支持力度。完善绿色金融标准体系，鼓励金融机构参与发行绿色信贷、绿色债券等产品，以市场化手段融资支持能源清洁发展。

B.4
积极探索长江经济带绿水青山变为金山银山的路径

李　忠*

摘　要： 积极探索推广绿水青山转化为金山银山的路径是习近平总书记对长江经济带提出的要求。本文研究提出了三条路径：第一条路径是保护绿水青山、完善生态补偿机制，包括合理配置生态补偿资金、提高长江流域生态保护能力，统筹各类补偿资金和政策、探索建立长江流域综合性补偿办法，建立奖惩分明的激励约束机制、实现生态保护成效与资金分配相挂钩三个方面；第二条路径是盘活绿水青山、建立市场化运作机制，包括确权绿水青山、推进长江经济带生态资源变资产，建立长江经济带生态产品交易市场，积极探索生态资源变资本的交易机制；第三条路径是依托绿水青山，促进生态资源向生态经济转化，包括推动生态产品转化为生态农产品、生态旅游产品和生态工业品。

关键词： 生态补偿　生态产品　交易机制

2018年4月26日，习近平总书记在深入推动长江经济带发展座谈会上指出，“要积极探索推广绿水青山转化为金山银山的路径，选择具备条件的

* 李忠，中国宏观经济研究院国土开发与地区经济研究所研究室主任、研究员，主要研究方向为生态文明建设、环境经济和环境政策、京津冀和长江经济带区域绿色发展。

地区开展生态产品价值实现机制试点，探索政府主导、企业和社会各界参与、市场化运作、可持续的生态产品价值实现路径”。探索长江经济带绿水青山变为金山银山的路径，实现生态产品的价值，让保护生态环境变得“有利可图”，对于从根本上改变生态环境保护的传统模式，建立保护生态环境就是保护和发展生产力的利益导向机制，推进经济社会发展与生态环境保护相协调，实现长江经济带的可持续发展具有重要意义。

一　保护绿水青山，完善生态补偿机制

对生态功能区的“生态补偿”，实质是政府代表人民购买这类地区提供的生态产品，因此，政府的生态补偿是生态产品价值实现的重要路径。目前，长江经济带已经建立起以政府为主导、中央和地方两个层次的生态补偿机制。从中央来看，包括针对重点生态功能区、南水北调中线工程丹江口库区及上游地区所辖县区等重点区域和针对森林、草原、湿地、流域等重点领域的补偿。2018 年，中央对长江经济带重点生态功能区的转移支付达到 295. 58 亿元，占全年中央对地方重点生态功能区转移支付总额的 41%。从地方来看，长江经济带各省市初步建立了以重要生态资源为保护对象、以一般性和专项财政投入为主要形式的补偿体系。同时，区域之间也开展了横向生态补偿机制的试点，如浙江和安徽开展的新安江流域生态补偿。但是，总体来看，长江经济带的生态补偿存在补偿力度小、补偿资金未能充分体现区域生态产品提供能力的差异性、资金使用效率不高等问题。需要进一步完善生态补偿机制，优化政府购买生态产品的路径，提高财政资金的使用效率，更好地发挥政府财政资金的引导作用，达到“四两拨千斤”的效果，为长江保护修复攻坚战提供强有力的保障。

（一）合理配置生态补偿资金，提高长江流域生态保护能力

目前，从中央对地方的重点生态功能区转移支付来看，主要是按照标准

财政收支缺口并考虑补助系数测算的，基本上和各地方生态功能区面积、生态保护的任务、因生态保护损失的发展机会成本没有联系。省以下生态补偿受到各省财力影响，各级政府的财政状况在很大程度上决定了补偿标准。从地方开展的横向生态补偿实践来看，补偿标准的制定缺乏量化标准，大部分还是依据协商办法解决。

政府财政资金引导性作用非常大，有利于调动地方政府转变发展方式，提高生态建设和环境保护的积极性和主动性。因此，长江经济带的生态补偿，应当综合考虑各地的生态保护成本、发展机会成本和生态服务价值等多重因素，更加科学合理地进行分配。一是将生态补偿资金和生态保护成本挂钩，体现对生态保护力度大、污染治理成效好区域的倾斜。中央财政的均衡性转移支付资金增加生态环保相关因素的分配权重，增加对长江经济带地方政府开展生态保护、污染治理、控制减少排放等带来的财政减收增支的财力补偿，进一步发挥均衡性转移支付对长江经济带生态补偿和保护的促进作用。二是加大对重点生态功能区直接补偿的资金倾斜力度，对于长江流域承担着水源涵养、水土保持、防风固沙和生物多样性维护等重要生态功能的地区，加大补偿力度，让重点生态功能区守得住绿水青山。

（二）统筹各类补偿资金和政策，探索建立长江流域综合性补偿办法

目前，长江经济带生态保护补偿资金的分配和使用存在“九龙治水”问题，专项补偿资金分散在林业、环保、水利、住建、经信、国土等不同领域，一方面，存在“撒胡椒面”现象，补偿规模偏小，难以满足地方生态保护事权支出的要求；另一方面，不同部门的专项生态补偿资金受到专款专用的限制，造成资金统筹使用难度大、效率低，同时还给贫困地区带来资金配套的巨大压力。针对这一问题，有些省开展了综合性生态保护补偿机制的探索，如浙江省整合各类补偿资金探索建立了“绿色发展财政奖补机制”，优化了资金的分配，提高了资金的使用效率。

对于长江经济带来说，随着生态优先、绿色发展和共抓大保护、不搞大

开发等政策的落实，中央各部门、沿江各省市生态环保资金会不断增加。为了切实提高财政资金使用效益，发挥好财政资金的引导作用，应当在长江经济带积极探索综合性补偿政策，通过整合政策和资金，加大对重点生态功能区的补偿力度，提高资金使用效率，使绿山青山的保护者有更多的获得感。首先，推动资金在省级层面的统筹整合，对相关中央专项转移支付的结转资金，允许地方制定严格的资金统筹办法，将分散在林业、环保、水利、住建、经信、国土等不同部门的生态保护类专项资金整合起来使用。其次，发挥政策合力实现综合治理，按照山水林田湖草生命共同体的理念，统筹后的资金以综合性生态补偿的方式进行分配和下达，将生态环境质量改善作为补偿资金分配的主要因素，在资金使用上赋予地方政府统筹安排项目和资金的自主权，最大限度地提高生态补偿资金使用效率，调动地方政府的积极性。同时，鼓励地方将获得的补偿资金与本级资金捆绑使用，集中投入、综合治理，形成政策和资金合力。

（三）奖惩分明，建立生态保护成效与资金分配挂钩的激励约束机制

生态补偿制度奖惩分明，有助于强化政府的生态保护责任，更好地调动地方保护生态环境的积极性。奖惩制度设置的合理与否也直接影响生态补偿政策激励效果的发挥。

因此，长江经济带的生态补偿，应当按照“生态优先，奖惩分明”原则，建立奖惩分明的激励约束机制，对生态保护任务完成情况较好、生态环境质量得到提升的地区加大补偿力度，除资金奖励外，还可以在基础设施建设、改善民生等方面提供政策性倾斜；而对于生态保护任务完成不好的地区，则不予补偿或扣减资金，通过正向激励和负向惩罚，进一步调动各区保护生态环境的积极性，提升生态补偿的效果。一方面，要加快建立生态补偿绩效考核指标体系，充分发挥生态保护补偿考核指挥棒作用，倒逼各地更加注重绩效结果，通过考核增强各级政府加强生态保护的责任心和紧迫感，保护好绿水青山。另一方面，将生态补偿资金与考核结果挂钩。生态补偿资金

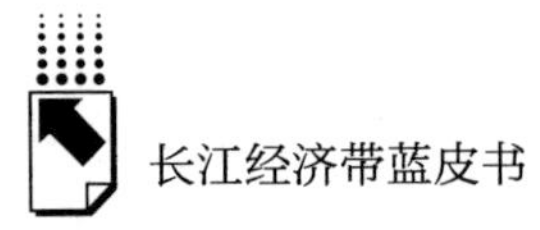

由财政部门根据绩效考核结果下达，将指标考核结果与补偿资金紧密联系，并采用先预拨后清算的办法，实现奖优罚劣，体现正向激励，让受益者付费、保护者得到合理补偿，促进生态保护者和受益者良性互动。

二　盘活绿水青山，建立市场化运作机制

长江经济带是我国重要的生态宝库，山水林田湖草等生态资源丰富。长江流域森林覆盖率为41.3%，河湖、水库、湿地面积约占全国的20%，多年平均水资源总量约9958亿立方米，约占全国水资源总量的35%。如果能将这些丰富的资源变资产、资产变资本、资本变财富，那么也就实现了绿水青山变成金山银山。市场交易是绿水青山变成金山银山、实现生态产品价值的主要渠道和发展方向。生态产品具有公共物品属性，过去生态产品长期存在，但没有成为商品，更没有交易路径，生态环境保护的责任主要由政府承担，因此才会出现“公地悲剧”现象。建立市场机制，发挥市场在优化环境资源配置中的决定性作用，让生态环境的保护者有收益、让受益者付费，有利于调动全社会保护绿水青山的积极性和主动性。但是，生态产品市场不是自发形成的，需要通过制度改革和创新去创建交易市场。当前，生态产品市场交易渠道受到资源产权不明晰、环境产权缺失、统一规范的交易市场尚未建立、交易机制不完善等种种约束。长江经济带是我国经济发展的重心所在，下游地区市场经济高度发达，在水权、林权改革和交易以及排污权、碳排放权等环境权益交易方面已经开展了一系列的实践，具备条件进一步探索市场化运作模式，推进绿水青山变为金山银山，实现生态产品价值。

（一）确权绿水青山，推进长江经济带生态资源变资产

产权制度是绿水青山变成金山银山、实现生态产品市场交易的前置性基础性制度。生态产品要从公共物品转化为具有商品属性的可交易产品，首先要明晰产权，在此基础上，遵循市场经济规律和市场机制原则，通过产权的出让、转让、出租、抵押、担保、入股等方式，实现资源变资产、绿水青山

变成金山银山。

一是明晰资源产权。明晰山水林田湖草各类自然资源的所有权、使用权、经营权等权利及其主体，构建统一的确权登记系统，制定产权主体权利清单，针对长江经济带水资源、河湖湿地资源、森林资源丰富的特点，科学界定水流、森林、湿地等生态资产的产权主体及权利。推进土地承包权和经营权分离的模式向林权、水权、湿地等领域延伸，为产权的交易流转奠定制度基础。适度扩大使用权的出让、转让、出租、担保、入股等权能，使生态产品可以通过使用权（经营权）的出让、转让、出租等获得直接收入，或者通过抵押、担保等获得信用贷款，或者通过入股变成资产，为生态产品价值转换奠定基础。二是建立环境使用权。长江经济带污染排放总量大、强度高，废水排放总量占全国的40%以上，单位面积化学需氧量、氨氮、二氧化硫、氮氧化物、挥发性有机物排放强度是全国平均水平的1.5~2倍。磷矿采选与磷化工产业快速发展导致总磷成为长江首要超标污染因子。土壤重金属污染严重，全国近一半的重金属重点防控区位于长江经济带。要通过市场化的手段解决污染排放大、污染严重的问题，首先需要建立环境产权制度，实行排污许可，赋予权利人拥有依法收益、处置环境产权的权利，在此基础上建立环境权益市场，用经济手段激发企业通过设备改造、技术创新降低污染排放，通过市场手段控制污染物排放总量。

（二）建立长江经济带生态产品交易市场

结合长江经济带的特点，科学确定长江经济带进入市场交易的生态产品权益品种，资源产权可交易的是使用权和经营权，如林权、用水权等；能源环境权益可交易的包括排污权、碳排放权、用能权等。在合理确定生态产品权益的供应总量和基准价格基础上，建立资源类生态产品交易平台和环境类生态产品交易平台。创建长江经济带生态产品网上交易平台，积极谋划建设生态产品交易中心，吸引社会资本参与，全力筹集资金和引入资本，建立健全项目法人治理结构，吸引特色资源向电商交易平台聚集，共同推动生态产品交易体系建设。统筹开展农村土地承包经营权，林地使用权、林木所有权、宅基地和农房使用权、水域使用权等生态资产产权，用能权、用水权、碳排放权、排污权交易等“四权”以及各类生态产品的交易。

（三）积极探索生态资源变资本的交易机制

浙江、贵州等地区已经开展了林权抵押贷款、水权交易、排污权交易等实践，应不断总结经验，开拓新的方式，建立完善生态变资本、变财富的新机制。

一是开展竞买与拍卖交易。针对一些具有稀缺性的生态产品，可以采取竞买与拍卖（或配额交易）的形式进行交易，从而获得溢价收益。例如，为保障长江一江清水，要严格限制畜禽和水产养殖，可以通过开展生态养殖证拍卖的方式，建立有效管控养殖污染的市场机制。实行养殖许可制度，在科学划定可养区、限养区和禁养区的前提下，对可养区、限养区不仅要合理确定养殖容量，引导发展生态养殖，而且要公开合法持证养殖，养殖者要依托公共资源交易平台通过市场方式竞争性拍卖取得养殖权证。二是开展抵押贷款。在集体林权制度基础上，稳定承包权，拓展经营权能，积极探索林权抵押贷款、公益林补偿收益权质押贷款、林地信托抵押贷款等多种方式，进一步推出小额贴息贷款、担保基金贷款、信用担保贷款等多种信贷品种，引导各类金融机构推出以林产品订单为抵质押物的贷款业务，积极开展林下经济预期收益贷款。三是探索资产证券化。在森林、草原、湿地、水流、空气等不同领域探索和开展资源资产化、证券化、资本化改革。通过结构设计，以自然资源未来产生的现金流为支撑发行证券，进行资产证券化运作。四是探索生态产品“换”要素渠道。研究生态产品供给与建设用地指标增减“挂钩”、生态资产账户异地增减平衡等可行性，开拓“换”要素的新渠道。五是引导社会资本参与生态产品供给。借鉴美国湿地缓解银行的成功经验，在长江经济带研究设立生态银行，通过经济手段引导社会资本参与湿地、森林等生态产品的保护和恢复，增加生态产品的供给。

三　依托绿水青山，促进生态资源向生态经济转化

习近平总书记指出，如果把生态环境优势转化为生态农业、生态工业、生态旅游等生态经济的优势，那么绿水青山就能变成金山银山。长江经济带应当立足各地自然生态禀赋，积极探索“生态 +”产业发展模式，大力发展山上经济、水中经济、林下经济，实现生态产品向生态经济转化。

（一）推动生态产品转化为生态农产品

依托生态资源优势，积极发展绿色生态农业，不仅可以带动农业经济繁荣，而且可以实现农业发展和生态保护的双赢，还可以促进农民增收，实现绿色富民。因此，长江经济带应当深入挖掘各种“绿色要素”，保护和拯救原生物种，充分发挥多样化物种的互抵性和互补性，增强自然的恢复能力；推进农业清洁生产，实现投入品减量化、生产清洁化、废弃物资源化、产业模式生态化，增强农业可持续发展能力；大力发展精品生态农业、林业、牧业和渔业，加强新技术、新工艺、新方法的运用，加快新产品研发，打造绿色品牌，生产满足人们绿色消费的新型绿色产品，通过绿色、生态农产品的市场溢价，实现生态产品价值提升。

（二）推动生态产品转化为生态旅游产品

大力发展生态旅游业是实现生态产品价值转化的有效途径。长江经济带要依托丰富的旅游资源优势和生态优势，推进生态与健康、旅游、文化、休闲相融合，通过发展生态旅游业带动运动休闲、养生保健以及配套的导游、餐饮、购物等多产业、多业态发展。同时，选择生态资源良好的地区，围绕湿地公园、森林公园、自然保护区等生态旅游资源，因地制宜建设一批生态休闲养生福地，积极培育和丰富生态休闲养生产品，打造一批有品牌、有品质、有品位的湖边渔家、温泉小镇、森林小镇、茶叶小镇等生态休闲养生基地，实现生态产品的增值。此外，顺应“互联网 +”新趋势，以生态产品

开发、产业化运营等为重点，采用“互联网+旅游”“互联网+森林康养”等多种模式，加快发展生态产品电子商务和物联网，实现“线上”与“线下”相结合，将长江经济带打造成为生态旅游康养带。

（三）推动生态产品转化为生态工业品

“绿水青山”不仅是生态旅游、绿色农业不可或缺的基础，更是一些生态敏感型工业的关键生态要素，成为某些高端工业企业布局选址的首要条件。长江经济带要促进生态要素向生态工业品转化，充分利用清新的空气、清洁的水源、适宜的气候等高质量的生态环境，大力发展环境适应性产业，吸引环境敏感型产业，构建企业—园区—社会多层次循环体系，培育发展资源循环利用产业（静脉产业），大力发展物联网、医药、电子、光学元器件等对生态环境要求严苛产业，促进环境敏感型产业与生态环境“共生”发展，以产业收益反哺生态建设，实现保护“绿水青山”与发展高端产业相得益彰。

B.5 推进生态产品价值转换助推乡村振兴的浙江经验及启示

刘峥延　李　忠*

摘　要： 在“两山”理念的指引下，浙江省深入贯彻落实长江经济带生态优先、绿色发展的要求，形成了以生态农业为基础，以生态旅游为突破口，以农村电商、休闲农业、文化创意等产业新业态为重要补充的乡村地区生态产品价值转换模式，通过促进全产业链发展和一二三产融合，加强品牌建设，进一步增加价值转换的盈利点、提高价值转换的附加值，推动乡村经济蓬勃发展，为长江经济带绿色发展提供了浙江经验，也为推动实施乡村振兴战略提供了重要抓手。

关键词： 长江经济带　生态产品价值　乡村振兴

党的十九大报告指出，必须树立和践行绿水青山就是金山银山的理念。“两山”理念是习总书记新时代生态文明建设思想的标志性观点和代表性论断，是当代中国马克思主义发展理论的重要创新成果。“两山”理念的核心是推动生态产品价值转换为经济价值，实现生态产业化和产业生态化。浙江省既是“两山”理念的发源地，又是国家生态产品价值实现机制试点省，

* 刘峥延，中国宏观经济研究院国土开发与地区经济研究所助理研究员；李忠，中国宏观经济研究院国土开发与地区经济研究所研究室主任、研究员，主要研究方向为生态文明建设、环境经济和环境政策、京津冀和长江经济带区域绿色发展。

依托良好的生态环境优势，走“面上保护、点状开发”的新路子，符合习近平总书记对长江经济带“共抓大保护、不搞大开发”的要求，也是长江经济带生态优先、绿色发展的有益实践。同时，浙江省通过转化生态产品价值，促进乡村产业绿色发展，保护和修复乡村生态环境，实现了农民增收，推动了乡村振兴战略的顺利实施，其实践经验具有典型性和代表性，在长江经济带具有较强的普适性。

一　浙江省生态产品价值转换的路径和模式

浙江省形成了以生态农业为基础，以生态旅游为突破口，以农村电商、休闲农业、文化创意等产业新业态为重要补充的生态产品价值转换模式，同时注重促进全产业链发展和一二三产融合，以品牌建设实现生态产品溢价，初步探索出了一条渠道多样、机制顺畅、因地制宜的生态产品价值转换之路。

（一）以高效生态农业为主攻方向

围绕投入品减量化、生产清洁化、废弃物资源化、产业模式生态化，浙江省加快建立循环低碳的生产制度，总结提炼和集成推广生态循环农业技术创新模式和主推技术。化肥、农药比全国提前七年实现减量，废弃农膜回收率达到89%，畜禽粪便综合利用率达96%，秸秆综合利用水平达到92%。

安吉县溪龙乡对全乡1.8万亩茶园实行总量控制，在茶园当中夹种树木，实行统防统治，降低农药使用，严格保证安吉白茶的品质。目前，安吉县安吉白茶种植面积达到17万亩，总产量达到1810吨，总产值达22.58亿元，2017年仅白茶一项就为该县农民人均年收入贡献了6000多元，释放了“生态红利”。青田县“稻鱼共生”农业生产模式已有1300多年历史，被联合国粮农组织列为首批全球重要农业文化遗产保护试点。青田县通过积极推广“百斤鱼、千斤粮、万元钱”种养模式和再生稻技术，在提高稻谷产量的同时，降低了农药和化肥使用量，“稻鱼共生”需要的农药量比水稻单作减少68%，化肥量减少24%，每公斤稻鱼米的零售价已经从过去的6~7元升至15~25元，成功跻身中高端大米市场。

（二）以乡村生态旅游为主要突破口

2017年，浙江省乡村旅游共接待游客3.2亿人次，同比增长18.5%，实现旅游经营总收入300.7亿元，同比增长17.9%。浙江省乡村旅游建设中注重生态优势、区位条件、地理风貌、自然禀赋、产业基础和人文内涵，突出乡村元素，留住传统，展示乡愁。围绕省委省政府提出"力争到2022年全省有10000个行政村、1000个小城镇、100个县域和城区成为A级景区"的要求，浙江省启动实施城镇村"万千百"工程，2017年评定了首批2236个A级景区村庄和285个3A级景区村庄，全省培育乡村旅游等各类旅游人才超10万人次。

湖州市德清县充分利用自身经济发展活力和周边上海、杭州等巨大消费市场，发展了60余家乡村高端民宿"洋家乐"，吸引南非、英国、法国等18个国家的外籍人士投资，部分"洋家乐"单张床位上缴税金达13万元/年。在"洋家乐"的带动下，各种倡导自然、生态、环保的农家乐也逐步发展起来，形成了莫干山国际乡村旅游聚集示范区和德清东部水乡乡村旅游集聚示范区两大乡村旅游集聚示范区。

安吉余村早期曾有3家石矿、1家水泥厂、40余家竹制品加工企业，承受着工业发展带来的巨大环境压力。在"两山"理念的指引下，余村通过推动"三改一拆"行动，先后关停矿山、水泥厂及大批竹筷企业，凭借得天独厚的自然环境禀赋和悠远厚重的历史文化，先后引进了房车露营、美丽乡村设计院、精品民宿等项目，2015年，全村实现国民生产总值2.23亿元，农民人均纯收入32990元，村级持有集体资产2000余万元，集体经济收入达到475万元。

丽水市松阳县推进全域旅游发展，不搞大拆大建，加强村落的传统格局和历史风貌的整体保护，在核心区严控建新房，外围区域建筑在布局、高度、风格、色调上与村庄传统风格相协调，创新开展"拯救老屋行动"，大

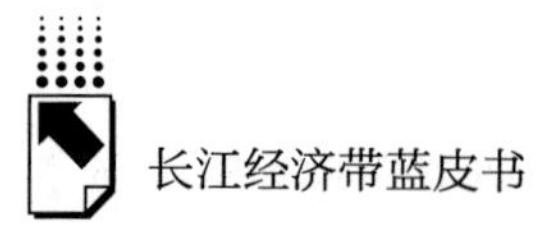

力传承和发扬民俗文化。推进全县县域慢行系统和八条全域乡村旅游路线建设，高品质建成大木山茶室、石门圩廊桥、水文公园、独山驿站等一批精品示范项目，建成一批“画家村”“摄影村”“养生村”“户外运动村”，与周边村庄进行有机串联，带动整个区域的旅游发展。

（三）以培育产业新业态为重要补充

浙江省充分挖掘利用农业多种功能，加快发展农业观光体验、电子商务、文化创意等新产业、新业态，不断发掘产业附加值。到 2017 年累计建成各类休闲观光农业园区 4598 个，休闲农业接待游客 2 亿多人次，休闲观光农业园区总产值 352.7 亿元。全面实施农产品“电商换市”战略，拓展线上交易。依托阿里巴巴平台优势，全省已经建成十多个地方特色馆和一大批主导农产品专业平台，农产品电商呈现爆发式增长态势，2017 年销售额突破 500 亿元。

遂昌“赶街”创造性地实践了“一中心、三体系”（县级电商服务中心、公共服务体系、农产品上行体系和消费品下行体系）的县域电子商务发展模式，农民专注于生产，公司负责营销，政府做好服务并加强产品质量监管。截至 2017 年底，“赶街”模式已覆盖全国 17 个省、42 个县，建立农村电商服务网点 8200 多个。通过“赶街”平台，2017 年实现农产品销售额 6.8 亿元，实现农民人均增收 1400 元。

安吉县深入挖掘竹乐、竹叶龙、竹鼓等地方文化元素，培育文化演艺和文化娱乐精品；着力打造“昌硕”文化品牌，积极开发书画、扇等文化衍生产品；加快推进安吉经典 1958、环灵峰山休闲文化区等文化创意平台建设，鼓励发展众创空间和创意经济；以教科文新区和开发区老庄、双河区块为核心，以上影安吉影视产业园、戛纳影视城等重大项目为龙头，打造集剧本创作与交易、剧本评估、影视拍摄、后期制作、影视主题娱乐、影视教育培训等功能于一体的生态影视文化产业集聚区。

（四）促进产加销一体化、一二三产融合发展

浙江省积极推进农业全产业链建设，从 2014 年起开展全省示范性农业

全产业链创建，按照纵向延伸、横向联结的思路，引入和培育农业龙头企业等产业链的核心组织，通过股权、品牌、战略合作等途径连接产业链各节点，推进农业产加销一体化、一二三产融合。全省以主导产业和特色农产品为重点，以示范园区和龙头企业为带动，已建成省级示范性农业全产业链55条。

湖州市安吉县充分利用竹林资源丰富的优势，将竹子“吃干榨尽”，竹子变成能吃（竹笋）、能喝（竹饮料、竹酒）、能居（竹房屋、竹家具）、能穿（竹纤维衣被毛巾袜子）、能玩（竹工艺品）、能游（竹子景区）的时尚用品，形成了七大系列5000多个品种。目前安吉县竹产业从业人员约5万人，共有竹制品企业2400余家，其中规模以上企业70家、国家竹业龙头企业2家、在新三板挂牌上市企业1家，产值亿元以上企业11家、产值5000万元以上的企业29家，竹地板产量已占世界产量的50%，竹工机械制造业占据80%的国内市场。

遂昌金矿是一家集采、选、冶炼为一体的省属国有黄金矿山企业，近年来企业坚持“在保护中开发、在开发中保护”的绿色发展原则，成功将矿山打造为国家矿山公园和国家4A级景区，已经成为全国矿山旅游的典范和长三角地区新的旅游热点。

松阳县结合当地特色农副产品和加工技艺，打造红糖工坊等“小而特、小而精、小而美”的农业、工业与休闲产业相融合的农业特色工坊，推动乡村经济发展模式调整、乡村生产生活方式变革，将种植的甘蔗作为制作红糖的原料，保留古法工艺制造红糖，同时将红糖工坊打造成旅游体验地，提高了产业附加值，甘蔗综合亩产值达到2万元。

（五）实施品牌战略和标准化管理

近年来，浙江省把实施农业品牌战略作为深化农业供给侧结构性改革的重要抓手，把农业品牌建设放在更加突出的位置，持续推进农产品特色化、精品化、品牌化。开展浙江名牌农产品和“浙江农业之最”评选，推行农产品质量认证，建立优胜劣汰的管理机制，着力培育农产品区域公用品牌，不断提高无公害、绿色、有机食品、地理标识等“三品一标”农产品、品牌农产品比重。

丽水市以政府名义注册了全国首个地级市农产品公用品牌“丽水山耕”，通过建立统一的认证、追溯系统和标准化程序，产品溢价率超过30%，“丽水山耕”品牌价值达26.59亿元。2017年，新增参与“丽水山耕”母子品牌运作商标305个，新设计“丽水山耕”合作包装319个，新建“丽水山耕”合作基地1122个，新培育“丽水山耕”背书农产品613个，销售额达41.3亿元。

二　浙江省生态产品价值转换的要素保障经验

浙江省在开展生态产品价值转换中，通过先行先试、大胆探索，率先形成了保障“钱”“地”“人”等要素投入的新机制，为解决长江经济带绿色发展和乡村振兴战略所面临的要素缺口问题积累了经验。

（一）在生态产品价值转换过程中为乡村增资引资

一是稳步推进农村金融改革。浙江省创新推广颇具特色的“信用+林权”贷款、公益林补偿收益质押贷款、村级惠农担保合作社等多种内容、多种模式的林业金融产品，贷款规模和覆盖面不断扩大，近五年累计发放林权抵押贷款超过350亿元，借款农户超过50万户，较前五年分别增长3.37倍、3.84倍。松阳县为推动茶产业的转型升级，创新开展茶园抵押贷款工作，金融机构以茶园品种、亩产值、经营期限为主要依据，对茶园开展资产评估并办理“茶贷通”业务，截至2018年4月底，茶园抵押贷款余额达到1.5亿元。二是依靠政府补贴。在发展生态农业过程中，松阳县为打消农民顾虑，对按照绿色生态方式种植的农户，补贴2000元/亩，而农民在享受到绿色生态农产品的高溢价之后，逐渐接受了生态化的种养殖方式。三是积极引入外来工商资本。外来工商资本通过土地流转和宅基地使用权租赁等形式，深度参与乡村生态农业、生态旅游、文化创意等产业发展，德清县

“洋家乐”甚至引入了外资共同参与开发民宿，为生态产品价值转换注入源源不断的“活水”。

（二）在生态产品价值转换过程中为乡村盘活土地

一是推动“坡地村镇”建设用地试点工作。通过实行“多规合一、精细用地、点状分布、垂直开发、征转分离、分类管理、点面结合、差别供地、以宗确权、一证多宗”等用地政策，将具备建设条件的低丘缓坡地开发为农村建设用地、旅游业建设用地等，减少对平原优质耕地的占用，建成一批“房在林中、园在山中”的集山、水、林、田、城为一体的生态型村镇，增加了乡村产业发展用地。二是开展矿地综合利用开发利用试点。对矿区范围内的矿产资源和矿山开采后形成的土地资源进行统一规划、综合开发、高效利用，按照“宜耕则耕、宜建则建、宜景则景”的原则，将矿地综合开发利用与后续产业发展需求相结合，促进浙江省建设用地空间拓展，实现资源开发、矿地利用、生态保护三者协调发展。三是探索开展农村宅基地使用权分离和宅基地跨村流转工作。探索农村宅基地所有权、资格权、使用权“三权分置”。对于欠缺经营能力的村民，可将宅基地使用权出租给外来工商资本。积极推进宅基地跨村、跨镇异地置换机制。松阳县出台了《松阳县农村居民异地建房管理暂行办法》和《松阳县旧村改造建房审批相关政策》，通过整村搬迁、下山脱贫、购买闲置住房等途径，打破行政界限，鼓励符合规定条件的农村居民到户口所在行政村以外的规划保留村购买集体所有的闲置住房或新建住房、农民公寓，促进宅基地资源的高效配置。

（三）在生态产品价值转换过程中为乡村吸纳人才

浙江省大力培育农业新型经营主体，省级农业龙头企业达到494家，省级示范性农民专业合作社达到751家，省级示范性家庭农场达到993家，新型职业农民达到10.9万名，其中大学毕业生“农创客”达到1600余名。遂昌县以国家第二批支持农民工等人员返乡创业试点为契机，大力支持浙商回归和返乡创业，依托优质的山水禀赋和良好的政策环境，吸引越来越多的乡贤“回巢”经营山水，为遂昌乡村振兴筑起了一座座“金山银山”。依托世界丽水人大会，遂昌共吸引100多位乡贤回乡，生态产品转化相关产业投资额达74.7亿元。近年来，遂昌坚持精准定位、精准对接、精准施策、精准服务，不断加大人才扶持力度，深化本土人才品牌建设，深入实施“百万农村实用人才培育计划”，积极将创业致富带头人培训纳入农村实用人才培训，重点做好农家乐民宿“乡土管家”“乡土导游”“乡土厨师”等“乡土”系列培训班，共培训农村实用人才6000余人。

三　面临的问题与挑战

尽管浙江省在生态产品价值转换方面取得了显著效果，为长江经济带绿色发展和推进乡村振兴战略创建了许多值得借鉴的经验模式，但仍然面临许多问题与挑战。

一是生态产品价值转换的组织化程度较低。当前广大农村地区参与生态产品价值转换的主体仍以“散兵游勇”式的家庭经营为主，组织化程度较低，多元化的经营主体仍在培育过程中，村集体经济实力有待提高。近些年来，我国工业化、城镇化的快速推进，带来了农村劳动力的大规模转移就业，对培育新型农业经营主体、发展适度规模经营提出了迫切要求。

二是生态产品价值转换中的农民权益保障不足。在与外来工商资本开展合作的过程中，多数农民选择将自家农田、林地或宅基地的经营权和使用权流转出去，仅能获得少量的流转费用，每亩农田和林地的流转费用一般为几百上千元，每年宅基地出租也仅能增收一两万元，生态产品价值转换过程中的大部分利益被外来工商资本享有，造成农民利益流失。

三是农村产权流转交易体系仍不健全。实践中农村宅基地使用权和农村房屋所有权流转、以家庭承包方式所取得的土地承包经营权抵押、林权抵押等都存在较大的法律风险。可上市交易的各类农村产权管理职能分布在多个部门，与此相对应的各类农村产权交易大多都有各自的交易流转平台，如不动产交易中心、土地承包经营权流转中心等，在管理部门、银行、中介、农民等各方之间缺乏信息数据交换互通机制。此外，农村产权相应的评估、担保、收储、经纪中介等配套的社会服务机制尚不完善，农村产权评估难、担保难、融资难、处置难的现象仍然比较突出。

四是生态产品价值转换与乡村传统文化缺乏良性互动。当前农村在开展村容村貌整治、建设美丽乡村过程中，过分追求“外在美”，淡化了民俗风情，放弃了具有文化传承、历史美感的古屋、古树、古老工艺等文化标识，修建了整齐的洋房、笔直的柏油路，原有的村容村貌没有得到保存和继承，形成“千村一面”的现象，丧失了生态产品价值转换的核心竞争力。

四　启示和建议

生态产品价值转换应坚持多元化、多形式、多主体的模式，理顺生态产品价值转换机制，提高转化效率，增强产业核心竞争力。

（一）构建生态产品价值转换新型经营体系

一是发展多元化的生态产品价值转换规模经营模式。从浙江省的探索实践看，目前主要有承包农户之间“互换并地”、农户流转承包土地、开展土地股份合作、社会化服务组织与农户联合、工商企业租赁农户承包地或宅基地等多种形式。各地应结合自身实际情况和基础条件，选择合适的规模经营模式，探索适宜的适度规模经营发展路径。二是进一步培育生态产品价值转换经营主体。应适当鼓励在公开市场上将土地承包经营权向专业大户、家庭农场、农民合作社、企业等新型经营主体流转，促进补贴政策向新型经营主体倾斜。引导发展农民专业合作社联合社，鼓励和引导工商资本到农村发展适合企业化经营的生态农业和生态旅游业，鼓励发展混合所有制产业化龙头企业。三是重视农村集体经济在生态产品价值转换中的作用。农村集体经济组织可以利用未承包到户的集体“四荒”地、果园、养殖水面等资源，探索利用闲置的各类房产设施、集体建设用地等，集中开发或者通过公开招投标等方式发展生态产品价值转换项目。鼓励整合利用集体积累资金、政府帮扶资金等，通过入股或者参股农业产业化龙头企业、村与村合作、村企联手共建、扶贫开发等多种形式发展集体经济。

（二）建立恰当的利益分配机制

积极建立工商资本与当地百姓合作共赢、互为支撑、和谐共处、有机融合的利益分配机制，共同推进生态产品价值转换和乡村发展。推动城乡要素的双向合理流动，改变过去农村向城市的单向流动模式，引导城市的资金、技术、人才等要素流向农村。在积极鼓励和吸引工商资本参与乡村发展时，要注重选择有理想情怀、有文化知觉，能与农民分享发展利益的工商资本。政府要成为农民的坚强后盾，维护好农民应得利益；充分发挥村集体力量，在与工商资本合作过程中，村集体应作为农民利益的代表，以增强农民话语权；改变农民流转权益只能获得固定流转费用的合作模式，鼓励农民以土地、宅基地相关权益入股各新型经营主体，充分享受生态产品转化价值。

（三）完善农村产权流转交易体系

一是培育农村产权交易市场。积极鼓励、大力扶持交易市场主体的建设，通过政府购买服务的方式，根据农村产权流转交易宗数，为服务平台提供相应的补贴。鼓励市场充分竞争，发挥好农民的主体作用和中介组织的服务功能，有效实现农村产权的溢价增值。二是拓展农村产权交易品种。现阶段可交易的农村产权主要有土地承包（流转）经营权、林权、集体经营性资产所有权等。未来应进一步推动法律没有明确限制的农村产权品种入市流转交易，积极、稳妥地开展农村宅基地利用改革。三是建设产权交易配套服务体系。制定相应的扶持政策，鼓励现有的各类评估机构充分进入农村产权评估市场，定期发布不同区域各类农村产权评估指导价。利用乡里乡亲信息对称、集体内部产权处置便利等优势，有序发展村级互助担保，通过乡规民约，有效降低农村产权抵押融资坏账率。四是推动农村产权直接抵押融资。加快抵押融资、流转交易、诚信征信等数据交换，实现农村产权、农户信用等级的线上快速评估和评定。整合粮田直补、公益林补偿资金等各类支农和生态补偿资金，对农户实行综合补贴，增强农民融资能力。

（四）生态产品转化要能记得住乡愁

长远谋划乡村业态培育问题，以古村落、自然生态村落等为依托，强化古屋、古道、古树、古老种植加工工艺等乡村文化资源的修复、保护和利用，培育集乡村文化与民俗风情为一体的生态产品价值转换业态，打造乡村生态产品转化的独特卖点。一要有乡俗风情。千百年来的农耕文化积淀形成的生产方式、生活习俗、民俗风情和传统节庆构成了乡村独有的文化特性，这是乡村旅游的生命源所在。除了民俗节庆，乡俗风情还包括各种民间社会礼仪、传统工艺、风味小吃等，必须加强保护与传承。二要有历史文化。中国众多历史文化村落风格迥异，乡村人文故事丰富多彩，乡村宗祠文化富有特色，必须要梳理好当地文脉，保留好当地文韵，存留好当地古味。三要有乡村纯真。乡村的纯真体现在元真的、古拙的、独特的民居、古道等载体上，积极开展“拯救老屋行动”，保留农村宝贵的古桥、古树、古宅资源，保护乡村旅游的核心元素。

（五）实现生态产品价值转换要选对路径

不同地区应依据自身的自然地理、生态环境、人文社会等特征，选择适宜的生态产品转化路径。经济发展活力强、区位优势好的地区，可以积极引入社会资本，加快转化进程，走高投入、高附加值的高端模式（如德清模式）；生态环境方面有历史欠账的地区，可以推进生态环境整治，扎实开展生态产品价值转换的设计和规划工作，走中投入、绿色化的修复模式（如安吉模式）；经济发展相对落后、乡村文化特色强的地区，可以避免大拆大建，充分利用原有的村庄风貌，保护和继承乡村文化，走低投入、有文化特色的原生态模式（松阳模式）。

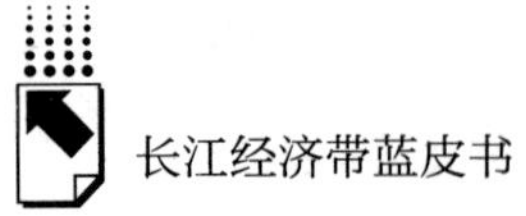

参考文献

［1］夏宝龙：《照着“绿水青山就是金山银山”的路子走下去》，《今日浙江》2015年第16期。

［2］刘远坤：《农村“三变”改革的探索与实践》，《行政管理改革》2016年第1期。

［3］侯子峰：《乡村振兴背景下的美丽乡村建设——以浙江湖州市为例》，《安徽农业科学》2019年第6期。

［4］胡豹、谢小梅：《高质量推进乡村振兴的浙江典型模式与路径创新》，《浙江农业学报》2019年第3期。

［5］蔡秀玲、陈贵珍：《乡村振兴与城镇化进程中城乡要素双向配置》，《社会科学研究》2018年第6期。

B.6
浙江林改实践及对长江经济带绿色发展的启示

滕 飞 李 忠*

摘 要： 积极探索生态产品价值实现机制，将自然生态优势转化为经济社会发展优势，是长江经济带生态经济体系建设的重要内容之一。浙江省以林业改革创新，实践着“绿水青山就是金山银山”，推动林业资源向资产、资本转变，着重解决“谁来经营”、“钱从哪里来”、“老树发新芽”、如何培育品牌等问题，实现了从“砍树”到“看树”的蜕变。浙江林改经验对打通“绿水青山”向“金山银山”的转换通道提供了有益借鉴，特别是在手段综合化、产权法律化、主体多元化、运作金融化、生态产业化、品牌高端化等方面为促进长江经济带绿色发展积累了宝贵经验，也为探索生态产品价值实现路径提供了浙江智慧。

关键词： 林业改革 长江经济带 绿色发展

“共抓大保护、不搞大开发”的长江经济建设，既是为了再现“一江碧水、两岸青山”，又是为了实现“绿水青山就是金山银山”。为此，浙江省

* 滕飞，中国宏观经济研究院国土开发与地区经济研究所副研究员、博士；李忠，中国宏观经济研究院国土开发与地区经济研究所研究室主任、研究员，主要研究方向为生态文明建设、环境经济和环境政策、京津冀和长江经济带区域绿色发展。

以林业改革为抓手，持续改善生态环境质量，积极探索生态产品价值实现机制，通过林改将“绿水青山”资源转化为人民群众手中的“金山银山”。

一　浙江林业改革的做法和成效

在“七山一水两分田”的浙江，绿水青山是得天独厚的自然财富。近年来，浙江林业坚持以“八八战略”为指导，努力把浙江“七山”优势转化为生态优势、经济优势和富民优势，深入践行“绿水青山就是金山银山”的科学论断，加快推进林业改革，初步探索出一条促进林业生态产品价值实现的现代林业发展路子。

（一）推进林地、林木和家庭林场等股份合作制改革，解决“谁来经营”的问题

浙江推广林地、林木和家庭林场等三种股份制合作模式，发展适度规模经营，引进工商资本与林农结成利益共同体，创建林业股份制合作组织168家，培育家庭林场1645个、林业合作社5512个、“林保姆”式专业户3.58万户。加快林业流转机制改革，在全国率先实施《林地经营权流转证》制度，颁布实施了《浙江省林地经营权流转证发证管理办法》，全省累计已发放流转证1352本，涉及林地84.5万亩，林地所有者的权益得到有效保护，吸引社会资本投资林业累计近500亿元。

（二）创新林权抵押贷款，解决“钱从哪里来”的问题

创新推广颇具特色的“信用+林权”贷款、公益林补偿收益权质押贷款、村级惠农担保合作社等多种内容、多种模式林业金融产品，破解了林权不能作为抵押物贷款的难题，并保障林权抵押贷款制度化、规范化。先后推出了林农小额循环贷款、林权直接抵押贷款、森林资源资产收储中心担保贷款、“林贷通”等模式。首创“统一评估，一户一卡，随用随贷”的林权信息系统（“林权IC卡”）、经营权流转证抵押贷款和公益林补偿收益权质押

贷款模式。贷款规模和覆盖面不断扩大，2013 年以来累计发放林权抵押贷款超过 350 亿元，借款农户超过 50 万户，较前五年分别增长 3.37 倍、3.84 倍，“叶子变票子”成为现实。此外，扩大林木保险范围，全省政策性林木保险面积 5700 万亩，占林地总面积的 69%，公益林基本达到全面参保。

（三）推进林业传统产业转型发展，促进“老树发新芽”

一是林业以树为本，把有限林地资源用于发展珍贵树和优质用材林。实施“新植 1 亿株珍贵树”行动，加快珍贵彩色森林建设。以增加珍贵木材战略储备为目标，以山地造林、补植培育、四旁植树为重点，因地制宜、合理布局，实行规模发展与分散培育相结合、人工造林与补植改造相结合的方式，大力发展木材质量好、市场价值高、培育前途大的珍贵乡土树种，建设大径级材培育基地，更好地推进“藏富于地、蓄宝于山”。2016 年至 2018 年 4 月底，已累计新植珍贵树 6756.2 万株，建设珍贵彩色森林 545.3 万亩。

二是以林业全产业链建设提升产业综合产值。加快竹产业全产业链建设，突出多功能开发和多业态融合，以安吉、龙游为重点县开展竹产业转型升级试点，2017 年浙江全省竹业综合总产值 470 亿元，约占全国的 1/4。围绕服务山区精准致富增收，科学有序引导发展油茶、山核桃、香榧等特色木本油料产业，加大精深加工和林旅融合力度，2017 年产值超 80 亿元。萧山、长兴、海宁、嵊州、金东等地块状花卉苗木经济带发展迅速，2017 年全产业链产值超过 570 亿元。

（四）以三产融合发展，加大力度引导培育林业新兴产业

一是以森林旅游为突破，发展森林休闲、森林养生、森林体验等产业。深度挖掘林业景观功能和生态功能，变生态禀赋成为后发赶超优势，加快生态经济化，强化景观森林、古村落、古道、古树等森林休闲养生资源的修复保护和利用，培育融森林文化与民俗风情为一体的森林旅游，温州市、丽水市和淳安、安吉、磐安等市县获全国森林旅游示范市县称号，2017 年全省森林旅游休闲养生产业产值达到 1661 亿元，占全省林业总产值的 29.5%。

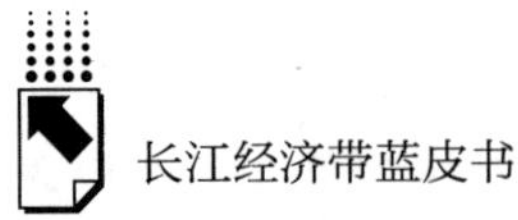

二是推广“一亩山万元钱”模式，大力发展林下经济。2015 年起，浙江省启动实施“一亩山万元钱”林技推广三年行动计划，大力推广竹林覆盖、名优经济林生态高效栽培、林下种植（套种）和原生态仿生栽培四大高效生产类型的 10 种创新科技富民模式。三年来，累计推广“一亩山万元钱”面积 66.5 万亩，实现总产值 78.6 亿元，增收 36.1 亿元。

三是创新开展森林系列建设，有效搭建产业发展平台。浙江省制定出台了《关于推进森林特色小镇和森林人家建设的指导意见》等一系列产业政策，以试点示范引路，围绕镇与村开展森林特色小镇和森林人家建设，通过整合区域森林资源、特色产业和乡土文化，加快促进林业与休闲旅游、生态教育、医疗康养、文化创意等元素的深度融合，积极打造“产业兴旺、生态宜居乡风文明、治理有效、生活富裕”的乡村振兴林业样板，目前已列入创建的特色小镇 73 个、森林人家 158 个。

（五）以生态文化为特色，构建森林生态品牌体系

一是推进品牌标准化建设。以标准为先导，实行产品质量追溯、企业诚信和质量监管体系“三位一体”的品牌质量保证体系。五年来，浙江省已经有 2 家林业企业获得省政府质量奖、5 个林产品被评为中国名牌产品、197 个林产品被评为浙江名牌产品。并且，开展森林食品认定试点工作，浙江全省共认定森林食品基地 114 万亩，给“森林食品”品牌提供了基地保障。

二是打响“最美系列”品牌。先后开展了“最美森林”“最美湿地”“最美古树”“最美森林古道”“最美护林员”等评选活动，并且在浙江省政府“浙江发布”官方微博、微信网络平台等媒体上引起高度关注。

三是做优节庆品牌。结合各地特色，积极举办“森林旅游节”和油茶、香榧、山核桃文化节等活动。

（六）多措并举，积极开展碳排放权和林业碳汇交易试点

一是广募林业碳汇建设公益资金。自 2010 年以来，浙江省先后成立中

国绿色碳汇基金会、浙江碳汇基金、温州碳汇基金、临安碳汇基金，及其鄞州、北仑、瑞安专项，基本形成了基金会—基金—专项的三级管理体系。同时，相继制定出台《浙江碳汇基金管理办法》《浙江碳汇基金碳汇项目实施方案编制提纲》等。截至目前，全省共募集社会资金近 1.6 亿元。

二是大力实施碳汇营造林项目。2010 年，全省被列入全国首批 9 个碳汇造林试点省份，温州市、鄞州区等 10 个县（市区）承担了全国 20% 的试点任务。全省已完成碳汇造林 5.47 万亩，碳汇森林经营 9.21 万亩，共建成碳汇林 14.68 万亩。

三是试点开展林业碳汇自愿交易。2011 年在义乌交易试点启动会上，成功交易了全国首批 14.8 万吨林业碳汇。

四是 CCER 林业碳汇项目获得备案。“仙居县生物多样性碳汇项目”“苍南碳汇造林项目安吉竹林经营碳汇项目”已向国家发改委申报备案。

（七）加强考核和补偿力度，建立健全生态奖惩制度

浙江省把森林覆盖率和蓄积量列入了省对市党政领导班子实绩评价指标体系，并列入淳安等 26 县发展实绩评价指标体系，与干部使用、转移支付、责任追究等挂钩。

浙江省不断加大对生态公益林的补偿力度，补偿标准从 2013 年的 19 元/亩提高到现在的 31 元/亩，其中大江大河源头县和省级以上自然保护区为 40 元/亩，位居全国前列，惠及 1300 万人。2017 年省政府出台了《关于建立健全绿色发展财政奖补机制的若干意见》，明确对丽水、衢州等重点生态功能区进一步加大对森林覆盖率、森林蓄积量指标的财政奖补力度。

浙江全省森林资源年度监测指标持续向好，森林资源总量持续增长、森林质量稳步提升。森林覆盖率较五年前增加了 0.28 个百分点，达到 61.71% 的历史高位，提前实现“十三五”奋斗目标。全省森林蓄积达 3.3 亿立方米，较五年前增加了 0.71 亿立方米，年均增幅为 5.38%。促进了国土绿化，五年来，全省新增平原绿化 258 万亩，平原区域林木覆盖率达到 20.01%，提高了 5.21 个百分点。

二 对长江经济带绿色发展的启示

切实变“活树”为“活钱”。浙江省通过林业改革的大胆创新使浙江成为山清水秀的美丽之地，为促进长江经济带绿色发展探索了好做法、好经验，也为全国生态产品价值实现路径提供了有益启示。

（一）手段综合化，充分运用政府与市场“两只手”

从全国来看，生态产品丰富的地区多是重点生态功能区，也往往是经济欠发达地区，面临生态保护和经济发展的双重压力，需要综合政府与市场的作用，“有形之手”与“无形之手”各就各位，各显其能。

政府路径主要作用于生态建设资金安排、转移支付和生态补偿。增强财政资金对生态功能区的扶持力度，同时要加强资金统筹使用力度，提高资金使用效率。探索通过政府赎买、置换等方式，使“靠山吃山”的农民利益损失得到补偿，实现社会得绿、农民得利。

市场路径主要是充分发挥市场在环境资源配置中的决定性作用，通过培育生态产品市场，创新绿色金融工具，不断提升生态产品价值和质量，活跃生态产品市场交易和生态资源的产业化经营，大力发展绿色生态经济，推进生态产品价值的市场实现。

（二）产权法律化，夯实产权基础

“权属明晰、四至明确”是推进生态资源和生态产品改革的基础。借助国家完善自然资源产权和用途管制制度，推进自然资源资产的确权、登记和颁证工作，明晰生态资源所有权及其主体，规范生态资源资产使用权，保障生态资源资产收益权，激活生态资源资产转让权，理顺生态资源资产监管权，建立归属清晰、权责明确、监管有效的生态资源资产产权制度。按照产权规律和不同生态资源的类型，进一步分类实行所有权、承包权、经营权三权分离。积极引导农民进行经营权流转，促进适度规模经营，同时为抵押贷款等金融创新奠定基础。

（三）主体多元化，提高经营效率

在保障农民长远利益的基础上，培育多种新型生态产品经营主体，促进专业化、合作化、规模化经营，提高生态产品经营效率。

积极发展家庭农场、林场。大力发展粮食经作型、果蔬园艺型、机农一体型等家庭农场，支持以农村土地承包经营权、林权作价入股建立家庭合作农场。

规范发展农民专业合作社。鼓励发展土地股份合作社、资金互助合作社等新型合作社，打造一批有较强发展实力和竞争力的联合社，开展社会化服务，将生产、销售、金融有机融合，确保农民成为合作社发展及政策支持的直接受益者。

积极培育生态产业龙头企业。引进和培育一批产业链条长、产品附加值高、市场竞争力强、品牌影响力大的龙头企业，支持企业开展技术改造，提升产品研发和精深加工技术水平。

有序引导工商资本投资生态产业建设。建立健全工商资本服务体系，引导投资主体与农户建立紧密型利益联结机制，构建新型经营合作体系。

（四）运作金融化，盘活生态资源资产

积极发展绿色金融，创新绿色金融服务体系，盘活生态资源资产。借鉴浙江林权抵押贷款制度，探索和完善其他类别生态产品产权抵押贷款制度。重点解决抵押评估、担保和变现问题，鼓励发展规范的评估机构和从业人员承担信用评估服务。引导设立担保基金，通过建立小额生态产品贷款担保合作社、资金互助社和国有控股担保公司等办法，解决产权抵押贷款难题。加强与金融部门合作，创新金融产品服务模式，丰富绿色金融产品，加快培育合格承贷主体，大力倡导“信用社 + 农民专业合作社 + 社员 + 基金”等多种贷款模式创新。规范形成省市县一体化的各类生态产品交易平台，搭建生

态产品产权抵押贷款平台、仓储融资平台、在线融资平台。扩大森林、农田、渔业等保险品种，大力推进政策性综合保险。积极探索建立生态产品绿色银行，积极争取世界银行等国际金融组织的优惠贷款。

（五）生态产业化，培育绿色发展新动能

推动一二三产深度融合发展，构建多业态多功能的生态产业体系。立足不同地区的生态资源特点，以提高生态资源的保护和利用水平、优化生态产业结构为出发点，以基地建设为载体，整合优势资源，紧紧围绕主导产业和优势特色产业，加快发展生态产业。同时，顺应“互联网 +”新趋势，大力发展新技术、新产业、新业态、新模式，通过创新驱动和产业转型升级，不断培育绿色发展新动能。

切实转变生态产品发展方式。深入实施创新驱动，大力培育行业龙头企业，加强新技术、新工艺、新方法的运用，加快新产品研发，深挖精深加工潜力，积极研发植物化妆品、保健品、药品和日用化工品等生态资源衍生产品，优化产品结构，提高附加值。

积极探索和发展林下经济、循环农业等高效生产模式。促进生态产业的集约经营，提高产出率、资源利用率和劳动生产率，提高综合经营效益，促进农民持续、普遍、较快地增收致富。

全面加快发展生态休闲养生产业。围绕森林公园、湿地公园、自然保护区等生态旅游资源，因地制宜建设一批生态休闲养生福地，积极培育和丰富生态休闲养生产品，打造一批有品牌、有品质、有品位的森林小镇、湖边渔家、温泉小镇、茶叶小镇等生态休闲养生基地。

大力发展“互联网 + 生态产业”。依托电子商务加强生态产品市场流通体系建设，建立三产融合的服务大平台，巩固提升生态产品促销平台，加快发展生态产品电子商务和物联网，“线上”与“线下”相结合，引导花卉、林果、渔业等各类生态产业经营主体与电商企业对接，加强产销衔接，打造现代生态朝阳产业。

（六）品牌高端化，提高生态产品附加值

加快生态产品品牌建设，加强品牌整合力度。推进生态产品品牌标准化建设，把小品牌、散品牌、弱品牌整合成区域性生态产品大品牌，形成规模优势，统一标准、统一要求、统一宣传，加大品牌推广力度，扩大品牌知名度和影响力。

抓好生态产品基地认定工作，实施标准化生产推广项目，探索生态食品认证。推动生态产品生产上规模、质量上档次、管理上水平，提升区域品牌市场竞争力和社会美誉度。

加强生态产品行业协会建设，发挥协会行业协调、行业自律、行业服务的重要作用。

加强品牌安全监管。坚持源头治理、标本兼治、综合施策，着力构建质量追溯制度、企业诚信机制、质量监管体系“三位一体”的安全监管模式。倒逼生产经营方式转变，推动产业可持续发展。

参考文献

［1］林云举：《坚定践行“两山”理论　全力推进林业现代化建设》，《国土绿化》2018 年第 4 期。

［2］黄旭明：《深化改革　创新攻坚　加快发展现代林业》，《浙江林业》2016 年第 1 期。

［3］黎元生：《着力打造生态产品价值实现的先行区》，《福建日报》2016 年 11 月 29 日。

［4］廖福霖：《生态产品价值实现》，《林业经济》2017 年第 7 期。

［5］林云举：《深化集体林权制度改革　盘活浙江万重山》，《浙江林业》2015 年第 9 期。

［6］陶一舟、刘颂、张宏亮等：《浙江安吉“两山”示范森林特色小镇规划研究》，《中国城市林业》2017 年第 1 期。

［7］应思远：《碳汇林投资风险研究》，浙江农林大学硕士学位论文，2015。

［8］浙江省发展改革委、浙江省林业厅：《浙江省林业发展“十三五”规划》，

2016 年 6 月 29 日。
[9] 郑开玲:《浙江省林权抵押贷款风险研究》,浙江农林大学硕士学位论文,2014。
[10] 周子贵、张勇、李兰英等:《浙江省林业碳汇发展现状、存在问题及对策建议》,《浙江农业科学》2014 年第 7 期。

B.7

山水林田湖草生态保护修复的赣南探索

刘谟炎*

摘　要： 江西省赣州市是我国南方地区的重要生态屏障，也是全国首批山水林田湖草生态保护修复试点地区；科学规划设计、变单一修复为系统治理，构建共治共管机制、变单打独斗为抱团攻坚，健全生态保护制度、变单轨运行为多轨并行；正确把握整体推进和重点突破的关系，正确把握生态环境保护和经济发展的关系，正确把握总体谋划和久久为功的关系；积极创新生态修复模式，打造试点示范样板，实现生态共享惠民。

关键词： 生态保护　生态修复　生态治理

江西省是国家在长江流域设立的生态文明试验区之一。赣南是位于江西省南部、长江八大支流赣江源头赣州市的俗称。赣州市是目前唯一以设区市纳入全国首批山水林田湖草生态保护修复试点的地区。从 2017 年起至 2018 年 10 月，赣州市共实施 28 个山水林田湖草生态保护修复项目，累计完成投资 68 亿元（其中包括获得中央基础奖补资金 20 亿元），覆盖全市 18 个县（市、区），近 1000 万人口开始受益。总结赣州市山水林田湖草生态保护修复试点成效，归纳可推广的经验做法，对在全国范围内特别是在长江流域开展山水林田湖草生态保护修复具有重要的借鉴意义。

---

* 刘谟炎，江西省人民政府参事，研究员，教授，曾从事农业、农民、农村问题研究和水利高等教育工作，兼任山水林田湖草研究院院长。

一 正确把握整体推进和重点突破的关系

赣州市总面积39379.64平方公里，占江西总面积的23.6%，为江西省最大的行政区。赣州市为赣江与东江源头区，鄱阳湖流域、南岭地区与珠三角水源涵养区，南方生物多样性保护区，是我国南方地区生态安全的重要屏障。然而，赣南这块红色土地曾一度存在极为严重的水土流失问题。20世纪80年代初，全市的水土流失面积高达1.12万平方公里，占总面积的37%，成为南方水土流失最严重的地区之一。[①] 通过连续近四十年的小流域综合治理，全市水土流失面积锐减，但仍然存在大量废弃矿、尾矿和崩岗水土流失问题，山地与森林生态系统退化严重，流域水环境生态系统逐步衰退，急需开展生态保护修复，为赣州市打赢精准脱贫、污染防治攻坚战培育关键力量，为江西省深入落实《国家生态文明试验区（江西）实施方案》提供重要战略支撑，为全国山水林田湖草生命共同体建设积累经验。

（一）加大山体修复与生态治理力度

赣州市是全国重点有色金属基地之一，素有“世界钨都”“稀土王国”之美誉。已发现矿产62种，经勘查探明有工业储量的为钨、锡、稀土、铌、钽、铍、钼、铋等20余种。全市有大小矿床80余处，矿点1060余处，矿化点80余处。[②] 20世纪80年代开始，国家鼓励赣州市大量开采稀土以赚取外汇，开采的中重稀土量占全国的70%以上。[③] 采用堆浸或池浸等“搬山运动”式的采矿工艺，不仅稀土回收率较低，而且破坏大量的地表植被，造成稀土矿区水土流失，对矿区的生态环境破坏严重。通过初步调查，赣州原

① 周益萍、邱欣珍：《江西省赣州市实现了穷山恶水向青山绿水的根本性转变》，《中国水利》2011年第1期。

② 《赣州概况》，赣州市人民政府网，2012年6月。

③ 《修复与保护并举　筑牢南方生态屏障》（赣州市林业局），赣州市人民政府网，2018年6月4日。

有废弃稀土矿山面积达94.46平方公里。对此，赣州市各级政府高度重视并积极探索废弃矿山治理的有效途径。

1. 减少废弃矿山治理“存量”

赣州市在近两年实施稀土废弃矿山修复项目13个，完成综合治理30平方公里，进一步减少废弃矿山等水土流失治理“存量”，通过采取矿山地形整治、建挡土墙、截排水沟、修复边坡、植被复绿等恢复治理举措，矿区植被覆盖率由治理前的4%提高到70%以上。结合地方工业园建设，将废弃稀土矿山治理成建设用地，为地方政府提供了工业用地保障，促进了产业转型升级。截至目前，已提供工业建设用地4.5平方公里，取得了明显的经济效益。

2. 从源头上遏制“增量”

赣州市矿产资源不仅有色金属资源丰富，而且矿山开采、冶炼以及与之相关的化工、电镀、电池等行业发达，重金属污染企业众多，污染类型多样。虽然经过多年治理，但仍存在重金属生产排污监管不到位、管理体系不完善、重金属环境质量监测点位分布不科学、历史遗留难题突出等诸多问题。因此，赣州市政府及时出台了《矿产资源总体规划（2016～2020年）》（以下简称《规划》），要求对不符合《规划》的勘察、开发项目一律不予批准，严禁在生态敏感区域开山采石、破山修路、劈山造城，从源头上遏制山体破坏“增量”。

3. 从生态上提升“质量”

根据山体受损和水土流失实际情况，因地制宜采取科学工程措施，恢复自然形态，提升生态环境“质量”。采用“山顶栽松，坡面布草，台地种桑，沟谷植竹”的整体布局，建设经济林、蚕桑、象草等种植基地。山谷和尾矿则筑坝成库，污水治理后用于鱼类水产养殖，利用山坡种植的草料喂鱼、放牧、养猪。采用现代生产和管理等技术措施，让大量的腐生生物在稀土尾矿上使猪粪最终转化成活体蛋白和有机肥，形成保水保肥、营养丰富的优质土壤，有的种植百喜草、狗尾草等草本植物，有的种植松、杉、桑、桃、杨梅、脐橙等经济果林。

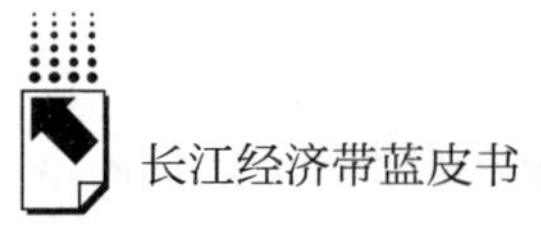

（二）加大崩岗水土流失科学治理力度

崩岗是在重力和水力综合作用下，厚层风化物（岩体或土体）发生崩塌后形成特定地貌形态的侵蚀现象，是沟壑侵蚀的一种特殊形式。崩岗是水土流失中最难治理的水土流失类型，对生态环境的危害极大，是造成这些地区生态环境恶化的根本原因，被称为生态环境的“溃疡”。

1. 科学分析崩岗治理难点

崩岗是江西、广东、湖南、福建、广西等南方省份特有的地质形态，赣州市崩岗面积和数量分别占江西省崩岗总面积和总数量的 68.53%、69.78%。[①] 在南方所有设区市中，赣州市崩岗总面积最大、存在时间最久、影响最为恶劣。早在明清时代，赣州市就开展崩岗治理，赣县是崩岗侵蚀大县，也是崩岗治理的“发源地”。《乾隆赣州府志》记载，赣县“县东北有巨石片状如龙”，有“五龙”“龙头”“龙尾”等各种地质形状。新中国成立后，赣州市开展了“人心齐、泰山移”的治山治水运动，大量崩岗治理工程轰轰烈烈开展，1957 年时任国务院总理周恩来同志就对赣县三溪乡道潭农业合作社的崩岗治理壮举做了“让崩岗长青树，叫沙洲变良田”的重要批示。[②] 然而，崩岗治理是一项系统工程，不仅需要大量的资源投入，更需要现代科学的注入，在水土科学的指导下，运用现代工程设备的低成本、高效率在短时间内实现裸露岩石土壤覆盖和种植需水性较小的耐干旱植物。

2. 提高崩岗治理试点水平

赣县区金钩形水土保持崩岗治理是山水林田湖草生态保护修复试点，项目采取全方位综合防护治理方式治理崩岗 700 处，治理面积 300 平方公里，建立谷坊 1300 座、拦沙坝 28 座、挡土墙 3.4 公里、截流沟 60 公里，种植植被 300 平方公里，总投资 1 亿元。针对不同土壤侵蚀类型、不同岩性的水

---

① 赣州市人民政府网，2018 年 6 月 4 日。

② 《“红色沙漠”变绿洲》，人民网，2017 年 5 月 26 日。

土流失，种植不同的经果林。油茶适应于酸性、少量石块土壤，适合栽种于崩岗崩壁、冲沟等地势较为陡峭的区域，而茶叶根系发达、土壤和水需求量小，能够适用于覆盖崩岗岩石土壤，脐橙适应于酸中性土壤，对土层深厚、有机质含量、疏松透气性、排灌水条件等要求较高，适用于崩岗洪积扇等平缓区域。

3. 创立“水土保持 +”治理模式

作为全国水土保持改革试验区，赣州市形成了较为完善的水土保持崩岗综合防护体系，有效地控制了水土流失，改善了农业生产条件和生态环境。在实践中探索出“水土保持 +”治理新模式。与生态农业、精准扶贫、观光旅游紧密结合在一起，积极开发当地的独特优势和潜在经济价值，并通过引入社会资本调动民众和企业参与水土保持的积极性，促进老百姓生产生活水平的提高。

（三）加快实施水资源保护治理进度

近年来，赣州对全市 87 个重要水功能区、29 个界河断面和 21 个城市供水水源地进行了监测评价，江河湖泊水功能区水质趋于好转，全市重要水功能区水质达标率从 2011 年的 81.8% 逐年上升至 2017 年的 96.6%。[①] 其中饮用水水源区水质达标率为 100%，全控制指标全部达到了省级“三条红线”控制指标。

1. 完善河（湖）长制度

建立市、县（市、区）、乡（镇）、村四级“河（湖）长”管理网络，建立“完善一个方案、落实一套体系、制定一套制度、推行一河一策、建设一个平台、打造一批示范、树立一套桩牌、制订一个计划”的工作制度，编制《赣州市河湖岸线开发利用和保护总体规划》，逐个明确各类型水库、山塘、门塘“河（湖）长”，落实属地管理责任，对全市河湖岸线进行统一管理、科学利用，建立以流域为单元的水环境综合治理体系，推动东江、赣

---

① 《赣州市 87 个重要水功能区水质达标率 96.6%》，中国江西网，2019 年 3 月 21 日。

江及中小河流全流域整治。要求 2020 年在全省率先实现所有城市建成区、乡镇集镇具备污水收集处理能力的目标，圩镇、县城、城市污水处理率分别达到 75%、95%、95%。

2. 水资源环保基础设施及能力建设进一步提升

赣州市坚持把水环境保护与整治、河道清理、流域内的水土流失治理、矿山环境修复、低质低效林改造、农业面源污染防治等紧密结合起来，夯实水资源环保基础。推进工业园区污水处理厂建设和达标运行，严格控制新建污染项目，建立招商引资负面清单，依法坚决打击污染环境的犯罪行为；城镇污水处理厂和污水管网建设日臻完善，污泥无害化处理中心、医疗废物处置中心和固体废物处置中心正在加紧建设；严格落实畜禽养殖“三区”规划，加强监督管理；开展饮用水水源地保护工作，全面落实划定饮用水水源地保护区、设立保护区边界标识、整治保护区内环境违法问题三项重点任务，推进城市备用水源或应急水源建设和农村饮水安全提升工程；结合湿地类型和功能，采取截断污染源、河道清淤、河岸修复、水生植物配置等措施，实行精准化修复。

3. 水资源生态补偿机制取得突破

完善区域内生态补偿机制，拓宽生态补偿思路，争取多形式、多渠道补偿资金。目前赣州市基本纳入国家重点生态功能区转移支付范围，进入中央财政补助基数；建立东江流域上下游横向生态补偿机制，赣粤两省签署《东江流域上下游横向生态补偿协议》,[①] 暂定 2017 ~ 2019 年度原则上每年赣州市获得东江流域上下游横向生态补偿资金 5 亿元；鼓励赣江流域、珠江流域下游污染企业针对上游流域进行定向投资，发展产业链上游原材料及粗加工业务，由污染企业进行相关技术指导，如造纸企业投资生态林、饮料企业投资果园、日化企业投资皂角园等。

---

① 《国务院办公厅关于健全生态保护补偿机制的意见》（国办发〔2016〕31 号），中华人民共和国中央人民政府网，2016 年 5 月 13 日。

二　正确把握生态环境保护和经济发展的关系

赣南既是南方地区重要的生态屏障，也是国家集中连片特困区，面临生态保护与发展经济的双重挑战，亟须将生态优势转化为发展优势，实现人与自然的共赢。山水林田湖草生态保护修复的首要目标是改善生态环境，同时提高土地综合生产能力，为发展当地高效绿色产业提供条件，使乡村面貌焕然一新，带动乡村旅游休闲等第三产业发展，与现代农业发展、工业转型升级、脱贫攻坚、乡村振兴等相结合，让绿水青山成为“金山银山”。

（一）奠定山林在生态保护修复中的战略地位

赣州市位于南岭山地、武夷山脉和罗霄山脉三者交接区，山地占全市土地总面积的77.1%，是全国十八大林区之一,[①] 也是“八山半水一分田，半分道路和庄园”的典型山区大市，突出特点就是山多田少。这种特定的自然环境决定了赣南经济要发展，潜力在山上。林业的发展直接关系到赣南生态环境的改善和农业乃至社会经济的发展。

1. 实施低质低效林改造工程

赣南自1994年消灭荒山后,[②] 虽然取得了森林覆盖率和森林蓄积量双增长的可喜成绩，但是，林分结构不合理、森林生产力低等问题突出；一些地方存在“远看青山在，近看水土流”的生态特征；全市低质低效林约有1000万亩，约占森林总面积的20%。低质低效林被人工砍伐之后，自然生长的稀疏残次林或低矮灌木，长势差，郁闭度小，生态功能弱，经济社会效益较差。因此，赣州市把低质低效林改造作为山水林田湖草生态保护修复的重点工程，并编制《赣州市低质低效林改造工程建设规划（2016~2025

① 《赣州生态环境概况》，赣州市人民政府网，2017年12月5日。

② 《从“江南沙漠”到“生态屏障”》，赣州市人民政府网，2019年8月21日。

年)》，近两年完成低质低效林改造110万亩，总投资12亿元。与生态旅游相结合，在森林公园、湿地公园、人文景区等开展低质低效林改造，提升当地生态品位；与松材线虫病疫木除治相结合，对松材线虫病的重点区域和敏感区域优先实施低质低效林改造，通过补植补造本土阔叶树种，不断增强林区自身抗病能力，减少疫情发生面积，逐步恢复林相多样性。

2. 推动林果产业精准扶贫

由于历史和自然等原因，发展不足仍是赣南同步全面小康的最大问题。在过去长期的经济社会发展过程中，经常存在两种行为偏差：一是获得短期或部分利益，破坏生态环境；二是保持良好的生态环境，但始终处于贫困状态。赣南山区的贫困往往是这种行为偏差的反映。特别是重点生态功能区、流域上游和资源开发区大多是贫困地区。他们有发展和改善生活条件的强烈愿望。过度开发往往对林业构成直接威胁，不仅对生态环境造成严重破坏，而且难以扭转粗放型发展模式。而今结合山水林田湖草生态保护修复和精准扶贫开发相关政策，将生态移民搬迁、林果产业发展与精准扶贫开发紧密融合，致力于将林果产业打造成为优势特色产业和生态富民产业。在生态环境、适地适树的前提下，引导农民种植兼具经济、生态效益的经果林，脐橙、油茶已成为赣州市农民脱贫致富的支柱产业，二者脱贫贡献率高达90%。同时大力培育和发展以毛竹、森林药材、森林食品、香精香料、花卉苗木和森林景观利用为主导的林下经济产业。建立了一批地方特色明显，规模大、效益好、带动力强，让农民看得见、摸得着、能致富的林下经济高效典型示范基地。

3. 保护绿水青山的森林资源基础

特殊的地理位置及气候条件使赣南成为生物多样性富集区，堪称“生态王国”“绿色宝库”。赣州市从2001年开始实施国家生态公益林保护试点，随后逐步增加和扩大生态公益林保护范围和面积，并对划定的生态公益林严格按照生态公益林保护管理办法实施保护，实施生态公益林保护面积1505.96万亩，占全市森林面积4587万亩的32.83%。[①] 从2016年开始，全

① 《赣州市林业概况》，赣州市人民政府网，2019年5月5日。

市与全省同步实施了天然林保护工程，对天然林全面停止商业性采伐，与林权所有者（或经营者）签订天然林停伐协议和管护协议 86577 份，面积 595. 12 万亩。2016 年全市共核发林木采伐许可证 77. 67 万立方米，占采伐限额的 21. 9%，2017 年全市共核发林木采伐许可证 84. 87 万立方米，占采伐限额的 23. 96%，远远低于限定的采伐数量。到 2017 年，全市有省级以上自然保护区 11 个，包括国家级自然保护区 3 个、省级 8 个；共建立省级以上森林公园 30 个，包括国家级森林公园 10 个、省级森林公园 20 个；建立省级以上湿地公园 19 个，包括国家湿地公园 13 个、省级湿地公园 6 个，不断提高森林质量，赋予林业生产更多的科技含量，推动林业产业化与生态化进程。

（二）确保田草在生态保护修复中的基础地位

赣州市坚持农田在生命共同体中的基础地位不动摇，高度重视农田的保护和利用，重点在耕地数量、质量、生态三方面下足功夫。大力提倡利用荒山草坡、荒滩洲地、低产农田、早中稻田种草养畜，以草为业。

1. 确保永久基本农田

据统计，2017 年赣州市耕地撂荒面积 46. 54 万亩，占耕地总面积（656. 15 万亩）的 7. 09%，而实际撂荒的面积可能更大一些，如有的山区县撂荒耕地已占耕地总面积的 30% 左右，出现了整垅成片耕地大面积全年、多年撂荒的现象，有的已经生长成茂密的灌木丛，造成了土地资源的极大浪费。为遏制耕地撂荒而导致可利用耕地数量减少的趋势，赣州市政府出台《赣州市人民政府办公厅关于遏制耕地撂荒的指导意见》[①]，进一步明确县（市、区）、乡（镇）人民政府是遏制耕地撂荒的主体，承担主体责任。尽量恢复工矿区污染农田的耕作能力，完善乡村专业化农耕服务体系，大力发展农技服务合作社，帮助农民代耕、代种、代收，全程实行机械化，推进土

① 《赣州市人民政府办公厅关于遏制耕地撂荒的指导意见》（赣市府办发〔2018〕11 号），赣州市人民政府网，2018 年 5 月 23 日。

地的复耕复种。

2. 注重耕地质量提升

在保护耕地数量的同时，注重耕地质量提升，突出发展生态农业。将中低质量的耕地纳入高标准农田建设范围，实施提质改造。进一步推进实施测土配方施肥项目，大力推广水肥一体化等技术。推进畜禽粪便利用、秸秆腐熟还田，恢复和发展绿色种植。财政每年拨付专项资金用于土肥新技术示范推广，用于购买秸秆腐熟剂、绿肥种子、配方肥等物资和试验示范田建设与推广。把建设项目中已征收的耕地进行耕作层土壤剥离，回填到土地开发（灾毁园地）项目再利用，极大程度地保护土壤肥力，确保复垦质量。注重用地和养地结合，坚持轮作为主、休耕为辅，开展季节性耕地休耕，保存地力，藏粮于地，确保急用时耕地用得上、粮食产得出。

3. 挖掘种草养畜潜力

破除千百年来困守大田小农经营的落后思想，采用政策扶持和典型示范结合，用种草养畜等致富典型事例教育和引导农民种草。赣南草场类型多样，可利用面积 1494.2 万亩，[①] 已利用面积多属村缘、林边、田畔、河滩、路旁等所谓“十边地”，约占 1/4。其中，零星分散在低山、丘陵的草场约 6700 万亩。1000 ~ 10000 亩的连片草场共 1835 处，万亩以上草场 83 处，牧草达 400 种之多，适生性强、返青早、长势快、质量好、产量高，不仅高营养成分期各有先后，而且适口期和放牧期可相应延长。无论对天然草场的培育或改良，还是人工草场的建立，比西北干旱地区更易收获成效。对于边远山区，山高水冷，粮食作物广种薄收，山区畜牧业的发展，是解决林农以短养长的有效办法。围绕大田作物的增产和耕作层的加深，围绕林业和果茶桑等经济林业的健康生长，草食牲畜把大量人类无法消费的植物茎叶过腹转化为高质有机肥料，厩肥用于大田促进土质改良，特别是山林放牧时的粪便排泄以及蹄耕作用，对于林业和果树等经济林业的促进作用，是远非人力所能及的。既可提高生态农产品的生产能力、促

① 皮策民：《发展草食畜牧业是振兴赣南农村经济的战略重点》，《经济地理》1987 年第 1 期。

进农业结构的分化和调整，又为山水林田湖草生态保护修复、生命共同体建设开辟广阔的道路。

（三）发挥水库在生态保护修复中的优势地位

赣州市属亚热带丘陵山区湿润季风气候区，多年平均年降雨量1563毫米，水量丰沛，全市年均水资源总量335.7亿立方米;[①]人均水资源量约4000立方米，高于全省、全国人均水资源占有量；但降水时空、地域分布不均，洪旱灾害频繁。随着赣州市的人口增长和经济发展，以及人民物质文明和生活水平的提高，特别是对水利资源和水力资源的需求日益增长，水库建设已成为解决水资源问题的重要途径，水力发电也成为当地社会经济发展的重要组成部分。

1. 农田水利延伸生态环境

近两年来，赣州市重点围绕农田水利基础设施建设、保障粮食安全和促进农业现代化进行了大规模水利建设，初步形成了防洪、灌溉、供水、发电等水利工程体系和水利管理框架。到目前全市建成水库1000余座，总库容34亿多立方米；耕地有效灌溉面积391.92万亩，占耕地面积的70%；旱涝保收面积占耕地面积的60%。[②]同时，主推“山上水利”和“田间精品水利”，大力发展脐橙、油茶、蔬菜等经济作物高效节水灌溉项目，发展高效现代节水农业。水库不仅保证了全市国民经济和社会的安全发展，为生产力的结构布局打好基础，而且在很大程度上促进了下游农业等行业的发展，并保证了农村农民种田灌溉以及生活用水，特别是水库积极改善周围的生态环境，最大程度上利用本土资源，在水质土壤改良、水源质量、环境绿化、气候天气等方面发挥了重要作用。

2. 水电占电力供应总量比重达到世界先进水平

赣州市水系丰富，境内大小河流1270条，河流面积14.49万公顷，总

---

① 《赣州概况》，赣州市人民政府网，2019年5月7日。

② 徐广昌：《赣州市农田水利建设“十三五”需求调查》，《中国水利》2016年第1期。

长度为16626.6公里，河流密度为每平方公里0.42公里；多年平均径流量达325亿立方米，水能理论蕴藏量达216.2万千瓦，占江西省理论蕴藏量的31.7%；现有水电站985个，其中装机6000千瓦及以上水电站30个；2017年水电发电量占电力供应总量比重达到32.19%，超过全国水电占电力供应总量17%的水平。水电的区域开发不仅保护了绿水青山，而且对减轻贫困、实现经济增长也做出了贡献。

3. 大型水库的重要地位不断显现

赣州市有阳明湖（原称“上犹江水库”或“陡水湖”）、上犹龙潭水库、宁都团结水库、兴国长冈水库和大余油罗口水库等5座大型水库，占全省大型水库数量的1/5。阳明湖地处上犹县、崇义县境内，是1957年国家“一五”计划156项重点工程之一，[①] 湖区（库区）水域面积约60平方公里，总库容量8.22亿立方米，水库坝址以上集水面积2750平方公里，是赣州市境内最大的湖泊（水库）。阳明湖流域是上犹江源头区，也是赣江的重要水源涵养地，是南方地区不可多得的水质良好湖泊之一，对改善赣江流域水环境和维护江西省生态环境安全具有重要的意义。阳明湖更是赣州市城镇居民最大最重要的饮用水水源，规划为赣州市中心城区、南康区和上犹县约260万人提供饮用水水源。阳明湖还是国家、省级生态保护区，国家森林公园和4A级风景名胜区。

三　正确把握总体谋划和久久为功的关系

调查表明，赣南一些生态系统破损退化的现状短期难以改变，部分关系生态安全格局的核心地区在不同程度上遭到生产生活的影响和破坏，需要相当长的时间才能修复，解决提供生态产品能力不断下降的问题需要久久为功。继续实施山水林田湖草生态保护和修复工程，既是筑牢生态安全屏障的需要，也是贯彻绿色发展理念的有力举措。赣州市始终坚持以突出生态环境

① 史真：《第一个五年计划制定中的周恩来》，《党史文汇》2019年第1期。

问题和生态系统功能为导向，坚持按流域、分片区、全地域规划的工程布局原则，按东南、东北、西南、西北四大片区的不同特点，持续推进流域生态保护与整治、矿山环境修复、水土流失治理等生态建设工程。

（一）坚持高规格统筹，实现多元化资金投入

国家要继续将赣州市山水林田湖草综合治理列为试点，加大项目资金支持力度。赣州南方丘陵山地山水林田湖草生态保护修复试点自2017年启动，时限三年，2019年将进入最后一年尾声。山水林田湖草综合治理是一个系统工程，要最终发挥作用和效益，还需国家继续支持，江西省优先建立赣江上下游横向生态保护补偿机制，引导生态受益地区和保护地区之间、流域下游和上游之间，通过资金补助、产业转移等方式进行补偿或合作，缓解山水林田湖草生态保护修复资金缺口的压力。从赣南废弃稀土矿山治理项目实施资金多元化投入的实践看，废弃稀土矿区经简单的土地整治后，再由当地企业、村民投资种植经济作物，既减少了财政治理投入，又解决了治理工程后期维护的问题。目前赣南仅尚未治理的废弃稀土矿区就有202.82平方公里，要实现全面治理需资金约70亿元。各级财政总体投入有限，多元化资金投入将是今后废弃稀土矿山治理的主要方式。要将治理开发与落实长效机制相结合，通过山水林田湖草自主经营、公开竞拍大户承包、公司+农户等形式，落实土地经营权，确保工程建得起、管得住、长受益，实现山水林田湖草生命共同体建设的良性循环。

（二）坚持高标准定位，实现修复治理一张图

按照山水林田湖草是一个生命共同体的要求建精品、创特色、树样板，不仅要将项目区的水土流失进行全面整治，而且要实现绿水青山变“金山银山”。山水林田湖草治理涉及多个部门，多种类型项目立项，但治理的基本目标大抵相同。赣州市稀土废弃矿区植被复绿工程开展顺利，使稀土废弃矿披上了绿装，显著降低了矿区水土流失量，局部实现了矿区生态系统的重建。但单纯实施植被修复技术，如未能有效结合土壤改良和生物修复技术

等，在生态修复中会存在两个问题。一是表层土壤通过客土覆盖等技术，掩盖地表层污染问题，土壤剧毒、酸性与松化、重金属污染、山体浸液持续存在等深层次环境污染现象未能有效解决；二是除了人工种植的草、树外，处于自然状态、缺乏人工干预，依附于土壤的其他微生物生态系统功能较为单一，矿区土地、水土等环境污染未能有效解决，甚至土壤未能达到宜农、宜林生态环境标准。土壤改良本应该是稀土废弃矿区生态修复的首要解决问题，但是由于土壤改良投资规模大、周期长、见效慢，普遍未能列入全国各地稀土废弃矿修复日程。要按照“资金跟着项目走”的原则，开展山水林田湖草统筹治理，各级财政资金也要“统筹使用”，最大限度发挥财政资金的使用效益。将土壤污染防治、矿山地质环境治理、农村环境整治、水污染防治等相关的专项资金，按照职责不变、渠道不乱、资金整合的原则，构建各部门资金整合的融通机制，支持生态保护修复的试点项目。

（三）坚持高水准治理，地上地下水土并重

目前几乎所有的治理工程都是地表工程，对于土壤重金属污染、含水层破坏污染均未涉及，而土壤、含水层的破坏和污染影响比地质灾害、生态破坏的影响隐蔽但后果更严重，也更亟须治理。因此，在以后的治理工程中土壤重金属污染、含水层破坏污染将是治理的重点。稀土废弃矿为“光头山”，寸草不生，关键原因是土壤生态系统的彻底恶化，土壤基质质地和结构不良、酸性强、保水保肥性能差、有机质及氮磷钾含量极低或十分不平衡、重金属尤其是稀土含量过高，特别是硫酸铵、草酸等浸液造成的土壤酸化。现在赣州市结合最新植被恢复技术，抛弃只栽树、不种草的传统治理模式，转而采取种草的新治理模式，种植草本植物作为稀土废弃矿植被修复的关键举措。模式的改变源于技术的进步和设计标准的提高。传统草本植物种植采用点播或撒播，草籽成活率低、生长不均匀、季节性明显，不利于水土保持与修复。根系发达的护坡草籽以及椰丝草毯播种技术的出现，使种草成为最优选择。特别是椰丝草毯播种技术，将草籽掩藏于草毯之下，不仅能够固定位置，防止被雨水冲走，还能提供肥料养分，供应草籽发育，提高成活

率和实现草籽均匀分布。同时，在草毯中增加了四季草籽，实现无论什么季节，矿区绿油油、青葱葱。植被恢复在于固定土壤、降低水土流失，土壤改良在于改善土壤。然而，除了土壤外，以土壤为介质的微生物修复也是土壤生态治理的重要内容。微生物修复具体包括：重新塑造土壤微生物多元化结构，推动土壤土质改善，提高土壤生活自我净化能力，是稀土废弃矿修复的重要内容。微生物以矿区植被为载体，对矿区土壤进行综合治理与改良，既可以改善植物的营养状况，降低重金属的毒性，促进植物的生长发育，又可利用根际微生物的代谢活动重新构筑起土壤微生物体系，增加土壤生物的活性，从而加速矿区生态环境的恢复。

（四）坚持高质量建设，创新生态治理科技

赣州市稀土废弃矿区种植经果林是山水林田湖草生态保护修复的重要目标，为矿区农民增加一个收入来源，带动农民致富奔小康，推动实施生态治理产业化。同时，矿区有人提供日常管理，将有利于修复项目的后期维护。政府初衷是好的，但是未能符合因土植树的实际情况，特别是经果林对土壤的最低要求。赣州市稀土废弃矿区经果林基本为脐橙与油茶两大类。经果林属于矮小型或小型乔木，对栽培土壤具有一定要求。脐橙和油茶种植均要求土层厚度 1 米以上，不低于 0. 8 米，然而稀土废弃矿区客土土壤厚度最多为 0. 3 米，远低于最低要求。此外，脐橙和油茶要求土壤 pH 值以 5. 0 ~ 6. 5 的酸性、微酸性土壤，但是矿区被污染的原生深层土壤 pH 值普遍在 0. 3 以上，部分在 0. 2 以上，难以满足脐橙、油茶土壤酸碱性要求。同时，脐橙和油茶对土壤有机质、保水性等均有一定要求，可是矿区土壤异常疏松，有机质含量较低，保水性能较低，这使得脐橙和油茶即使能够存活下来，也难以正常发育，更不用提开花结果了。因此，要将矿区传统治理技术与新技术推广运用有机结合起来，在坚持传统的“上截、下堵、中间削、内外绿化”治理技术基础上，根据项目区自然条件及群众需求，重点借鉴开发式崩岗治理模式，将连片废弃矿区整治成水平梯田，在台地上种植杨梅、脐橙等经果林，同时配套实施拦挡工程、截排工程和坡面水系工程。同时，为提高整治

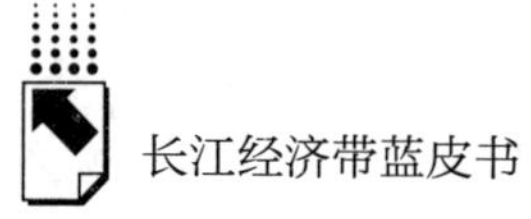

后的梯田边坡稳定和防护效果，积极引进椰丝草毯植草技术，有效地达到边坡快速复绿、稳定边坡目的。

（五）坚持高层次推进，建设“生态修复样板区”

《国家生态文明试验区（江西）实施方案》① 对江西的战略定位之一是“打造山水林田湖草综合治理样板区”，这是首批三个国家生态文明试验区（江西、贵州、福建）中的独特定位。赣州市把“生态修复样板区”建设作为农民增收致富工程、为民办实事的德政工程和经济社会发展的基础工程来抓，一届接着一届干，一届干给一届看。一是生态修复动力由主要依靠政府推动向政府推动与企业推动相结合并以生态修复推动为主转变，真正发挥企业作为市场经济主体的作用，把赣南山水林田湖草生命共同体建设变为企业和广大干群的自觉行动；二是生态修复重点由重点区域突破向重点区域突破与重点产业突破相结合转变，在坚持以治理稀土废弃矿山、崩岗水土流失为突破口的同时，把更多的注意力放在从绿色产业突破上，在着力培育赣南生态支柱产业、优势产品群体的同时，放手发展新型农业经营主体；三是生态修复布局由分兵突击为主向分兵突击与整体、分层次推进相结合并以整体、分层次推进为主转变，各地在整体规划指导下，充分发挥自身优势，加快生态修复步伐，并通过整体、分层次推进，逐步实现赣南与长江流域的联动发展。

全国八大生态脆弱区中半数都分布在长江经济带范围内，赣南作为长江经济带典型生态脆弱区之一，针对生态退化问题以及生态修复和保护的现状，提出山水林田湖草综合治理的基本措施和技术对策，有序实施生态修复保护工程，促进生态系统整体治理，落实生态保护与修复的监督管理机制，强化后续监管；为支持长江经济带生态保护修复技术研究，推进科技创新引领，加快生态修复和环境保护立法工作，初步构建长江经济带生态修复和保护的示范样板。

---

① 中共中央办公厅、国务院办公厅：《国家生态文明试验区（江西）实施方案》，中华人民共和国中央人民政府网，2017 年 10 月 2 日。

参考文献

[1] 刘谟炎：《美丽中国——论山水林田湖草是一个生命共同体》，世界图书出版公司，2019。

[2] 刘谟炎：《人与自然和谐共生——论山水林田湖草生命共同体建设的理论与实践》，人民出版社，2019。

[3] 江西省水土保持研究所：《江西省崩岗防治规划》，2005。

[4] 刘宁、曹云、何志高：《油茶承载着精准扶贫与生态产业强县的梦想》，《中国绿色时报》2015 年 8 月 27 日。

[5] 郭胜、肖燕春：《江西赣州推进精准扶贫工作的实践》，《中国国情国力》2015 年第 12 期。

[6] 白春礼：《以创新驱动提升山水林田湖草系统治理能力》，《中国绿色时报》2018 年 11 月 2 日。

B.8
长江经济带沿岸城市环境绩效评估研究

周冯琦　尚勇敏*

摘　要： 当前长江经济带环境管理依然存在抓生态环境保护上主动性不足、创造性不够，生态环境协同保护体制机制亟待建立健全，区域合作虚多实少、城市群缺乏协同和带动力不足等问题。实现长江经济带绿色发展和环境管理水平提升的关键在于强化体制机制，需要构建有助于加强组织领导、调动各方力量、激发内生动力以及适应全流域完整性管理的环境绩效管理体系。系统评估长江经济带沿岸城市环境绩效管理水平，对长江经济带沿岸城市环境绩效管理的制约因子进行诊断是提升长江经济带环境绩效管理水平、促进环境质量改善、实现长江经济带绿色发展的重要环节和手段。

关键词： 长江经济带　环境绩效　流域管理

2018年4月26日，习近平总书记在武汉主持召开深入推动长江经济带发展座谈会并发表重要讲话，并对适应全流域完整性管理、流域管理统筹协调等长江经济带环境管理提出了要求。然而，当前长江经济带环境管理依然

---

* 周冯琦，经济学博士，上海社会科学院生态与可持续发展研究所所长，兼任上海市生态经济学会会长；尚勇敏，上海社会科学院生态与可持续发展研究所研究员，博士。

存在抓生态环境保护上主动性不足、创造性不够，生态环境协同保护体制机制亟待建立健全，区域合作虚多实少、城市群缺乏协同和带动力不足等问题。实现长江经济带绿色发展和环境管理水平提升的关键在于强化体制机制，需要构建有助于加强组织领导、调动各方力量、激发内生动力以及适应全流域完整性管理的环境绩效管理体系。系统评估长江经济带沿岸城市环境绩效管理水平，对长江经济带沿岸城市环境绩效管理的制约因子进行诊断是提升长江经济带环境绩效管理水平、促进环境质量改善、实现长江经济带绿色发展的重要环节和手段。

一　环境绩效内涵及长江经济带沿岸城市环境绩效评估方法

（一）环境绩效内涵

在经济发展方式转变进入攻坚阶段、生态环境安全要求日益迫切的新形势下，环境绩效管理成为强化各级政府的生态环境建设意识和行为，提高环境保护的实绩与实效，推动环保工作再上新台阶的重要抓手和工具。环境绩效具有系统性和多维内涵，本研究认为，环境绩效是政府为实现环境目标，在生态系统、经济社会发展、环境治理方面所采取的环境管理行为的效果。本研究通过构建一套可以客观量化环境绩效管理在经济社会、资源环境、生态系统、环境治理等方面反馈效果的评价计算体系，并对指标进行指数合成。为长江经济带沿岸城市厘清环境绩效管理的成效与进展，分析其倒退的原因，找到改善环境绩效管理水平的方向与路径。

（二）长江经济带环境绩效评价指标体系

依据环境绩效的内涵，参考国内外环境绩效评估指数，构建长江经济带沿岸城市环境绩效指数。环境绩效指数由 3 个一级指数、10 个二级指数构成。其中，生态系统健康指数是指区域生态系统在评价期内的健康程度，包含生态环境质量指数、生态环境压力指数、生态环境风险指数。[①] 绿色经济活力指数是衡量城市经济增长的持续性、协调性、包容性的指数，包含经济增长领先指数、资源环境效率指数、公共服务共享指数。环境治理响应是一个多变量、多目标和多层次的复杂系统，根据长江经济带生态环境问题和环境治理现状，以实现环境质量显著改善和可持续发展的出发点，充分考虑环境治理中政府、社会组织、企业和社会公众等四方面主体，从治理投入、参与情况、信息公开等三个领域，建立系统合理的环境治理响应评估指标体系，包含环境治理投入指数、环境信息公开指数、环保公众参与指数三个方面。长江经济带沿岸城市环境绩效评价指标体系如表 1 所示。

表 1　长江经济带沿岸城市环境绩效评价指标体系

目标层	准则层	因素层	指标层
长江经济带环境绩效指数	生态系统健康指数	生态环境质量指数	空气质量
			水环境质量
			生态空间建设
		生态环境压力指数	城市扩张压力
			资源消耗压力
			污染物排放压力
		生态环境风险指数	风险源危险性
			受体脆弱性
	绿色经济活力指数	经济增长领先指数	发展水平
			产业结构
			技术进步
		资源环境效率指数	绿色工业
			生态农业
			低碳生活
		公共服务共享指数	公共交通
			公共医疗
			文化教育
			环境设施

① 周冯琦、程进、陈宁等：《长江经济带环境绩效评估》，上海社会科学院出版社，2016。

续表

目标层	准则层	因素层	指标层
	环境治理响应指数	污染治理投入指数	环保资金投入
			环保人员投入
			涉水设施投入
		环境信息公开指数	官网信息公开
			监测数据公开
		环保公众参与指数	公众参与渠道
			公众参与响应

（三）评价方法与数据来源

本研究采用极差标准化方法进行数据标准化处理，采用熵值法计算各指标权重，最后通过加权求和方法计算长江经济带沿岸城市环境绩效指数值。本研究数据来自相关省市公开发布的统计数据，包括2013～2015年各城市统计年鉴、2012～2014年各城市国民经济和社会发展统计公报、《中国城市统计年鉴》（2013～2015年），2013～2015年长江经济带9省2市统计年鉴、2012～2014年各城市环境状况公报、各城市环保局信息公开年度工作报告等。

二　长江经济带沿岸城市环境绩效指数评价结果

（一）长江经济带沿岸城市环境绩效的流域发展不平衡不协调问题突出

长江经济带横跨我国东中西部，地区发展条件差异大，基础设施、公共服务和人民生活水平的差距较大。尤其是三峡库区、中部蓄滞洪区和7个集中连片特困地区，脱贫攻坚任务还很繁重。区域合作虚多实少，城市群缺乏协同，带动力不足。从长江经济带沿岸城市环境指数评价结果来看，排名前列大多为长江沿岸经济较发达的城市，如上海、重庆、武汉、南京、合肥等，上述城市大多为直辖市、省会城市，长江经济带沿岸城市环境绩效水平呈现“核心—边缘”结构。首先，上述城市行政级别相对较高，动员资金、技术等要素和行政资源的能力也相对较强，包括制定地方环境保护立法、环保行政人员数量、环保公共服务支持、动员社会资源能力等，使得处于“核心圈”的城市环境绩效水平，尤其是环境治理响应能力远高于长江经济带沿岸其他城市。为此，长江沿岸核心城市应发挥带动作用，带动处于“边缘”区域的城市环境绩效水平的提升，进而以点带群、以群带面，促进长江经济带环境绩效水平的整体提升。

（二）经济发展水平与环境绩效水平能够实现协同发展

长期以来，经济发展与环境保护通常存在矛盾，环境保护让位于经济发展的现象屡见不鲜。然而，随着习近平总书记“4·26”讲话对经济发展和生态环境保护的辩证关系进行定调，并指出共抓大保护、不搞大开发不是不发展，这反映出地方政府对共抓大保护重要性认识的不足。通过长江经济带沿岸城市环境绩效指数评估可见，长江经济带沿岸城市环境绩效水平与经济发展水平存在显著正相关关系，城市人均 GDP 越高，环境绩效指数越高，

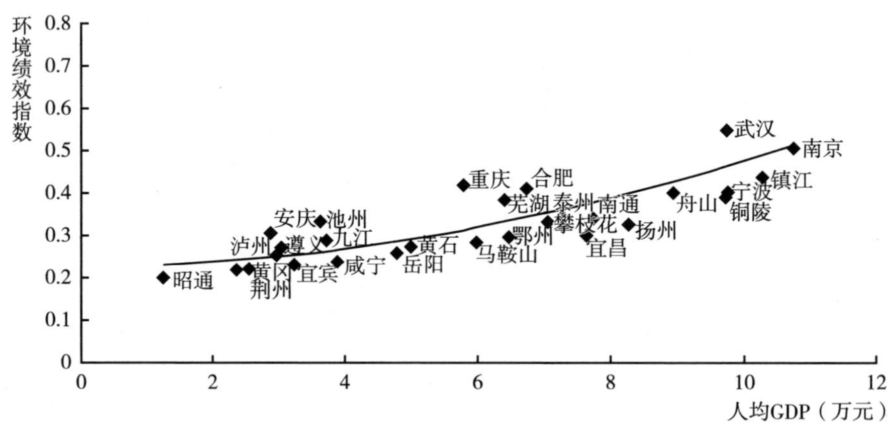

图 1　2014 年长江沿岸城市环境绩效水平与人均 GDP 存在正相关关系

尤其是当人均GDP高于9万元以后，环境绩效指数开始显著领先于其他城市。这反映出环境绩效水平的提升需要以经济基础为支撑，而更高的环境绩效也将为经济发展提供优良的发展环境。

（三）激发长江经济带沿岸城市环境治理的内生动力是关键

习近平总书记指出，“要激发内生动力，加强对有关部门、沿江省市、相关企业领导干部的专题培训”，从长江经济带沿岸城市环境绩效指数评估结果来看，环境治理响应能力是长江经济带环境绩效指数的短板，排名前十的城市中，仅上海、武汉环境治理响应指数超过0.5，第5名及以后在0.32以下，远落后于生态系统健康指数、绿色经济活力指数。环境治理响应能力的不足制约了环境绩效指数整体水平的提升（见表2）。为此，需要加强政府环境管理能力建设，落实政府主体责任，并增强环境治理多元参与，发挥广大群众积极性、主动性、创造性，共同守护好母亲河。①

表2　长江经济带沿岸城市环境绩效指数各领域排名前十的指数情况

生态系统健康指数		绿色经济活力指数		环境治理响应指数		环境绩效指数	
城市	分值	城市	分值	城市	分值	城市	分值
安庆	0.803	上海	0.765	上海	0.893	上海	0.696
池州	0.796	南京	0.616	武汉	0.550	武汉	0.552
九江	0.789	武汉	0.612	重庆	0.495	南京	0.506
遵义	0.784	宁波	0.458	南京	0.461	镇江	0.445
昭通	0.741	舟山	0.452	镇江	0.318	重庆	0.427
黄冈	0.738	镇江	0.449	池州	0.278	合肥	0.408
咸宁	0.735	合肥	0.443	合肥	0.263	宁波	0.402
攀枝花	0.734	芜湖	0.395	铜陵	0.246	舟山	0.396
鄂州	0.725	铜陵	0.387	宁波	0.239	铜陵	0.388
泰州	0.722	重庆	0.365	芜湖	0.237	芜湖	0.382

① 周冯琦、程进、陈宁等：《长江经济带环境绩效评估》，上海社会科学院出版社，2016，第94～131页。

三　长江经济带沿岸城市环境绩效指数评价结果

（一）构建高效的环境绩效管理组织架构

首先，以生态环境部牵头设立“长江经济带生态环境保护与协调机构”，使其成为权威性的流域管理机构，负责长江经济带环境管理工作部署，避免多头监管和管理真空。加强国家层面协调指导，统筹研究解决长江经济带发展中的重大生态环境问题。其次，生态环境部牵头建立长江经济带生态环境保护协作省部际联席会议制度，由长江经济带生态环境保护的国家相关部委、长江经济带各省市共同组成，下设相关工作委员会作为政策的执行机构，定期召开会议，沟通信息，及时反映区域内发展中面临的问题，提出解决办法；并建立常态工作协调机制，定期和不定期协商解决区域内的重大问题，积极推进交通、旅游、工业、农业、生态、科技、人才、投资等方面的合作。

（二）构建环境绩效管理的配套制度体系

首先，构建长江流域排污权交易机制，由流域机构对全流域环境承载力进行核算，提出主要污染物限制排污总量，基于历史排放量进行排污权初始分配，再逐步过渡到全部拍卖，根据环境容量和治污成本的变化情况，指导排污权合理定价。其次，构建生态环境责任管理制度体系，包括环境责任终身追究制度、环境损害赔偿制度、生态环境修复制度等；把资源消耗、环境损害、生态效益等纳入官员政绩考核体系；依据全面赔偿、区别对待和限额赔偿的原则，对非法、过失或故意的环境损害行为施以惩罚性赔偿；建立由环境修复基本法与环境修复地方法规组成的环境修复法律体系。最后，发展绿色金融和绿色 PPP 融资，为环保企业提供绿色信贷、绿色证券、绿色保险等金融产品，并利用金融市场或金融衍生工具来限制环境污染物的排放，鼓励长江经济带设立区域性的绿色担保基金，大力发展 BOT、TOT、ROT、BOO、PFI 等 PPP 融资模式。

（三）探索流域生态补偿创新机制

目前我国已经开展的流域内或跨流域的生态补偿机制一般都发生在政府部门之间的转移支付，以资金补偿为主要方式。这种生态补偿机制存在补偿标准难以科学确定，补偿资金来源缺乏等问题。建议采用由下游企业对上游具有重大生态价值的区域或对象进行投资，由消费者付费。比如，投资水源地或水源涵养区，投资人可从水费中获取回报；投资自然保护区、森林公园、湿地公园生态项目，可以门票收入等方式获取回报。

（四）因地制宜提升长江经济带环境绩效水平

首先，长江经济带上游地区以保护和修复生态环境为首要任务，因地制宜发展生态产业、绿色产业，减少对自然生态系统的负面影响；提高环境基础设施和公共服务水平，提升环境承载能力和绿色发展能力；探索完善自然资本投资机制，使涵养水源、水源地保护、生态林建设等生态产品价值化。其次，中游城市群以资源环境容量控制经济发展的环境影响，推动产业结构进一步高端化，大力发展产业链高端高效环节，向都市圈内逐步疏解部分产业链中间环节和配套支持产业；加强长江中游城市群内部合作，健全经济要素优化配置机制。最后，长三角城市群应优化人口与产业布局，促进科技创新与产业升级，提升城市经济发展效益，构建高附加值的现代产业体系；并积极推进环境绩效管理转型，由以控制环境污染为目标导向转移到环境质量持续改善和解决区域共性环境问题，制定并实施更加严格的环境质量标准，实现环境绩效水平和环境质量的同步提升。

（五）构建扁平化发展的社会公众参与机制

首先，构建扁平化社会公众参与机制以打破省市间的行政分割，使得不同行为环境保护主体信息沟通更加充分，使网络节点相互之间形成平等关系，解决环境保护中存在的机构分割、分段管理、各自为政等问题。其次，创新公众参与和信息公开方式，包括构建制度化的公众或市民环保监督员机制，推广应用环境信息公开 App，在长江沿岸城市环保部门推广“重大环保事项社会稳定风险评估”等；同时，政府部门应推动观念创新，主动为公众参与环境决策和环境监督创造条件，公众需规范自身行为，实现参与环境事务的行为合法化、有序化、专业化及组织化。

参考文献

[1] 曹颖、张象枢、刘昕：《云南省环境绩效评估指标体系构建》，《环境保护》2006 年第 2 期。

[2] 国涓、刘丰、王维国：《中国区域环境绩效动态差异及影响因素——考虑可变规模报酬和技术异质性的研究》，《资源科学》2013 年第 12 期。

[3] 卢小兰：《中国省级区域资源环境绩效实证分析》，《江汉大学学报》（社会科学版）2013 年第 1 期。

[4] 乌兰、李玉新：《区域环境绩效评估的基本思路及应用研究》，《东岳论丛》2013 年第 12 期。

[5] Ezzi F.，Jarboui A.，“Does Innovation Strategy Affect Financial，Social and Environmental Performance?”，2016，21（40）.

[6] 周冯琦、程进、陈宁等：《长江经济带环境绩效评估》，上海社会科学院出版社，2016。

[7] 周智玉：《环境 DEA 模型改进及其在城市环境绩效评价中的应用》，《科技进步与对策》2016 年第 4 期。

综合交通篇

Three-dimensional Transportation Reports

B.9 加快构建现代化沿江综合交通运输体系更好支撑引领长江经济带高质量发展

谢雨蓉 樊一江 毛科俊*

摘 要： 习近平总书记在湖北考察长江经济带时再次强调以共抓大保护、不搞大开发、谋求大发展为导向深入推动长江经济带高质量发展，并提出必须正确把握整体推进和重点突破、生态环境保护和经济发展、总体谋划和久久为功、破除旧动能和培育新动能、自我发展和协同发展等五大关系，为长江经济带发展进一步指引方向、做出部署。高质量的交通运输对长江经济带按照新要求加快发展具有重要的保障和引领作用，

* 谢雨蓉，中国宏观经济研究院综合运输研究所交通运输服务与物流研究室主任、研究员，主要研究方向为物流规划与管理；樊一江，中国宏观经济研究院综合运输研究所综合研究室副主任、研究员，主要研究方向为综合运输规划与政策；毛科俊，中国宏观经济研究院综合运输研究所综合研究室副主任、助理研究员，主要研究方向为综合运输规划。

要以运输组织优化调整和供应链协同创新为核心，以运输质量、效率、动力变革为路径，统筹调整发展思路，牵引带动长江经济带运输结构、能源结构、产业结构深度优化调整，加快构建交通与产业、经贸、生态深度融合的现代化绿色立体交通廊道。

关键词： 交通运输　高质量发展　长江经济带

长江经济带之所以能够成为一条高密度的产业带、城镇带，除了沿岸自然环境好、水源充足、人口密集之外，还因为拥有长江黄金水道这一便利的交通运输条件。由于水运具有低成本、大运量等特点，且长江直通东海，可无缝衔接国际海运航线网络，重化工产业和外向型经济成为长江经济带初期发展的主要动能。在生态优先、绿色发展的战略定位下，沿江产业升级、双向扩大开放、深化拓展空间和发展模式转变刻不容缓，长江经济带交通运输发展面临新的要求，应在充分发挥黄金水道物流成本优势的同时，协同各种运输方式，建设综合立体交通走廊，满足沿江地区不断升级的多元化运输需求，为长江经济带高质量发展发挥支撑引领作用。

一　长江经济带综合立体交通走廊建设取得积极进展

《长江经济带发展规划纲要》实施三年以来，在党中央、国务院领导下，沿江 11 省市和中央有关部门合力推动，按照全面建成小康社会的总体部署和推动长江经济带发展的战略要求，长江经济带交通运输快速发展，综合立体交通走廊建设取得积极进展，为长江经济带“共抓大保护、不搞大开发、谋求大发展”提供了有力支撑。

（一）深挖潜力，黄金水道运输能力进一步释放

长江是贯通我国东西的运输大动脉，货运量连续多年居世界内河首位。

随着下游南京以下 12.5 米深水航道全线贯通，中游荆江河段航道整治工程完工，5 万吨海船可直达南京，3000 吨级内河船舶可常年通达三峡库区，长江航运能力得到大幅释放。2018 年，三峡枢纽通过量超过 1.4 亿吨，长江干线货运通过量达 26.9 亿吨。目前，武汉至安庆 6 米水深航道整治主体工程已开工建设，三峡水运新通道前期工作稳步推进，支线航道整治有序开展，未来黄金水道运输能力还将进一步提高。

（二）整合资源，港口与航运中心发展形成合力

长江沿线港口密集，近年来加强资源整合，形成上中下游港口群，通过功能优化、上下联动，强化货源聚集与运输组织，延伸物流及相关功能，大型港口与航运中心的枢纽地位显著提升，辐射网络进一步拓展。截至 2018 年底，长江干线亿吨大港已达到 14 个，其中，舟山江海联运服务中心建设加快，成为全球首个年货物吞吐量超过 10 亿吨大港，上海港集装箱吞吐量连续多年排名世界第一，上海国际航运中心聚集了众多高质量国际航运物流、交易、金融等资源要素，成为全球重要的航运经济中心。江苏港口集团、安徽港航集团挂牌成立。武汉长江中游航运中心建设取得显著成效。重庆长江上游航运中心加快推进。长江通关一体化改革成效显著，海关直接放行报关单量达 85% 以上。

（三）规划引领，综合交通运输网建设稳步推进

长江流域是我国城镇化发展水平相对较高的区域，综合交通运输网络的不断完善为人口与产业高度聚集提供了有力支撑。截至 2018 年底，长江经济带超过 70% 的地级及以上城市通高速铁路，约 60% 的县级及以上城市通普速铁路，高速铁路和普速铁路运营总里程分别达到 1.19 万公里和 3.9 万公里，约 95% 的县级及以上城市通高速公路。沿江省市民用运输机场数量增加至 86 个（见表 1），成都新机场等项目加快建设，全国首个以货运为主的机场——湖北鄂州机场前期工作取得实质性进展。

表1 长江经济带综合交通网络建设情况

指标	2013 年	2018 年
内河航道里程(万公里)	8.9	9.0*
铁路营业里程(万公里)	2.96	3.9
高速铁路里程(万公里)	0.4	1.19
公路通车里程(万公里)	188.8	211.7
国家高速公路里程(万公里)	3.2	5.6
乡镇通沥青(水泥)路率(%)	97.9	100
建制村通沥青(水泥)路率(%)	84.7	99.98
城市轨道交通营业里程(公里)	1089	2870.4
民用运输机场数(个)	74	86
长江干线过江桥梁(含隧道)数(座)	89	119

注："*"为2017年数据。

（四）加强组织，多式联运网络化服务加快形成

长江航运、海运、铁路、公路等多种运输方式发挥各自优势，加强组织衔接，沿江多式联运服务网络范围不断拓展，服务模式更加多元化，运输与物流效率大幅提升。一批进港铁路专用线项目已开工建设或加快前期工作，铁水联运建设有序推进。武汉至洋山江海直达1140吨集装箱示范船、宁波舟山至马鞍山2万吨级江海直达散货船投入运营，长三角内河港口至上海港和宁波港的河海联运船舶投入使用。成都、重庆、贵阳、武汉等城市一批现代综合客运枢纽加快建设。以重庆、成都、武汉、苏州、义乌等为起点，共组织开行30余条中欧班列线路，开行班列数占中欧班列开行总数的1/3左右。

（五）生态优先，交通绿色化发展能力不断增强

长江经济带综合立体交通走廊建设坚持生态优先、绿色发展，各项生态整治与恢复建设工作有序推进。非法码头整治工作全面完成，取得明显成效。船舶排放治理进一步强化，长江干线全部纳入船舶污染排放控制区，船

舶用油全部要求使用标准柴油，部分省市建立公益性的船舶污染物接收装备与设施。清洁能源利用加快推进，港口岸电设施加快建设，新建了一批LNG 动力船等。

二　长江经济带综合立体交通走廊建设中存在的问题

长江经济带综合立体交通走廊建设成绩显著，但交通运输发展仍存在一些短板，与实现高质量发展的要求相比，发展不平衡不充分的结构性问题仍十分突出，综合交通运输网络尚不完善、发展质量不高，各种运输方式衔接还不够顺畅，长江航运粗放发展模式没有得到根本改变，各种运输方式优势没有得到充分发挥，主要表现在以下几个方面。

（一）长江航运仍存在瓶颈制约

一是三峡枢纽运输瓶颈制约更加凸显。随着长江干线货运量快速增长，三峡枢纽船闸通过能力日趋紧张，2011 年突破 1 亿吨，提前 19 年达到船闸设计通过能力，过闸船舶积压成为常态，2018 年平均待闸时间超过 6 天，严重影响了长江整体航运效率。二是江海联运发展总体缓慢。江海联运设施还不完善，长江船舶标准化进展缓慢，港口功能布局不尽合理，枢纽港、重点港、一般港层次不清晰，码头泊位标准不统一，影响了江海联运效率。

（二）综合交通网短板依然存在

一是铁路骨干作用未得到有效发挥。虽然沿江铁路已经建成，但是技术标准仍然较低，大部分路段时速都在 200 公里左右，宜万铁路时速甚至只有160 公里，尚未形成高标准的沿江高速铁路通道，三大城市群缺乏快速便捷通道连接。并且既有铁路货运潜力未充分发挥，区域货运结构中铁路所占份额较小。二是长江经济带公路省际待贯通路段亟待打通。三是沿江港口存在重复建设现象。四是机场功能和保障能力需要提升。五是长江过江通道和沿江成品油管道规划布局还需进一步完善。

（三）多式联运发展需要提档升级

一是铁水联运“最后一公里”未完全打通。部分铁路连接线建设进展缓慢，一些主要港口尚未实现铁路直接进港，制约了铁水联运发展，限制了铁路对三峡枢纽运输瓶颈的疏解作用。二是多式联运市场体系有待完善，港口、航运、铁路、海关、商检等各系统之间信息互联互通程度不高，信息平台“孤岛”现象普遍，欠缺“一站式”、一体化服务能力，多式联运价格机制不健全。

（四）环境保护与资源集约利用仍需加强

一是船舶污染治理亟待加强，污水垃圾处理和接收设施还需加快完善，乱排、直排问题普遍存在，执法监管不到位。二是岸电等清洁能源推广应用缓慢。三是化学品洗舱站、LNG 加注站等相关设施建设缓慢。四是岸线利用效率不高，存在乱占滥用、多占少用、占而不用、粗放利用等问题，部分老旧散小码头占用大量的优质深水岸线资源，码头装卸工艺落后、安全生产和环境保护问题突出。

三　推进长江经济带综合立体交通走廊建设的措施建议

长江黄金水道需要顺应国际国内形势变化重新调整功能定位，不仅要将自身打造成为绿色交通廊道，还要依托综合立体交通走廊，利用互联网等现代技术，开展通道化、网络化、智能化、融合化的运输组织，提供方式多选择、成本差异化、服务综合性的物流服务条件，以运输组织创新，实质性推进运输结构及沿江产业、能源结构优化调整，加快探索形成现代交通运输与经济社会协同融合支撑引领长江经济带高质量发展的新范式和新路径。

（一）供应链嵌入产业链，整体性提升产业竞争力

长江经济带不同地区资源禀赋、产业基础差异较大，应改变当前同质

化、短链条的产业发展生态，着力构建跨越上中下游、比较优势突出的长产业链，打造互为支撑的现代产业体系，为密切区域经济合作奠定模式基础。现代产业运行高度依赖供应链组织，应由传统廉价水运承载低端产业的发展路径，主动转向由综合交通运输体系分工协作、组织衔接为沿江产业发展提供全链条物流服务的新模式。推动物流、生产、贸易企业战略联盟化发展，将供应链嵌入产业组织链条，借助现代信息技术手段，强化物流环节对货物、单证、运输工具等掌控，以此为基础嫁接交易、金融、法律等多种服务，依托供应链衔接和支撑引领，实现长江经济带产业体系化发展、链条式串接，打造具有国际竞争力的世界级产业集群，使传统产业和新型产业共同迈向全球产业链、价值链中高端。

（二）合理分流分担运量，更好发挥黄金水道作用

目前，长江干线航道每年承载货物超过 20 亿吨，运输成本仅为铁路的 1/5、公路的 1/10，是我国东西方向重要的运输大通道，但中游航道不畅、过坝能力不足等问题仍然限制了黄金水道运输能力的发挥。对此，除了从加强航道整治、推进船舶标准化等方面解决问题外，更重要的是顺应长江经济带产业梯度转移、转型升级和产业链分工，通过运输组织创新引导产业布局和产业组织方式调整，在航运“梗阻”区域推动现代物流枢纽与产业融合布局，带动当地产业发展与市场拓展，合理分流、分担运量，从而既缓解船舶过闸压力，又培育物流枢纽经济，有效破解运输瓶颈。

（三）补齐铁路通道短板，引导航运与铁路大协作

水运与铁路各有优势，但铁路在长江综合立体交通走廊中的作用并未得到有效发挥。应补齐沿江铁路运输大通道短板，进一步优化完善网络格局，发掘铁路通道潜能，加快推进沿江高铁建设，分流当前普通铁路、快速铁路客流，释放货运能力，使长江航运与铁路运输各展所长。结合大宗物资运量下降、适箱货物比重提高的趋势，创新铁路集装箱运输组织模式，加快拓展沿江相对高附加值货运市场。统筹铁路和水运运价、铁路装卸费、港口收费

等，形成全程合理比价关系，促进铁水大分工大协作，构建沿江大运量陆水协作双通道。

（四）创新运输组织模式，发展公铁水江海大联运

长江经济带多式联运发展滞后的原因一方面在于铁路等运输方式存在短板，另一方面在于当前的经济格局与产业形态对联运形不成市场需求支撑。随着沿江产业布局与结构调整，以及产业链延伸带动配套产业发展和跨区域产业合作，长江经济带生产与流通组织半径将明显扩大，港口腹地将向内陆拓展，使公铁水、江海联运的优势逐渐显现。应顺势而为，在加快设施联通衔接、双通道协作基础上，重点创新运输组织模式。一是以宁波港、武汉港、重庆港等为重点，发展联通重要腹地之间的铁路“点对点”钟摆式运输；二是以产业转型升级和消费扩张产生的中高端货运物流需求为重点，推动铁路发展小编组运输，公铁同站换装，衔接开展班列化运行组织；三是切实有效推动多式联运经营人开展“一单制”全程运输服务，促进信息互联互通，保证运输时效准确可控，提高多式联运的市场竞争力，全面提升经济、社会与生态效益。

（五）拓展国际航空网络，打造“轴辐式”货运系统

长江经济带地处我国地理版图南北之中，横跨东西，在全国综合交通网络以及运输组织网络格局中的地位十分重要，尤其是航空货运夜间往返航程基本可以覆盖全国，是货运枢纽机场重要的布局区域。长江经济带产业迈向全球价值链中高端，要满足人民对美好生活的需要，全面提升航空货运服务能力和水平。应结合邮政和快递物流企业网络布局，以高层次、高附加值供应链组织为突破口，围绕上海、武汉（鄂州）、成都等枢纽机场，加快构建联通全球、辐射全国的“轴辐式”航空货运网络，提高以我国高端生产、消费市场规模为支撑的航空物流国际竞争力，争取国际高端供应链、产业布局发展的主动权。

（六）拓展管道运输空间，统筹发展沿江危化运输

管道是重要的货运方式，但其运营管理一直游离于综合交通运输体系之外。沿江化工产业聚集，随着经济的发展，区域用能需求不断增加，长江水上危化品运输量持续增长，安全生产、生态环境压力日益加大。目前，相关主管部门已加强了长江危化品运输监管，并禁运了部分品类，但市场需求依然存在，大部分转移至公路运输，提高了物流成本，也带来了新的安全与环境污染隐患。应抓紧研究利用沿江管道有效分流危化品运输，综合考虑成本、效益和生态、安全风险等，提出拓展管道运输应用领域和范围的可行性解决方案。

（七）做好发展统筹协调，加强国家重大战略衔接

尽管长江经济带发展明确要求东西双向开放和陆海统筹，但近年来经贸联系的重点仍是欧美等发达国家。当前中美贸易摩擦升级，说明我国以中低端制造业中心身份参与经济全球化的可拓展空间已经越来越小，同时内需消费扩张与升级也使我国对国际经济体系产生新的需求，这所有的转变在长江经济带的体现最为明显。我国依托“一带一路”倡议，谋求在新一轮全球化中更加主动的地位，要求我国加强重大战略之间的内在融通和实施协同。对于长江经济带而言，应借助综合立体交通走廊的优势，率先寻求衔接“一带一路”的新方向、新突破，对东南亚、南亚以及新的海上通道，应在国家核心战略利益的指引下统筹有序推进，并以长江经济带双向开放为牵引，引领和支撑我国与新兴经济体之间扩大经贸合作。

B.10

铜仁凤凰机场“一场两地”在长江经济带协同共享发展中的实践与启示

申振东*

摘　要： 铜仁凤凰机场地跨两地，服务两地。近年来，在铜仁市和湘西自治州政府的协同努力下，铜仁凤凰机场得到了快速发展。铜仁凤凰机场发展所取得的成绩是两地政府协同工作的成果，在我国跨区域协同发展上具有典型性和代表性，因此，总结提炼铜仁凤凰机场“一场两地”发展经验，对促进我国长江经济带区域协同共享发展具有一定的参考和借鉴意义。

关键词： 铜仁凤凰机场　长江经济带　协同共享发展

铜仁凤凰机场位于长江经济带，地跨贵州省铜仁市松桃县和湖南省湘西自治州凤凰县，是我国首座以跨省域行政区划命名的支线机场，实现了我国民用机场命名的新突破，同时是对我国中西部探索协调共享发展的有意义尝试。近年来，铜仁凤凰机场在航班航线、旅客吞吐量、飞机起降架次等方面得到了长足的发展，在助推地方经济社会发展、完善交通运输体系、提升地方竞争能力等方面发挥着越来越突出的作用。

---

* 申振东，贵州省人民政府参事，教授，贵州省省管专家，主要研究方向为航空港经济管理、城市管理。

一　长江经济带建设是铜仁凤凰机场协同共享发展的重大机遇

长江经济带是我国由内陆、沿边、沿江向沿海发展的空间布局，横跨我国西部、中部、东部三大区域205万平方公里，覆盖四川、重庆、贵州、湖南、湖北、江西、安徽、浙江、江苏、上海等11省市约6亿人口，经济带涉及省市GDP占全国的比重约为45%。推进长江经济带建设，是党中央、国务院审时度势、把握引领经济发展新常态，与“一带一路”倡议、京津冀协同发展战略相呼应的重大战略举措，对于我国建立现代化经济体系、全面建成小康社会、实现“两个一百年”奋斗目标和中华民族伟大复兴中国梦，有着重大现实意义和深远历史意义。

长江经济带贯穿长江上中下游流域，地处全流域重要节点的贵州省和湖南省山水相连、唇齿相依，贵州省铜仁市、黔东南苗族侗族自治州分别与湖南省湘西土家族苗族自治州、怀化市大范围接壤，民族文化相融，生活习惯相近，旅游资源相当，经济发展协同性、互补性较强。长江经济带建设，为贵州、湖南两省搭建了协同共享发展的重要平台。近年来，以铜仁凤凰机场“一场两地”为重要桥梁，铜仁市和湘西自治州在长江经济带协同共享发展上进行了一些新探索、取得了一些新成效。

二　铜仁凤凰机场“一场两地”协调共享发展实践

（一）铜仁凤凰机场区位概况

铜仁市位于贵州省东北部，与湖南省毗邻，是贵州的“东大门”，居住着土家、苗、侗、仡佬等28个少数民族。位于铜仁市与湘西自治州特别是凤凰县交界处的印江、江口、松桃三县境内的梵净山，系国家5A级景区，与山西五台山、四川峨眉山、浙江普陀山、安徽九华山齐名，为中国第五大佛教名山。湘西自治州位于湖南省西北部、云贵高原东侧的武陵山区，与贵州省接壤，境内居住着土家、苗、汉、回、瑶、侗、白等30个少数民族。地处湘西自治州西南角、西接贵州省铜仁市松桃苗族自治县的凤凰县，系国家历史文化名城、国家4A级景区，素有“中国最美小城”之誉和“画乡”之称。

铜仁凤凰机场“一场”地处贵州省、湖南省“两地”交界处，机场位于贵州省铜仁市大兴高新区与湖南省湘西自治州凤凰县阿拉营镇境内，机场占铜仁市和湘西自治州凤凰县土地面积各约50%，是一个独具代表性的“一场两地”支线机场。机场距铜仁市主城区约21公里，距湘西自治州凤凰县城约30公里，均由城市主干道和高速公路连接。机场建设通航主要服务于铜仁市和湘西自治州凤凰县两市（县）经济社会发展。

（二）铜仁凤凰机场“一场两地”建设历史沿革

铜仁机场于1958年11月选址并进行施工，是贵州省与民航总局投资修建的贵州省第二个民用机场，经历了三个时期修建完成，分别是：第一期工程于1959年10月开工，机场具备雏形；第二期工程于1969年10月重新续建，因“文革”干扰被迫停工；第三期工程于1970年4月开工，1971年3月全部竣工，1972年4月开始通航运输。1981年4月由于机场标准低、设施差、客货不足等原因停航。为适应经济和旅游业的发展需要，1992年开始申请立项，经中国民航总局和国家计委批准，对原铜仁机场进行改扩建。铜仁机场改扩建工程于1998年10月开工、2001年6月28日竣工，并通过验收，于2001年7月正式通航。2009年10月，中国民用航空局（国家民航局）正式批准“铜仁大兴机场”更名为“铜仁凤凰机场”，这是我国首座跨省域行政区划命名的支线机场，实现了我国民用机场命名新突破。2013年4月铜仁凤凰机场改扩建工程正式开工建设，拉开了“一场两地”共同打造临空新港、谋划跨越发展的序幕。2014年8月，铜仁市、湘西自治州共同实施的铜仁凤凰机场改扩建工程全面投入使用，创造了全国独有的典型范例，缔造了令人叹服的“项目传奇”。2015年10月，铜仁凤凰机场航站区改扩建工程开工建设，于2017年9月新航站楼投入使用，机场运营保障能力得到进一步提升，使铜仁凤凰机场进入新的发展阶段。2017年10月，铜仁凤凰机场年旅客吞吐量首次突破100万人次大关，正式跻身全国“百万级”机场行列，在全国229个运营的民用机场中列第69位，在全国支线机场中列第20位。2017年11月，铜仁凤凰机场国际航空口岸获批对外临时开放。2018年8月，铜仁凤凰机场开通铜仁直飞泰国曼谷航班，成为贵州省第三家开通国际航线航班的机场，架起了铜仁市、湘西自治州通往世界的“空中走廊”，开启了新时代“一场两地”高质量发展新篇章。

（三）铜仁凤凰机场建设中“两地”协同顺利推进

铜仁凤凰机场建设对于铜仁市和湘西自治州“两地”而言都是新生事物，协同共建中遇到了不少困难和问题，但两省尤其是两市（州）本着合作共赢的原则，通过协调共建解决了相关困难和问题，保障了机场建设的顺利推进。

1. 建立“两地”政府协调机制

铜仁凤凰机场建设可研批复涉及可研咨询评估报告、选址意见书、土地预审意见、节能审查意见、环评报告批复、社会稳定风险评估报告、招投标方案、资金承诺函、民航局行业意见等多项前置文件需要铜仁市和湘西自治州“两地”政府协同申报，存在双方申报时间、程序、节奏等方面的协调问题。同时，由于机场跑道偏短等原因，无法满足现有航空公司主力机型的需要，航线培育困难，客货运量十分不稳定。为协同推进铜仁凤凰机场改扩建建设和航班航线培育，2008年11月，铜仁市、湘西自治州“两地”签署了《铜仁凤凰机场共建合作框架协议书》，之后成立了铜仁机场改扩建项目领导小组及其指挥部，共同争取机场改扩建项目立项、可研批复、征地拆迁、国家建设资金争取等大量前期工作，逐步形成了国内独有的跨行政区域、跨组织机构的“两地”机场建设模式。根据共建合作框架协议，以“两地”政府协同推进为载体，明确机场改扩建规划按飞行区等级标准编制，提交“两地”组成的规划委员会共同审定，负责机场改扩建项目申报、建设，“两地”积极配合按机场改扩建规划的征地范围，做好相关建设的规划及控制工作，为机场建设征地拆迁创造条件，做好征地拆迁安置工作，营造良好工作环境。同时，“两地”政府成立“铜仁—湘西地区航空旅游业发展共同促进委员会”，共同促进本区域民航业和旅游业协调发展。

2. 协同解决建设和发展资金

铜仁市、湘西自治州均地处中西部欠发达地区，受制于交通条件、资源禀赋、产业布局规划等影响，“两地”经济社会发展水平相对较低，地方政府财政收入较少，对于铜仁凤凰机场等基础设施建设资金压力较大，筹措资金解决交通瓶颈难度较大。根据“两地”签订的共建合作框架协议书，铜仁市、湘西自治州在机场建设方面，积极支持铜仁凤凰机场按规划设计扩建，所需土地按直接成本价征地；机场改扩建项目资金（包括征地报批费、征地补偿费、征地拆迁安置费、项目建设费等）由“两地”共同争取国家支持西部地区支线机场建设项目资金的方式解决；对资金缺口部分，由铜仁市和湘西自治州按照5∶5比例进行分担。在航班航线培育方面，“两地”共同设立铜仁凤凰机场航空市场培育专项资金，由“铜仁—湘西地区航空旅游业发展共同促进委员会”拟订专项资金筹资额度、筹资方式和使用办法，解决航班航线培育补贴问题。

3. 协同推动“两地”旅游发展

建设铜仁凤凰机场很重要的一个动因，就是为了解决铜仁市梵净山5A级国家景区和湘西自治州凤凰古城4A级国家景区旅游客源到达发送问题。而铜仁凤凰机场距梵净山约100公里，距凤凰古城约50公里，梵净山和凤凰古城地处“一场”两侧，“两地”在解决现代旅游“快进慢游”中的“快进”上需依托铜仁凤凰机场解决。于是，“两地”在航线航班培育上遵循政府扶持与市场化运作相结合的原则，在重点航班航线“两地”共同扶持，全力争取航班时刻，开通加密铜仁凤凰机场至北京、上海、广州、长沙、贵阳等重要客源地航班航线，积极探索市场化运作方式，充分调动旅行社等市场主体的积极性，有效促进航班航线客源市场的建立和拓展。“两地”还进一步研究制定航空旅游协同发展规划，加大航空旅游市场的推介力度，研究制定扶持旅游包机等方面的优惠政策，加快建设综合交通体系，促进铜仁凤凰机场前往梵净山、凤凰古城旅游巴士专线开通。

4. 协同落实配套政策措施

一方面，为了机场更好地服务于铜仁市梵净山和湘西自治州凤凰古城，由贵州省负责上报国家民航局审批，铜仁市、湘西自治州双方密切配合支持，在“两地”共同努力下，将“铜仁大兴机场”成功更名为“铜仁凤凰机场”。另一方面，为缩短湘西自治州吉首市、凤凰县到铜仁凤凰机场路程，铜仁市同意湘西自治州将凤大公路直接修建延伸至机场，所需铜仁区域内建设用地，由铜仁市按征地成本价方式划拨给湘西自治州使用，征地所需费用由湘西自治州承担；铜仁市负责办理征地手续，协助做好征地拆迁安置工作，维护建设环境。同时，为了争取“两地”人民群众大力支持，有利于征地拆迁的顺利进行，机场改扩建及凤大公路建设征地拆迁费用按湖南省的标准统一执行。

（四）“一场”航空运输促进“两地”经济发展

从表1可以看出，在铜仁市、湘西自治州“两地”的共同努力下，铜仁凤凰机场“一场”三大运输生产指标特别是旅客吞吐量实现了年均51%的增长，机场旅客服务保障能力显著增强。

表1　铜仁凤凰机场运输生产指标（2009～2017年）

年份	旅客吞吐量		货邮吞吐量		起降架次	
	本期完成(人次)	同比增长(%)	本期完成(kg)	同比增长(%)	本期完成(次)	同比增长(%)
2009	37363	-32.28	7476	-52.75	1882	24.80
2010	42249	13.08	104902	1303.18	1355	-28.00
2011	43430	2.80	118380	12.85	1326	-2.14
2012	85564	97.02	61186	-48.31	2107	58.90
2013	141787	65.71	43666	-28.63	2542	20.65
2014	183915	29.71	14762	-66.19	3437	35.21
2015	343043	86.52	32747	121.83	5718	66.37
2016	577645	68.39	54599	66.73	11060	93.42
2017	1344928	132.83	131937	141.65	19126	72.93

从表2～表4可以看出，随着铜仁凤凰机场“一场”的扩建通航，铜仁市、湘西自治州（特别是凤凰县）“两地”GDP分别以约18%、10%（13%）的速度增长；“两地”特别是旅游接待人数和旅游收入，更是分别以37%、20%（15%）和43%、27%（25%）的速度增长。“一场”有力地促进了“两地”经济发展特别是旅游业发展，“一场两地”实现了协同共享发展。

表2　铜仁市GDP、旅游接待人数及旅游收入指标（2009～2017年）

年份	生产总值（亿元）	同比增长（%）	接待人数（万人次）	同比增长（%）	旅游收入（亿元）	同比增长（%）
2009	251.74	12.10	684.68	68.40	47.2	89.40
2010	293.62	16.64	1003.36	46.54	60.19	27.51
2011	357.72	21.83	1503.03	49.80	112.73	87.30
2012	443.91	24.09	1850.50	23.12	119.54	6.04
2013	535.22	20.57	2030.00	9.70	157.07	31.40
2014	647.73	21.02	2540.00	25.12	194.48	23.82
2015	770.89	19.01	3100.02	22.05	240.18	23.50
2016	856.97	11.17	4455.13	43.71	347.3	44.60
2017	969.86	13.17	6465.77	45.13	517.93	49.13

表3　湘西自治州GDP、旅游接待人数及旅游收入指标（2009～2017年）

年份	生产总值（亿元）	同比增长（%）	接待人数（万人次）	同比增长（%）	旅游收入（亿元）	同比增长（%）
2009	268.97	11.00	1060.31	24.40	50.66	31.80
2010	303.44	12.82	1255.56	18.41	63.48	25.31
2011	361.36	19.09	1486.26	18.37	76.88	21.11
2012	397.70	10.06	1884.68	26.81	105.45	37.16
2013	418.90	5.33	2322.8	23.25	144.9	37.41
2014	457.00	9.10	2810.7	21.00	174.5	20.43
2015	512.00	12.04	3362.41	19.63	216.97	24.34
2016	530.90	3.69	3820.00	13.61	265.00	22.14
2017	582.64	9.75	4450.00	16.49	321.5	21.32

表 4　湘西自治州凤凰县 GDP、旅游接待人数及旅游收入指标（2009～2017 年）

年份	生产总值（万元）	同比增长（%）	接待人数（万人次）	同比增长(%)	旅游收入（亿元）	同比增长（%）
2009	298109	13.00	485.95	13.93	26.09	35.32
2010	343614	15.26	520.06	7.02	30.02	15.06
2011	416092	21.09	600.14	15.40	44.31	47.60
2012	469596	12.86	660.49	10.06	53.01	19.63
2013	544555	15.96	842.42	27.54	66.86	26.13
2014	616666	13.24	903.61	7.26	80.98	21.12
2015	694756	12.66	1200.02	32.80	103.23	27.48
2016	779273	12.16	1250.00	4.16	115.00	11.40
2017	810458	4.00	1510.00	20.80	141.00	22.61

三　铜仁凤凰机场“一场两地”协调共享发展启示

（一）政府协同

为了推进铜仁凤凰机场改扩建项目，加大机场航线航班培育力度，促进铜仁市—湘西自治州的繁荣发展，在推进铜仁凤凰机场建设服务于“两地”政府工作中，“两地”在签订《铜仁凤凰机场共建合作框架协议书》基础上，成立促进铜仁凤凰机场周边地区经济社会发展及城镇规划建设工作委员会，负责对周边地区规划建设的领导管理。“两地”建立铜仁凤凰机场建设联席会议制度，由“两地”行政主要负责人共同召集，“两地”分管负责领导、相关部门及铜仁市松桃县、湘西自治州凤凰县政府主要负责人为成员，研究机场建设发展中的规划、设计、建设等事宜。“两地”派员在铜仁凤凰机场共同设立项目共建办公室，推动完成项目前期相关工作，协调处理建设中的具体事宜。“两地”成立“铜仁—湘西地区航空旅游业发展共同促进委员会”，共同促进本区域民航业和旅游业的协调发展。“两地”设立协同办公机构和协调推进机制，一方面正向促进了铜仁凤凰机场“一场”建设的加快推进，另一方面反向促进了铜仁市和湘西自治州“两地”经济特别是旅游业的快速发展。

（二）资金协同

鉴于铜仁市、湘西自治州均属于经济欠发达地区，地方政府财政能力有限，“两地”在“一场”建设过程中除共同争取国家发展改革委专项建设基金和国家民航局民航发展基金外，不足部分根据各自职责以5∶5比例共同承担机场建设资金缺口问题。同时，由于铜仁凤凰机场航班航线培育受制于资源、时刻制约以及航空公司市场化选择等因素，航班航线持续性培育发展较为困难，“两地”政府在财政财力紧张的情况下，成立“铜仁—湘西地区航空旅游业发展共同促进委员会”，负责制订航班航线培育资金筹集、使用等管理办法。通过以上两个方面举措解决了铜仁凤凰机场“飞得起来”“降得下来”难题，为机场“飞得更好”、更好地服务于“两地”经济社会发展形成了资金来源支撑。

（三）资源协同

铜仁市和湘西自治州均处于少数民族聚居地，民族文化多元融合，旅游资源丰富。除铜仁市梵净山和湘西自治州凤凰古城具有代表性外，铜仁市境内有国家级自然保护区3个、国家风景名胜区3个、国家4A级景区10个、国家级地质公园2个、国家级非物质文化遗产6个、文物古迹21个；湘西自治州境内有国家自然保护区3个、国家风景名胜区4个、国家4A级景区9个、国家地质公园3个、国家非物质文化遗产26项、国家历史文化名城和名镇5个。“两地”旅游资源星罗棋布，铜仁凤凰机场建设通航，最直接的作用是将“梵净山—机场—凤凰古城”“三点成线”，使“两地”两个著名景点便捷串联，为游客“快进”提供了现代化交通方式。同时，以铜仁凤凰机场为节点，通过“一场”将“两地”丰富的旅游资源每个节点连接起来，形成网络状旅游景点集群，为游客“慢游”提供了有利条件，为“两地”旅游资源协同发展创造了前提和基础。

（四）政策协同

铜仁市和湘西自治州在铜仁凤凰机场共建过程中，先是“两地”研究召开联席工作会议，进而成立机场共促共建和航班航线培育推进机构，为随之成功推进机场多次改扩建项目及共同申报“铜仁大兴机场”更名“铜仁凤凰机场”厘清了障碍。同时，通过铜仁市“出力出地”和湘西自治州“出钱出地”，协调机场建设拆迁、修建凤大公路延伸线，并通过“两地”共设航班航线培育资金等相关政策协同，解决了铜仁凤凰机场建设和航班航线培育过程中“一场两地”面临的重大困难和重点问题，进而为“一场”更好地服务于“两地”经济社会发展特别是旅游资源集聚协同发展提供了政策保障。

参考文献

［1］王勇、白静：《习近平区域协同发展思想刍议——“五大发展理念”向度》，《温州大学学报》（社会科学版）2018 年第 6 期。

［2］侯永志、张永生、刘培林等：《区域协同发展：机制与政策》，中国发展出版社，2016。

［3］姚远：《铜仁凤凰机场助两地共腾飞》，《当代贵州》2014 年第 6 期。

产业升级篇

Industrial Upgrading Reports

B.11

国外化工产业转型升级经验及启示

盛朝迅*

摘　要： 发达国家化工产业发展经历了从高污染、粗放型向高技术含量、清洁型的转变过程，主要经验是：通过提高环保标准倒逼产业转型升级，通过严格的法律法规保障产业健康运行，重视发挥行业协会和民间机构的作用，以公开透明的沟通机制消除公众顾虑。我国应重视借鉴发达国家的经验和做法，加快推动化工产业高端化、绿色化、集群化发展，向高质量水平迈进。

关键词： 化工产业　转型升级　长江经济带

* 盛朝迅，中国宏观经济研究院产业经济与技术经济研究所产业结构与政策研究室副主任、副研究员，主要研究方向为产业结构与产业政策。

化工产业是国民经济的重要基础行业，与一国综合国力和人们生活密切相关。化工产业由于规模体量大、产业链条长、资本技术密集、带动作用广、与人民生活息息相关等特征，受到发达国家的高度重视。美国化工产业是第一大工业产业，德国、日本、韩国等世界制造业强国，化工都是排名前三的重要产业。我国于2010年超过美国成为世界第一化工大国，主要基础大宗产品产量长期居世界首位或前列。但与国际先进水平相比，我国化工产业存在结构不优、技术水平不高、国际竞争力不强、环保压力大、安全管理不到位等突出问题，要借鉴发达国家化工产业发展的经验，特别是在环保治理方面的做法，加快推动化工产业高端化、绿色化、集群化发展，促进化工产业向更高质量水平迈进。

一 国际化工产业发展新趋势

（一）化工产业格局：向亚太地区集中

近年来，全球化工产业保持稳定增长态势。2015年，世界化工产品销售额达35340亿欧元，近十年年均增速超过10%。以中国为主的亚太地区表现抢眼，2015年中国化工产品销售额占全球的比重高达39.9%，是2005年（11.6%）的3倍多，超过排在后面的9个国家销售额的总和，是北美地区和欧盟市场销售额的总和。与之相对应，欧盟逐渐丧失了在世界化工产品销售额排行榜中的领先位置。2005~2015年，欧盟化工产品销售额占全球的比重从28.2%降低至14.7%，下降了13.5个百分点。北美地区化工产品销售额占全球的比重从25.3%降低至16.5%，下降了8.8个百分点（见图1）。展望未来，亚太地区将成为全球化工产业增长的主要动力源，但欧洲化学工业仍然是引领者，且是一个高度创新的行业。

（二）化工产业升级：绿色可持续发展成为行业发展主流

世界各国对环境保护和绿色发展的重视程度日益提升，出台了很多环境

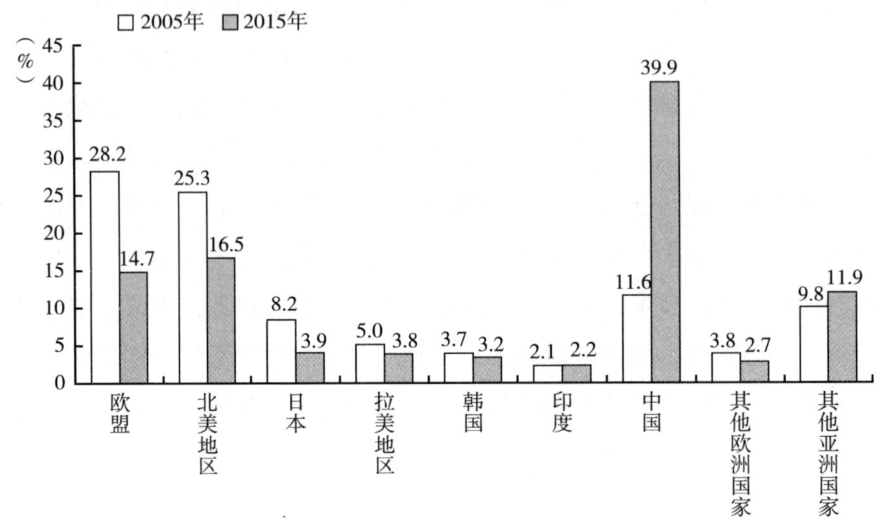

图 1　世界主要地区化工产品销售额占全球的比重变化

注：①其他欧洲国家包括瑞士、挪威、土耳其、俄罗斯和乌克兰，其他亚洲国家指除中国、印度、日本和韩国以外的亚洲国家。②化学工业不包括制药工业。

资料来源：欧洲化工协会（2016）。

方面的政策、法规，同时环境执法力度也在逐步加大，化工企业需要积极探索绿色低碳、安全环保的技术，加强与信息化技术融合，尽可能地发展环保型产品，实现清洁生产，并在节约能源和资源方面，采用先进工艺技术，降低原材料消耗；配备废水、废气、废固处理设备，最大限度地降低“三废”排放量，采取节水措施，提高水的重复利用率等。可以说，“绿色化工”已经成为行业发展潮流。

（三）企业空间布局：上下游一体化和园区化步伐加快

国外的石化园区经过几十年的发展，实现了上下游一体化，产生了集聚规模效应，达到了高质量发展水平。美国墨西哥湾地区、日本东京湾、韩国沿海港口地区、德国的莱茵河河畔等，都是通过集中投资、一体化经营，最大限度地共享原料供应，降低石油和石化产品的生产成本，提高企业在高油价时代的竞争力。比如，比利时安特卫普化工区位于欧洲的中心，毗邻欧共体总部布鲁塞尔，地处公路、铁路、水路的交通枢纽，是无与伦比的货物储存与分配中心。化工区内的企业虽然归属不同的投资者，但企业之间依靠规范的运作机制，形成了长期稳定的协作关系，实现了一体化发展（即生产装置互联、上下游产品互供、管道互通、投资相互渗透），从而使资源得到充分利用。

与之对比，我国化工产业的问题和差距比较明显。

一是创新重视不够。国外化工企业普遍把研发创新能力看作企业最重要的核心竞争力，加大研发投入、提升专利水平，并积极构建开放性和国际化的创新体系。根据欧洲化工协会统计，2015 年美国化工行业研发投入占销售额的比重为 1.7% 左右，日本更是高达 4%，而中国化工行业研发投入占全行业销售收入的比重较低，仅为 0.8%（见表 1）。从专利申请量看，中国化工企业专利申请量逐年增长，但发明专利中跨国公司占比明显高于中国本土企业，且跨国公司的发明专利大多分布在下游的炼制和化工领域，而中国本土企业大多分布在油气开发等上游领域，在专利实施率和转化率方面与国外差距较大。

表 1　全球化工行业各地区研发投入占销售额的比重

单位：%

国家和地区	2005 年	2015 年	国家和地区	2005 年	2015 年
美国	1.8	1.7	印度	1.6	1.6
瑞士	2.9	2.9	韩国	1.3	1.3
欧洲	1.7	1.8	日本	4.4	4.0
中国	0.9	0.8			

资料来源：欧洲化工协会。

二是竞争优势不强。虽然近年来我国化工行业整体规模快速壮大，但企业竞争力、盈利能力、人均收入等指标与发达国家差距较大。我国部分企业人均收入、人均利润等指标不足全球领先企业的 1/10。加快提升企业核心竞争力，培育具有竞争优势的企业，是我国化工产业必须要下大力气补齐的短板。

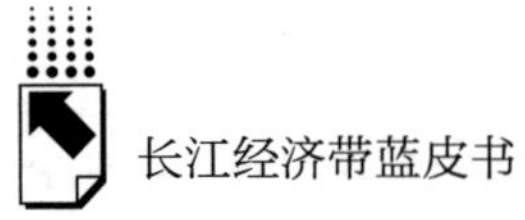

表 2 中外不同石化企业盈利能力比较（2015 年）

公司	总资产（亿美元）	营业收入（亿美元）	净利润（亿美元）	职工人数（万人）	人均收入（万美元）	人均利润（万美元）	营业收入利润率（%）	资产利润率（%）
中石油	6212	2993	71.0	159.0	—	0.45	2.37	1.14
中石化	3170	2943	36.0	81.0	36	0.44	1.22	1.13
壳牌	3401	2722	19.0	9.0	302	2.15	0.71	0.57
埃克森美孚	3368	2462	162.0	7.6	326	21.36	6.56	4.8
BP	2619	2260	-65.0	7.98	283	-8.12	-2.87	-2.48
巴斯夫	769	781	44.0	10.80	72.4	4.1	5.66	5.75
中海油	1790	678	46.0	11.0	61.5	4.18	6.8	2.57
中化集团	546	606	-0.6	5.34	114.0	-0.1	-0.09	-0.1
拜耳	803	524	45.6	11.68	45.0	3.9	8.69	5.68
陶氏化学	880	488	76.9	4.95	98.5	15.53	15.76	8.73
中国化工	574	414	-1.3	13.0	31.9	-0.1	-0.32	-0.23
沙特基础	875	395	50.0	4.0	98.7	12.51	12.67	5.72
三菱化学	361	318	3.9	6.9	46.15	0.56	1.21	1.07
杜邦	412	279	19.5	5.2	54.0	3.76	6.99	4.74

资料来源：中国石油和化学工业联合会（2018）。

三是一体化程度不高。几乎所有跨国公司的发展战略都贯穿了一体化的发展理念。如德国巴斯夫的一体化理念诞生于其位于德国路德维希港的一体化基地，之后该理念不断完善，并推广到其位于南京和马来西亚的一体化项目。埃克森美孚公司90%以上的化工生产、炼油和天然气生产都实现了一体化。而国内化工企业一体化程度亟待提升，部分化工园区产业门类混杂，化工企业毗邻食品企业的现象比比皆是，一些化工园区虽然都是化工企业，但彼此之间产品没有关联。

四是绿色发展任重道远。近年来，我国化工产业突出生态环保导向，推进绿色发展取得突出成绩，但也存在很多问题。比如，资源能源消耗总量高，“三废”排放量大，特别是石化行业 VOCs 排放量大，近年来占工业源 VOCs 排放量的比重超过40%，成为 VOCs 治理的重点行业。此外，由于石化行业原料种类多、工艺路线长，产生的废物种类多、成分复杂、处理困难，造成污染治理难度较大，安全环保事件时有发生。部分企业主体责任不落实、安全环保意识薄弱、投入不足、工艺技术装备水平落后、标准体系不完善等问题突出。

二　国外化工产业转型升级的主要做法

（一）通过提高环保标准倒逼产业转型升级

发达国家推动化工产业转型升级，主要是通过提高环保标准，迫使行业从基础型、高污染逐步向清洁型、高技术含量转变。比如，二战以后，美国工业发展导致大气及水体污染严重。由此，美国开启了污染防治进程，通过建立监管机构、提高技术标准水平、采用经济激励、调动公众参与等多种措施逐步改善了生态环境。英国治理大气污染也是通过加强科学研究、制定严格标准、积极推广节能减排技术、扩大清洁燃料使用范围等综合治理措施，才最终取得成功。需要指出的是，发达国家促进化工产业转型升级和环境治理是一个比较长的历史进程，并非一蹴而就，一般经历了30~50年，英国更是经过了一个半世纪的努力。

（二）通过严格的法律法规保障化工产业健康运行

主要发达国家高度重视法律手段，通过制定严格的环保法律法规，促进化工产业健康发展。如英国在治理大气污染过程中，从早期的《烟尘禁止法案》（1821年）、《德比法案》开始，一直到后来的《清洁空气法案Ⅰ》（1956年）、《清洁空气法案Ⅱ》（1968年）、《污染控制方案》（1974年）等，连续出台了多个法案促进重化工业转型升级和污染治理，给公众和企业明确的预期。德国制定了《联邦污染防治法》作为安全环保工作的基本大法，与《联邦防泄漏法》、《消防法》、《联邦污染防护条例》、《处理有害物质的特殊规定》以及欧盟《塞维索Ⅱ准则》等共同构成化工企业安全、环保工作的基本法律法规框架体系，对化工企业从规划、建设、运行直至废弃物处置全生命周期过程的安全、环保问题进行了明确的规定。统一完善的法律框架体系可有效避免法规不一、标准不一、政令不一的问题，并给予企业一个透明的、公平公正的预期，有利于政府部门协调对化工企业、化工园区的安全、健康、环保、消防、设备等工作的监管，也有利于减轻企业负担。

（三）重视发挥行业协会和民间机构的作用

德国高度重视行业自律、公众和行业协会参与等对化工产业升级的作用。德国北威州鲁尔地区及其所辖的科隆市附近，就有覆盖联邦（全德国）的原材料与化工同业公会、科隆化工联盟、化工合作网等多个行业性组织在发挥作用。行业自律组织的高度发达，不仅有效地促进了行业健康发展，在安全技术研发推广、安全管理及行业自律监督等方面也发挥着重要作用。一些科研机构和大学也为化学工业提供了前沿的技术研发和高素质的人才基础，确保了德国化学工业的长期安全、健康和高品质发展。在应急救援方面，德国重视民间救灾力量的培育。如德国联邦国民灾难救援总署（THW）在全国设有668个基层国民灾难技术救援组织，共有8万多名训练有素的救援人员，其中99%为利用业余时间参加训练和救援工作的志愿者。以志愿者补充救援力量，可使政府部门节省大量运行开支费用，从而可将资金用于技术装备水平的提高。另外，民众的广泛参与，也使得整个社会的安全意识、安全文化、对政府的认同得到明显提升。德国巴斯夫消防队在德国化学工业协会及政府建立的“运输事故信息与应急响应系统”（TUIS）中发挥了领导作用，可为运输事故现场处置提供电话指导、现场指导及现场协助三个级别的应急响应支持。

（四）以公开透明的沟通机制消除公众顾虑

20世纪80~90年代，德国化工企业也和目前中国化工企业一样受到来自社会各界的批评，人们“谈化色变”，恨不得将化工企业“一关了之”。但通过长期坚持安全环保标准和公开透明的沟通机制，德国化工产业最终取得了全社会的信任。比如，巴斯夫始终秉持“将经济成功、社会责任和环境保护相结合”原则，高度重视企业社会责任，在全球范围的大型生产基地周边设立社区咨询委员会（CAP），在生产基地管理层与周边社区居民之间搭建了一个开放而坦诚的对话平台，做到与周边邻居的定期主动沟通。

三　对我国化工产业发展的启示

（一）加快推动化工企业入园发展，实现上下游一体化

化工园区要形成综合竞争力，必须重视内部一体化发展，增强成本意识，尽量形成产品原料互供，将各个工厂用管道相互连接，形成增值链。要充分考虑利用化学工艺流程所产生的能量转换为蒸汽，为其他工厂的生产流程提供能量，推动生产、能源、废物流通、物流以及基础设施的一体化，从而实现社会、经济、环境效益最优。要坚持“统一规划、合理布局、严格准入、一体化管理”的原则，做好园区的规划选址和企业布局，严格园区内化工企业安全准入，加强园区一体化监管，推动园区与社会协调发展。要建立“责任明确、管理高效、资源共享、保障有力”的园区安全管理工作机制，将园区内企业之间的相互影响降到最低，强化园区内企业的安全生产管控，夯实安全生产基础，加强应急救援综合能力建设，促进园区安全生产和安全发展。

（二）通过标准、法律法规引导企业和公众预期，促进产业健康发展

国外化工企业在发展过程中也经历了被社会误解的过程，但通过长期坚持安全环保标准和公开透明的沟通机制，最终取得了全社会的信任。我国化工产业的转型升级，要重视通过环保标准和法律法规引导企业减量、达标排放，实现绿色发展。当前，我国化工产业仍处于项目集中上马的快速发展阶段，与公众的沟通还停留在粗放、无序的阶段。要学习借鉴国外企业的先进

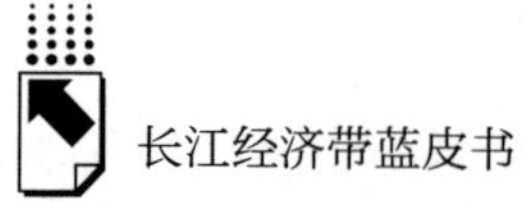

做法，重点在项目规划设计、选址、施工和生产运营全过程中与公众特别是周边社区居民顺畅沟通，邀请主流媒体、公众等参加企业咨询委员会，及时了解企业发展动态，为企业发展提供咨询建议。

（三）鼓励先进技术研发和推广，增强产业发展持久动力

当前国内较先进的大型石化园区项目以引进技术为主，具有自主知识产权的自有技术不多。而一些小化工园区更是成为落后产能的集聚地。区域研发投入和科技人员比例与国外园区相比，尚有较大差距。以德国路德维希港巴斯夫化工园区为例，园区内共有员工3.2万多人，其中研发人员有5000多人，约占总人数的16%。而在国内处于领先水平的园区如南京化工区，企业科技人员也仅占职工总数的10%。可见，我国化工产业仍需要加大科技创新投入力度，增强自主创新能力。建议加快培育创新型企业，通过各种手段支持企业建立工程技术中心等研发机构，着力组织自主创新产业化项目。通过提升园区项目入园门槛，优先选择有自主创新技术、产品能填补国内空白的项目。同时，加快园区创新载体建设，建立产学研合作平台和若干产业创新中心，加速提升行业自主创新能力。

（四）完善市场化机制，促进产业健康发展

国外一般采用市场化的方式促进化工产业健康发展，通过发挥协会作用、建立市场化工伤保险制度、完善同业公会制度等，充分调动企业安全生产、绿色升级的积极性。如德国建立国家安全监察和工伤保险同业公会监察的双轨制模式，在安全生产工作中发挥了重要作用。我国企业安全生产仍处于制度建设初期，工伤保险杠杆作用还没有发挥出来，安全生产事故预防“两条腿”走路的大格局还没有完全形成，政府主导色彩较浓，企业尚没有从被动应付检查模式向主动自主管理模式转变，工伤保险杠杆在安全生产工作中还有很大作用空间。应积极推动国内高校、科研机构、社团组织、化工企业、化工园区联合建立行业自律组织，通过优化的关系网络、技术联盟，提高企业管理水平，开展行业自律监督。

B.12
建立长江经济带跨区域产业联盟合作机制研究

王云平*

摘　要： 从理论上看，产业联盟是介于企业和市场之间的中间组织，其合作机制以“产学研介政”联动为基础，以获得合作收益为动力，以契约或者实体公司为连接纽带，以解决产业发展共性问题为目标，对产业创新发展和转型升级具有明显作用。长江经济带产业联盟的主要特征是，行业分布主要集中在各地主导产业和特色产业，产业联盟以省内产业联盟为主，跨省市产业联盟很少，产业联盟成员多元化，主导力量存在差异，成员合作以契约联系为主，联盟模式较为单一。立足长江经济带产业联盟建设现状和问题，以党的十八大以来会议精神为指导，借鉴国内外先进经验，按照“市场主导、政府指导，多元共治、分类施策”的总体思路，推动完善跨区域产业联盟合作机制。

关键词： 长江经济带　产业联盟　产业创新发展

产业联盟是介于企业和市场之间的中间组织，在某一特定产业领域，由大量相同或相关产业的企业及其辅助、支撑（科研）、中介等机构组成，以

* 王云平，中国宏观经济研究院产业经济与技术经济研究所主任、研究员，研究方向为产业结构调整与产业政策、产业转移。

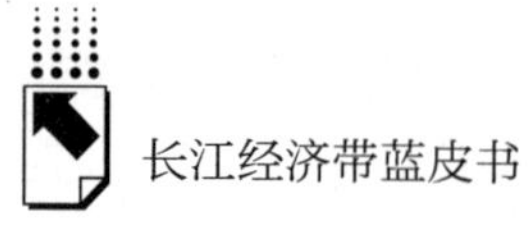

产业发展内在需求和合作伙伴共同利益为基础而结合成的组织体。从联盟成员的区域来源看，可以分为国际性产业联盟、全国性产业联盟、跨区域产业联盟和地区性产业联盟。

一　产业联盟合作机制的理论分析

产业联盟运作体系里，包括成员组成和运行方式、合作纽带、合作平台、动力、约束机制等内容，它们相互关联、共同协调，为产业发展提供良好的平台，确保产业联盟在战略上实现自身价值目标。

（一）产业联盟合作的运行机制："产学研介政"联动

1. 产业联盟各成员承担不同角色

产业联盟整合企业、科研院所和学校、中介、政府等各种单位组成，作为整合平台，汇集了各种创新活动，在了解联盟成员的需求、形成联盟内部成员间充分的信息共享、促进联盟成员与知识服务机构开展合作交流等方面发挥了重要作用，使各种创新要素通过整合平台实现真正意义上的互动，通过合作研发、标准制定、市场拓展等，提高企业的创新能力，形成各个联盟的品牌效应。

企业是产业联盟的主体，产业联盟最终是为企业服务的。高校和科研院所是高科技知识和人才的集聚地，在把握行业尖端技术走向和技术研发方面具有比较优势，产学研资源的有效互补将极大推动产业技术水平的提升。中介机构通常具有信息渠道普遍、信息资本丰富、专业性较强的特点，可以为联盟的发展提供全方位的服务。政府则主要是为产业联盟提供配套支持和创造良好的发展环境。

2. 产业联盟合作因不同产业特性有不同运行机制

立足于政府和市场关系，对于不同产业特性，不同组成成员在产业联盟中发挥着不同主导作用，因而产业联盟有着不同的运行机制。

（1）政府主导型运行机制。主导产业和一些战略性高科技或关键性战略产业领域，以及产业处于生命周期成长阶段的领域，这些是市场失灵的主要领域，需要政府在产业联盟组建中发挥主导作用。

（2）学研驱动型运行机制。大多基于科研成果的产业化或技术研发需求，仍然需要政府发挥作用，但政府不需要直接投资，往往通过支持学校和研究机构的方式来支持产业联盟发展。

（3）市场导向型运行机制。当产业处于生命周期的成熟阶段，或面临的是比较发达的市场中介、金融市场和创新的社会文化时，宜采用市场导向型运行机制，这是国内大多数产业联盟的选择，主要由我国相关领域龙头企业和大中型骨干企业主导。这类产业联盟大多面临比较成熟的产业和发达的市场，政府不过多参与和干预，而是通过提供完善的创新服务体系来支持技术创新活动。

（二）产业联盟合作的动力源泉：获得合作收益

产业联盟是为了解决产业发展中的共性问题而产生的。从产业联盟的目标出发，产业联盟包括研发合作产业联盟、产业链合作产业联盟、技术标准产业联盟①、市场合作产业联盟②、社会规则合作产业联盟。可以说，产业联盟成员合作，能够比单一企业获得更多的收益，主要体现在：一是将产业共性问题，由单个企业的外部问题转化为产业联盟的内部问题，有助于降低市场交易成本；二是单个企业往往不具备解决问题的足够资源，如技术、市

① 科技创新速度使很多企业意识到传统标准组织制定标准的速度已经不能满足市场的需求，企业自身必须尽快制定新的技术规范用以迅速打开市场，而通过正式标准的制定程序形成标准的时间会过长。传统的标龄长，制定、修订标准慢的情况则困扰很多企业的生产经营，甚至会阻碍企业核心技术的推广应用和健康发展，需要重点保护的民族品牌也很可能面临尴尬的发展局面。单独一个企业由于各方面存在局限性，无法左右市场，很难独自控制标准。于是，具有相同利益追求的企业共同合作，形成产业标准联盟，共同制定联盟标准。

② 从20世纪80年代开始台湾地区的信息产业出现了大量由中小企业组成的市场合作产业联盟共同学习境外新技术、联合与上下游企业谈判、共同商定产品接口规范等。台湾中小企业组成的市场合作产业联盟对其电子信息产业集群的形成发挥了重要作用（John. A. Mathews，The Originsand Dynamics of Taiwan's R&D Consortia，2000）。

场、资本、知识产权、品牌、公共关系等，产业联盟是企业共同投入资源解决产业共性问题的有效工具；三是帮助联盟内企业通过联合采购、联合销售、联合开发或者共同投资基础设备等实现规模经济；四是为联盟内企业提供了共同学习的平台，包括联盟企业间的互相学习和联盟企业共同学习国外先进技术。

（三）产业联盟合作的纽带：契约或者实体公司

产业联盟通过契约关系使各成员之间有机结合，这种契约型联盟是当前产业联盟的主要运行模式。联盟常常根据合作项目的不同阶段适时地与合作伙伴间拟订不同的合同，即采用动态合同契约连接合作伙伴，这种模式的主要优势是灵活，缺陷是联盟不稳定，成员之间彼此信任度不高，对联盟的责任感、控制力弱，易出现“偷懒”“搭便车”等道德风险。实体公司型产业联盟有法人实体型和非法人实体型两大类。主要通过采取股份合作制企业模式、模拟公司模式、聘请专业化的经营管理有限责任公司实施管理等方式来推动产业联盟发展，利益一致性使得联盟关系深度和稳定性提高。实体型联盟往往出现类似于大型企业的通病，即初始投入大、投资难度大、转置成本高等导致联盟灵活性差，而且公司化运作比契约运作的制度成本更高，从而使得难以被广泛采用。

（四）对产业创新发展和转型升级具有明显作用

一是合作创新，推动产业创新发展和转型升级。产业联盟能在某一领域形成较大的合力和影响力，不仅能为成员企业开拓新的市场，也有助于企业专注核心业务的开拓；通过资源整合将企业优势组合在一起，通过产业链上中下游企业之间的合作和协同创新，节约交易成本，降低市场风险，减少企业组织费用；相对于企业并购等模式，产业联盟能以较低风险实现较大范围的资源调配，成为企业优势互补、扩展发展空间、提高产业竞争力、实现超常规发展的重要手段。产业联盟还能够初步建立合作集成的技术创新模式，更多的产学研机构合作、集成各自优势发展新技术，促进创新资源多方位合作与衔接，通过搭建研发创新、测试验证、技术标准、资源与信息共享、重点实验室、工程中心、人才培养等公共服务平台，形成新的产学研创新机制。

二是实现共性关键技术突破和标准创制，带动产业创新发展。产业联盟依托于科技资源优势，推动企业与高校、科研院所重新配置资源形成新的创新联合体，着力突破一批关键核心技术，创制一批重大标准，促进知识创新优势向产业核心竞争优势转变。产业联盟的标准往往要高于国家标准和行业标准，具有产业发展的引领作用。目前国际通行做法是，若干形成产业链的大公司组成产业联盟，利用联盟力量共同开发新技术，将具有自主知识产权的专利融入本产业联盟制订的标准中，按照标准生产新产品，向世界迅速推广产业联盟标准和产品，快速占领市场，对那些采用本联盟标准的企业收取专利费，获取最大的经济利益。[①] 企业通过组成论坛等技术标准联盟、共同研究开发并推出论坛标准的活动渐成潮流，其在国际技术标准化中的地位越来越重要。

二　长江经济带产业跨区域联盟合作机制的现状特征

（一）产业联盟的行业分布主要集中在各地主导产业和特色产业

从各省市产业联盟所涉及的产业领域来看，既与各省主导产业密切相关，也与国家产业政策对该产业的关注度密切相关，充分体现了长江经济带各省市产业发展的特色。例如，浙江宁波外贸特色明显，该地将外贸活力企业汇聚起来，整合外贸产业链资源，建立智慧外贸云平台，打造围绕外贸行业的服务生态系统的“智贸汇外贸产业联盟”；2010 年以来，重庆市成立的产业联盟（包括产业技术创新战略联盟）共有 13 家，主要涉及

① 国内产业联盟标准主要包括：一是由官方或官方指定机构通过公开透明程序制定的“官方标准”；二是由企业集群，以论坛、联合体、协会、集团等形式自主协调，以类似于官方标准的公开透明程序制定的“论坛标准”；三是由单个企业或企业集群等制定，并最终在市场竞争中取得垄断优势的“事实标准”。

的产业与重庆市主导产业发展紧密相连，如战略性新兴产业、医疗器械、文化创意产业、物联网产业、数字出版、游戏、外贸等；湖北省共成立产业联盟 56 家，涉及的产业领域广泛，主要集中在战略性新兴产业、农业、基础设施及建筑、物联网、工程设计、医药健康、应急产业、媒体、食品安全及矿产资源等。

（二）产业联盟以省内产业联盟为主，跨省市产业联盟很少

根据实地调研，各省市产业联盟以省（市）里为主，绝大多数是由本省域内的企业、科研单位组成，有少数产业联盟有省外成员企业，基本上是本省企业扩张布局到省外的子公司。但是部分新兴产业如机器人、旅游等领域有跨省市联盟的趋势，如上海长江流域建立智能制造与机器人产业联盟、湖北长江旅游推广联盟等。上海长江流域建立智能制造与机器人产业联盟涵盖了长江流域内智能装备和机器人产业的生产、营销、技术和服务等，将推进产业协同创新；2015 年，在湖北省委、省政府推动下，长江沿线湖北、重庆、安徽、上海等 13 个省市旅游部门以及相关旅游企业组建了长江旅游推广联盟，是首个全国性跨区域旅游联盟。

（三）产业联盟成员多元化，主导力量存在差异

产业联盟成员包括企业和数量众多的非企业成员，如高校、科研机构和其他事业单位或社会团队。通过对湖北、江苏等地的调研发现，非企业成员占产业联盟成员的比重为 40% 左右。许多产业联盟不仅包括高校、科研机构和第三方机构，整个产业链各个环节都有相应企业加入。产业联盟设有牵头单位（或叫作理事长单位），承担责任的法人主体，尤其是对国家科技计划项目实施总负责，并对科技计划管理部门负责；同时，牵头单位又往往是产业联盟的依托机构或秘书长单位，负责组织实施合作创新项目和联盟的日常管理。产业联盟的牵头单位呈现出多元化的特征。牵头单位可分为：一是企业，基本都是大型国有企业，或转制后的科研院所，由一家或几家企业牵头，通过建立信息交流平台，实现企业和其他相关主体的沟通与交流，监督和管理

工作则由企业选派代表组成的委员会或相关的行业协会实施。二是高校或科研机构，通常是国内的一流大学或科研机构。这两类牵头单位要么具有强大的市场影响力和产业链整合能力，要么拥有雄厚的技术实力。三是行业协会等社团法人或事业单位，此类牵头单位相对较为特殊，联盟成员往往也是行业协会的成员，产业联盟在一定程度上是行业协会的延伸。大多数的联盟都是在政府部门的推动下成立的，企业主导的产业联盟不到1/5，学研驱动型联盟占比更小，说明企业参与组建产业联盟的积极性和主动性有待提高，高校、科研单位以及行业协会的引导功能需进一步加强，尤其是行业协会的指导工作需要改进。

（四）成员合作以契约联系为主，联盟模式较为单一

长江经济带地区甚至我国的产业联盟发展历史较短，发展模式还在不断探索中，加上大多数产业联盟还是由政府主导，是从传统的项目申请合作单位发展起来的，成员以项目为出发点，通过契约方式形成合力，属于契约型产业联盟，在完成项目合作后，成员关系往往自动解除。即使是出于其他目标组建的产业联盟，也主要是以契约为纽带来连接各成员，通过契约规定各自的责、权、利，建立相应的利益分配机制，难以发挥不同风险投资机构的资金支持和风险分担作用。而实际上，多数的产学研结合项目具有高风险、缺乏抵质押物等特点，无法满足金融机构风险防范的需要，致使项目从基础性研究、中试到产业化各个环节都面临金融支持不足的问题，缺乏稳定的金融支持机制。

三　长江经济带跨区域产业联盟合作机制的问题及原因

（一）问题

1. 跨区域产业联盟在创新水平要求高、关联性和互补性强的领域较少

从目前各地组建产业联盟的情况看，跨区域产业联盟的数量少，而且，

创新水平高、关联性强、优势互补的产业领域应该是跨省市产业联盟的主要落脚点，但恰恰是在这些领域跨区域产业联盟很少涉及。目前长江经济带各省市需要协同互补合作的领域是生态建设方面，这是长江经济带建设中的优先领域，环境治理是长江经济带共同面临的问题，单靠一省之力无法完成。长江经济带各省市的节能环保企业大多研发能力弱，竞争能力不足，难以形成完善的产业链和实现创新突破。无论是环保问题层面还是企业层面，实现协同发展的要求都比较迫切。另外，节能低碳环保产业联盟、土肥水事业协同发展创新联盟、园林科技创新战略联盟、循环经济产业集群发展联盟都需要跨省市合作，但恰恰这些领域没有得到有关省市的重视。

2. 产业联盟合作具有明显的短期功利性

产业联盟大多属于契约型产学研合作组织，以项目合作的方式出现，未能实现产业联盟合作伙伴的互动和交流。在完成项目合作后，成员间的关系自动解除。联盟内各成员之间关系契约不明确，责、权、利划分不清晰，利益分配不公平和协调机制不完善，影响了联盟运行的协调度和稳定性。管理人员在联盟时往往过于考虑在其任期内的合作，过分谋求短期效益，导致“人走盟散”。甚至还有个别联盟就是为了获取优惠政策、套取政府资源支持等临时组建而成。

3. 产业联盟合作的经费不能得到有效保证

大多数联盟的组织松散，经费由牵头企业承担，有的则依赖联合申报科研项目获得经费，获得支持的额度和范围有限，少数是由各盟员通过交会费的方式承担日常费用，但盟员交费的积极性不高。绝大部分联盟缺乏稳定的产学研合作资金来源，甚至连日常工作运行的经费都不能保障。

4. 产业联盟合作机制的内生动力不足

近年来产业联盟发展较快，这是中央和地方两级政府政策激励的结果，部分联盟成立的目的是争取国家和地方政府的科技项目，获取政府资金。联盟组建带给各盟员的合作收益主要体现在科研项目资金上，其他真正解决产业发展共性问题的合作收益还没有体现，企业和盟员对合作收益的预期信心不足。无论是企业主体，还是高校科研院所，对于建立产业联盟均有着不同的利益追求，缺乏真正的整合，没有内在的迫切需要。另外，由于产业联盟受政府影响大，产业联盟的组建受“政绩形象工程”驱动，“形式主义”“表面文章”“好大喜功”现象比比皆是，组织成本和运行不确定性严重威胁着产业联盟的合作收益。

5. 产业联盟的责、权、利机制不完善

长江经济带各省市的产业联盟建设还属于初创阶段，大部分产业联盟缺乏明确的利益分配机制，权利和义务不清晰，对科技成果转让、合作成果的知识产权归属、相互兼职待遇等问题没有具体的规定和约定，利益共享、风险共担的利益分配机制尚未建立起来。产业联盟管理运行中的联盟成员单位之间的科技人才联合聘任、人才培养和人才交流的机制尚未形成；组织关系松散，缺乏实质性合作。

6. 政府支持的产业领域过多

许多省份对产业联盟的支持，既包括国家相关重点产业，又包含许多本地特色产业，到地市一级，又支持地市一级的特色和主导产业，政策重点过于分散，没有突出主导产业，从而存在政策的“撒胡椒面”问题。

（二）原因

1. 社会各界对产业联盟合作机制的认识不足

产业联盟在全国范围内推广时间较短，还属于新鲜事物，对产业联盟的研究较少，企业、高校、科研单位等合作各方在产业联盟的内涵、运行模式、地位以及作用等方面尚未达成共识，在相互学习即信息交流的过程中就有可能形成“学习的悖论”。对产业联盟的认识往往过于片面，有的只是单方面看到联盟在促进产业升级和推动技术创新中的作用，而对联盟有可能会出现的市场失灵情况、技术垄断等弊端则认识还不够到位，导致联盟的基础建设和公共服务资金投入不足，不能创造良好的服务环境，无法为创新服务主体提供丰富且深入的公共服务资源。企业也往往出于“趋利”性考虑，认为产业联盟就是“合伙报项目”，没有认识到产业联盟的深刻意义。

2. 产业联盟发展缺乏明确的法律法规支持

当前我国产业联盟主要以契约形式对各个成员进行约束，而非通过法律程序经过注册的经济实体，我国现有的《公司法》和《知识产权保护法》等没有针对产业联盟的具体性规定，造成无法解决非经济实体所产生的问题。产业联盟不具备法人资格，导致联盟内部重要文件，如联盟协议、内部制度等均无法通过登记备案制度获得公权力的强化；联盟很难实现技术中介的功能，没有权利对经费进行划拨，联盟本身不能对联盟成员进行有效的项目监督。联盟内部合作各方之间共同约定的违约责任就成为维护联盟关系最主要的法律保障。我国目前诚信体系欠完善，联盟成员的违约成本相对较低，产业联盟在实际运行中存在巨大的潜在风险。

3. 促进产业联盟发展的政策滞后

目前我国产业联盟主要由科技、财政、工信等部门共同推动，但各部门之间没有建立有效的沟通和协调机制，各部门从各自的工作重点出发出台相应的支持政策，既存在政策交叉又存在政策空白。比如，目前的政策重点偏向于提高大学和科研机构的科研能力，忽视了企业间技术联盟整合能力的提高，为联盟发展而制定的配套政策尚不完善，缺乏引导产业联盟的科技计划；对产业联盟的监管问题也没有充分的政策措施。需要研究出台一个关于跨区域产业联盟的综合性政策，真正保障产业联盟的有效有序发展。

4. 建设跨区域产业联盟的区域市场一体化远没有形成

跨省市协同发展的产业联盟首先要突破地区和行业间的行政壁垒，但目前长江经济带各省市之间发展不均衡，市场开放程度不高，地方保护主义严重。各省之间为了争夺资源和项目，出现恶性竞争。调研发现，某些产业联盟成立的初衷，就是开发区企业联合起来对付外地企业，以图垄断本地市场。

四　主要发达国家建立产业联盟合作机制的政策经验

美、日、欧等发达国家和经济体重视产业联盟合作机制建设，政府采取的相应政策措施，可为我国制定相关政策提供政策参考。

（一）发达国家产业联盟的行业和领域分布特征

美国、日本、德国等国组建产业联盟的领域主要集中在市场失灵领域，具有以下特征。

（1）关键性领域。产业联盟开发的技术要符合国家产业发展的总体战略需要，瞄准的是事关产业竞争力提升的关键核心技术，要起到国家重大产业计划实施主体的作用。日本政府在20世纪70年代设立的超大规模集成电路（VLSI）技术研究组合，就是着眼于提升计算机产业竞争力，在半导体领域缩小同美国的技术差距。

（2）基础性领域。德国组建了很多产业联盟关注光伏技术长期发展的基础性问题，如新型光伏单元及材料的创新性研究、纳米技术的应用等；光伏过程中物理机理、化学机理的研究及过程的优化，如阻止退化及表面失效的基础性研究；新型科研手段的应用，如现在数学模拟方法的应用等。

（3）周期长、投入高、风险大的领域。各国家和地区大多在生物医药产业建立了产业联盟，生物医药周期长、投入高、风险大以及知识密集等特点，使得生物医药产业技术创新成为高壁垒领域。

（二）主要政策措施

1. 完善法律，规范产业联盟发展

一是鼓励企业和研究机构以联盟形式开展创新、提高资源配置效率和产业竞争力，制定合作研发创新的法律规范，减小对市场竞争的负面影响。1984年美国颁布了《国家合作研究法案》，打破了《反垄断法》对产业联盟的限制，鼓励建立研发联盟。1993年，美国对《国家合作研究法案》进行了修订，增加了可以合作生产的内容，并形成《国家合作研究和生产法案》，允许产业联盟进行合作生产。2004年，美国产业联盟已经登记注册942个。二是在产业联盟组织架构、参与成员、成果转化等方面形成一系列有利于产业联盟发展的政策环境，提高产业联盟研发的积极性和效率，并减少产业联盟的经营成本。日本制定一系列法律法规来规范产业联盟发展，特别是2009年将《工矿业技术研究组合法》更名为《技术研究组合法》，在保留了原有的财政和税收优惠政策的基础上，增加了新的内容：①放宽了联盟成立的条件，如不再规定只有企业才可以参与研究组织，把范围扩大到企业、大学、独立行政法人研究机构；②增加了联盟的灵活性，如规定研究组织可以重组为法人实体，包括股份有限公司、合伙公司或新的研究组织，从而为研究成果的商业化和利用股市筹措研究经费等提供了法律依据。

2. 强化对产业联盟的财税支持

日本产业联盟的研究经费，除由成员企业分摊外，主要来自政府的研究补助。除直接财政补贴以外，日本在税收方面也对产业联盟进行了倾斜。美国也从未减小对产业联盟的财税支持力度。美国联邦政府对产业联盟的支持主要是为了促进产业联盟的研发和生产，聚焦公共福利的技术和产品，如美国政府通过大量经费投入，保证了半导体制造技术研究联合体（SEMATECH）非营利性研究的顺利开展。德国对产业联盟的财税支持则主要集中在战略性领域，以便使其快速突破重大技术，占领国际竞争制高点。

3. 对产业联盟的技术和产品进行政府购买

日本政府将技术研究开发组合等产业联盟视作国家重大产业技术计划的实施主体和创造知识产权及产生重大技术标准的重要平台，往往将各类国家重大产业技术开发及标准项目以委托费或补助金方式交给产业联盟具体实施，政府通过直接向技术研究组合形式的产业联盟购买来主导产业联盟的发展，进而促进日本的创新发展和重大技术突破。

4. 参与产业联盟的组建和运行

在产业联盟组建和运行过程中，政府的主要作用除了资金投入外，更重要的是组织协调和沟通，促进各方合作。日本产业联盟的秘书长，通常由通产省退休不久的官员担任。美国政府重视产业联盟参与方的沟通和交流，通过组织官员参与联盟、建立技术交流会等来促进成员企业的合作。

5. 建立和开放公共基础研究设施

政府对产业联盟的支持还表现在建立基础设施研究机构，促进国家公共研究平台为产业联盟服务。在20世纪的最后几十年里，日本政府不断推动国有大型研究设施开放，并资助民间企业建立共用研究设施。

6. 强化对产业联盟运行的监督

在给予产业联盟资金支持等的基础上，政府大都会监督产业联盟的运行，跟踪产业联盟的资金使用。美国政府从各方面强化对产业联盟运行的跟踪和监督。美国审计署（GAO）根据政府审计标准，每年对 SEMATECH 的财务状况进行审计。除此之外，GAO 还对研发进度、联盟管理情况以及产业发展水平进行评估。

五　对策建议

（一）总体思路

立足长江经济带产业联盟建设现状，以党的十八大以来会议精神为指导，借鉴国内外先进经验，按照“市场主导、政府指导，多元共治、分类施策”的总体思路，推动完善跨区域产业联盟合作机制。

1. 市场主导，政府引导

党的十八大以来，“市场在资源配置中的决定性作用和更好发挥政府作用”成为我国各项经济活动的原则。作为经济活动中的重要组织，产业联盟组建的出发点是解决产业发展的共性问题，也应该遵循市场规则，尽可能发挥市场在产业联盟合作机制的主导作用，政府既要弥补市场不足、纠正市场失灵，又要防止干预不当、避免政府失灵，促进联盟的健康发展。

2. 多元共治，分类施策

产业联盟组成既有骨干企业，还包括科研机构、中介机构，甚至政府部门也直接加入，部分产业联盟还引入上下游客户，需要产业联盟组建时选择好合适的组织合作形式，行业协会、高校、企业等都可以牵头成立，要求对合作系统内相应的制度体系进行调整，营造良好的合作技术创新环境，各成员厘清责、权、利，真正建立一个多元共治的合作机制。要立足不同产业的特性，对于不同功能定位、分布领域、运作机理、发展阶段的产业联盟，制定有针对性的支持方案，进行分类引导。对待成立或刚成立的产业联盟政府可起到主导作用，加大监管和资金支持力度，以此引导产业联盟发展，而且政府的介入通常能营造良好的信用环境，有助于提升成员间的信任度，促进联盟顺利运行。对于发展逐步成熟的产业联盟，政府可逐渐把主导权放给市场，以弥补市场低效、信息不对称等市场失灵问题为主，把工作重点放在提供优质政策服务上。

（二）不断完善产业联盟自身机制建设

1. 创新产业联盟模式，增强产业联盟发展的可持续性

探索建立形式多样的产业联盟模式，鼓励建立法人实体型产业联盟模式。立足法人实体型产业联盟模式，鼓励引进风险资本来解决联盟企业资金问题和完善联盟的治理结构，提升产业联盟发展的可持续性。

2. 完善利益分配和激励机制

引导联盟内部建立自我监督与评估机制。以公开、公正、公平为原则，严格按照规章制度进行利益分配，实现联盟企业各成员合作共赢。保护联盟内各企业的专利、著作权、商标、商业秘密等知识产权，建立联盟成员之间知识产权的许可和转让的优惠制度。

3. 建立良好市场秩序，打造品牌效应

积极组织沟通联盟成员之间的关系，协调产品开发，做好产品和企业资质认证工作，提倡联盟内成员之间优先采购和选用的合作原则，提升联盟成员在系统领域的研究开发、生产制造的整体水平。建立联盟的网站和宣传渠道，在加强联盟信息交换的同时提升联盟在业内信息化的影响力，有计划地发展联盟成员。建立专业人才库。

（三）大力发挥地方政府的引导和支持作用

1. 推动重点领域组建产业联盟

大多数领域的产业联盟可以由市场导向的自组织形式来组建。但在部分重点领域，为了国家或区域特定产业发展和创新目标，地方政府要采取主动

方式从外部促成联盟的组建。

2. 完善支持产业联盟发展的财政和金融手段

完善税收优惠、政府补贴等制度，构建政府资金的引导支持机制，探索多元化资助方式。在联盟先行投入的基础上，积极探索无偿资助（含后补助）、贷款贴息、风险投资、偿还性资助等多种方式支持联盟发展。对联盟承担的项目采取先启动、后资助的方式，对公共技术研发平台的合作建设项目采取贷款贴息、风险金投资等方式。积极与国家有关部门对接，力争在支持产业联盟发展方面取得新的政策突破。

3. 政府采购支持产业联盟的产品

对重点扶持产业、重点技术领域、基础研发领域的产业联盟研发成果及产品进行加大采购力度，有效减小相应产业技术领域的研究成果与产品在投放市场的前期风险。

4. 促进产业联盟质量不断提升

利用政府的公信力和号召力，促进联盟间相互学习和交流，定期组织经验交流活动；引导联盟明确发展方向等。在产业联盟评价体系中建立第三方评价机制，做好产业联盟评价工作，形成竞争激励机制。支持联盟建设联席会议制度、专家委员会制度、联盟轮值制度等现代运行制度，让更多的企业与单位参与联盟运作，推动联盟形成开放高效互动的现代市场化运行管理制度。对于运作规范、条件成熟的产业联盟，可以支持其注册为企业法人，加大对联盟开展业务的支持力度，推动联盟可持续发展。如果长期没有开展实际工作的产业联盟，可以依法合规予以解散。引导企业制定特定的技术标准，为企业进入产业联盟设置一定门槛，防止投资重复，防止投向低于标准的其他技术方案，优化、节约创新资源。

5. 加强宣传，弘扬联盟的协同创新文化

制订产业发展所需的相关技术标准，定期举办联盟内的信息交流、研讨等活动，增进社会各界对产业联盟的了解和认识，提升产业联盟的影响力。

6. 完善监管机制

对政府主导项目经费使用情况、政府主导项目进展情况、主导项目技术扩散情况、联盟的项目技术成果分配情况进行监管。构建区域产业联盟的风险预测与防范机制。对区域产业联盟知识产权的使用、成果分配以及授权进行相应的监管，完善有关法规，保护技术专利和保障利益分配。引导组建中介监督机构，主要对联盟合作协议、联盟内部合作框架、联盟成员共守协议等制定与实施进行监管，对产品和服务质量、联盟内部竞争等进行严格监督。

（四）中央政府加强对跨区域产业联盟的宏观引导

1. 完善有关产业联盟的法律法规

针对当前我国缺乏促进产业联盟发展的法律法规，要加强研究制定产业联盟法律法规，从产业联盟的性质、权限、责任等方面进行规范。

2. 创新支持跨区域产业联盟发展的财税金融政策

在完善现有税收优惠、财政补贴支持政策的基础上，创新扶持政策，构建以政府资金为引导、以社会资金为主的区域产业联盟发展基金，重点支持战略性新兴产业和有助于提升我国国际分工地位的核心环节领域建立跨区域产业联盟。

3. 积极开展跨区域产业联盟试点示范

按照党中央、国务院发布的《长江经济带发展规划纲要》统一要求，结合长江经济带跨区域产业联盟建设的基础条件和现实需求，以国家产业政策为导向，按照行（企）业地方有需求、现有产业合作基础好、支撑带动产业升级作用大等选取原则，积极开展长江经济带跨区域产业联盟试点示范，对于获得试点示范的产业联盟，给予优惠政策支持。通过实践积累运行经验，推动长江经济带跨区域产业联盟建设，支撑创新驱动产业转型升级。需要注意的是，开展先行示范不是要另起炉灶，而是要依托已有的产业联盟基础，如武汉光谷机器人产业联盟建议，目前国家已有机器人产业联盟，长江经济带机器人产业跨区域联盟没有必要单独设立，在国家机器人产业联盟内部设立相关分联盟即可。其他联盟的建设也要依托各省市现有基础、优势和特色，在资源整合的基础上推进长江经济带跨区域产业联盟建设。

4. 建立跨区域产业联盟发展的协调机制

长江经济带跨区域产业联盟建设，涉及不同地区之间的产业结构调整、优化产业布局等工作，需要国家层面的指导和统筹。建议制定《长江经济带跨区域产业联盟管理办法》，明确联盟建设的指导思想、原则、组建条件、目标定位和重点产业布局，确立牵头和具体协调单位，出台有针对性的扶持措施等，规范各地区产业联盟运行，让各地有明确的发展预期。国家要做好协调，推动省际协商合作，加强统筹谋划和具体磋商，努力在跨区域产业联盟建设、推动产业分工合作等方面形成合力。

B.13
长江经济带产业创新发展成效、问题及对策思路

任继球*

摘　要： 近年来长江经济带产业创新发展取得明显成效，长江经济带各地区产业发展领跑效应显著，新旧动能转化有序推进，供给侧结构性改革取得成效，产业转移有序推进。但依然存在不充分不平衡的问题，跨区跨产业合作和要素流动障碍仍然很多，产业发展联动性仍不强，高端人才缺乏，亟须推动长江经济带公平统一市场建设，优化区域产业布局，推动产业有序转移，建立和完善长江经济带生态补偿制度，推动产业绿色低碳发展，构建区域协调合作体制，促进区域产业联动发展，加大人才培引力度，加强培育创新型人才。

关键词： 长江经济带　产业创新发展　产业合作　区域协调

产业创新发展是长江经济带战略建设的重中之重。自 2014 年 9 月国务院印发《关于依托黄金水道推动长江经济带发展的指导意见》以来，长江经济带产业发展成效显著，但同时也存在诸多问题，亟须通过深化改革、加快区域开放合作，促进长江经济带产业高质量发展。

---

* 任继球，中国宏观经济研究院产业经济与技术经济研究所产业结构与政策研究室助理研究员。

一　产业创新发展成效

（一）产业发展领跑效应显著

2018 年长江经济带地区生产总值突破 40 万亿元，相比 2014 年增长 12 万亿元，年均增速达到 9.08%，远高于同期全国 GDP 增速。在 2014 ~ 2018 年全国 31 个省份年均增速排名中，长江经济带 11 省市中有 6 个排名全国前十，其中贵州年均增速达到 12.43%，居全国第一，年均增速超过 9% 的省市还有江苏（9.21%）、四川（9.27%）、湖北（9.50%）、安徽（9.53%）和重庆（9.31%）。从全国占比来看，长江经济带经济总量占全国比重较大，并呈现不断上升趋势，2018 年长江经济带地区生产总值占全国比重达到 44.06%，相比 2014 年的 41.6%，提升将近 2.5 个百分点。分三次产业来看，长江经济带各个产业增加值占全国比重均有较大幅度提高，其中第二产业提升幅度最大。2017 年长江经济带第二产业增加值占全国比重达到 44.1%，比 2014 年提升 2.8 个百分点。以汽车产业为例，2017 年长江经济带各地区总共生产汽车 1325 万辆，占全国比重达到 45.7%，比 2014 年增长 2.8 个百分点（见表 1）。分上中下游来看，2018 年长江经济带各个区域 GDP 占全国比重均有提升，其中长江经济带下游地区增长幅度最大，下游地区比重达到 19.84%，比 2014 年增加超过 1 个百分点。

表 1　2014 和 2017 年长江经济带产业发展情况

指标	2014 年绝对值（亿元）	2014 年占全国比重（%）	2017 年绝对值（亿元）	2017 年占全国比重（%）
GDP	284689	41.6	370998	43.8
第一产业	23800	40.8	26944	43.4
第二产业	132488	41.3	156817	44.1
第三产业	128401	42.0	187238	43.6
汽车（万辆）	1018	42.9	1325	45.7

资料来源：中国统计年鉴。

（二）新旧动能转换有序推进

通过推进新一代信息基础设施建设、统筹推动服务性制造和生产性服务业发展、促进“两化”深度融合、加大对传统产业改造力度，长江经济带新旧动能转换取得一定进展。安徽省加快推进汽车、钢铁、家电等传统产业智能化改造，组织实施一批智能制造示范项目，以马钢、江淮汽车等为代表的传统产业龙头企业，通过技术改造、产品结构升级，为全省经济发展提供了新的驱动力。湖南省推动制造业与互联网融合发展，在装备制造、钢铁、有色等传统制造业领域，实施20个“+互联网”重点项目，并大力实施“制造+互联网+服务”专项行动，引导和促进企业加快由生产型制造向服务型制造转变，湖南省传统企业焕发出新的活力。江西省通过兼并重组、技术改造、模式创新等手段，推动产业链从前端向后端、低端向中高端延伸转变，实现产品技术、工艺装备、能效环保等水平全面跃升，产业竞争力明显加强。

（三）供给侧结构性改革持续取得成效

自2015年以来，长江经济带沿线省市持续落实供给侧结构性改革，大力推动钢铁去产能等工作，取得一定成效。从钢铁产量来看，2017年长江经济带粗钢产量仅为27684万吨，低于2014年的28613万吨，占全国粗钢产量的比重从34.8%下降到33.3%。从钢铁压减产能来看，以江苏为例，2016年江苏压减钢铁产能690万吨，2017年江苏继续压减钢铁产能超过600万吨。从钢铁企业兼并重组来看，2016年6月，三大钢铁央企中的上海宝钢集团与湖北武汉武钢集团通过上市公司公告拉开了钢铁业新一轮兼并重组的帷幕。当年12月1日，宝武重组成立大会在上海举行，标志着中国最大、全球第二的钢铁集团——中国宝武钢铁集团正式成立，这有力提升了我国钢铁行业集中度。此外，长江经济带沿线各省市积极推进钢铁行业淘汰落后产能以及打击“地条钢”违法生产专项行动，对钢铁产能开展全覆盖式核查，“地条钢”得到彻底排查，大量取缔生产建筑用钢的中频炉、工频炉生产设备。

（四）产业转移方式不断创新，成效显著

为推动长江经济带产业转移，一方面以建设国家新型工业化示范基地（产业转移合作）申报工作为重点，大力鼓励各地通过共建园区加强区域产业合作，创新责任共担和利益共享机制，打破了长期制约长江经济带产业转移的体制机制障碍。另一方面，积极推进下游地区国家级经济技术开发区结对帮扶中下游地区国家级经济技术开发区工作，加强园区对接，采取直管、托管或一区多园等模式合作共建产业园区，推动了下游地区产业向中上游转移。在央地共同努力下，长江经济带产业转移方式不断创新，取得显著成效。川渝合作示范区建设与四川广安承接产业转移示范区建设紧密结合、加快推进。首届中国（广安）川渝合作示范区暨川东北经济区投资贸易大会成功举办，共签约项目57个、签约金额355.04亿元。

（五）创新创业体系不断完善

一是区域创新高地加快建设，上海加快建设具有全球影响力的科技创新中心，不断发挥对长三角乃至长江经济带创新发展的龙头作用，长江经济带自主创新示范区扩建至8个，占全国近一半。二是研究制定《2017年推动长江经济带产业技术创新联盟发展工作方案》，结合长江经济带发展的总体战略部署，着力发挥“科技带”对“经济带”的支撑引领作用，长江经济带跨区域产业联盟建设取得突破进展。三是创新创业载体建设取得一定进展，沿江省市依托龙头骨干企业、高校和科研院所建成轨道交通、光通信、自动化仪表、广电显示、无线通信5家国家级专业化众创空间，支撑实体经济转型升级。四是农村领域创新创业深入推进。通过组织近30万名科技特派员深入沿江省市农村一线，与农民建立利益共同体，推广新品种新技术，开展技术培训，有力推动了农村领域创新创业发展。

专栏1　安徽省创新驱动产业发展情况

加强自主创新能力建设。系统推进全面创新改革试验，国务院正式批复安徽省试验方案，安徽省政府印发安徽省系统推进全面创新改革试验任务分

工、工作要点和重点试点任务。出台《促进科技成果转移转化行动实施方案》等系列政策文件，进一步为高校院所创新松绑。以合芜蚌国家自主创新示范区为载体，编制完成示范区建设路线图、施工图，近三年累计实施自主创新重大项目150多个，开发新产品、新装置、新工艺近1000项。成功争取国家批复合肥综合性国家科学中心，目前已成立科学中心办公室，并印发实施方案。深入推进科技创新“一号工程”——量子信息国家实验室创建，目前正在完善实验室组建方案。实施先进制造业发展“一号工程”，推动江淮大众新能源汽车合作项目正式开工建设。一批重大科技创新成果在安徽实现突破，世界首颗量子科学实验卫星“墨子号”已由中科大主导研制成功，世界首条量子保密通信网络“京沪干线”合肥—上海段率先开通，世界最薄0.15毫米信息显示触控玻璃在蚌埠实现量产。

加快发展战略性新兴产业。实施“三重一创”，推进战略性新兴产业梯次推进、滚动发展，目前正在加快24个战略性新兴产业集聚发展基地、7个重大新兴产业工程和重大新兴产业专项建设。出台《安徽省促进战略性新兴产业集聚发展条例》，在全国率先立法保障新兴产业集聚发展。推动大众创业、万众创新，积极推进合肥高新区国家级“双创”示范基地建设。

强力推进制造强省建设。围绕高端制造、智能制造、绿色制造、精品制造、服务型制造“五大方向”增强制造业核心竞争力，实施新一轮技术改造专项行动，重点实施1000多项亿元以上技术改造项目。提升品质增加供给，实施质量兴省战略，落实企业质量主体责任，建立企业质量保证体系，促进工业产品质量和品牌的全面提升。强化企业创新主体地位，构建以技术中心为核心的企业创新体系。

二　存在的问题

（一）产业发展不平衡不充分的矛盾仍很突出

长江经济带内部发展很不平衡，呈现出东高西低发展格局。从人均GDP来看，长江经济带东部三省市远高于全国平均水平，2018 年上海人均 GDP 突破 2 万美元大关，而中部和西部 8 省（市）除湖北、重庆外，其余 6 省均低于全国平均水平。长江上中下游地区尚处于不同的社会经济发展阶段，地区之间客观存在巨大经济落差致使上中下游地区之间缺乏共同的利益诉求。长江经济带下游地区产业发展水平较高，部分传统行业产能过剩较为严重，大多希望提高准入门槛，制定严格标准等推动产业转型升级，而中上游地区产业基础薄弱，产业发展还处于较低水平，有些地区还处于粗放型发展阶段，对发展能源资源型产业需求较大。

（二）制约跨区跨产业合作和要素流动的障碍仍很多

一是各地区市场准入、资格认证、信用等级、行业技术标准和产业政策环境各不相同，企业、城市和区域之间普遍各自为政、自谋发展，使得过于分散的产业经济要素难以在更大的地域空间中流动、集聚和优化组合，既不利于企业扩大经营规模和跨地区分工合作，也不利于区域统一的现代市场体系建设。二是地方政府过多地采用行政手段调控和干预本地市场，形成无所不管、无所不包的“强势政府”特征。三是区域竞争激烈，出于地方利益最大化的考量而与周边地区加剧比拼、争夺资源和市场，通过政府采购、推荐指定、法规政策等手段对本地企业和产品进行地方保护，对经济资源和产业要素的流动形成障碍。

（三）产业发展联动性不强

在现行行政管理体制下，长江经济带上中下游之间、各省市之间形成了相对独立和分割的居民，由于缺乏整体协调机构和利益共享机制，不同区域推进产业发展主要立足于本地效益最大化，东中西区域内部产业趋同，特别是各地支柱产业的重复度较高，部分产业重复建设问题较为严重（见表 2）。未来还需从长江经济带整体入手，通过打破沿江各地区市场壁垒，推动形成统一市场，根据各地的资源禀赋和功能区划分，实施差异化产业政策，研究制定产业发展引导目录，推动沿江产业合理布局、科学分工、有序转移。

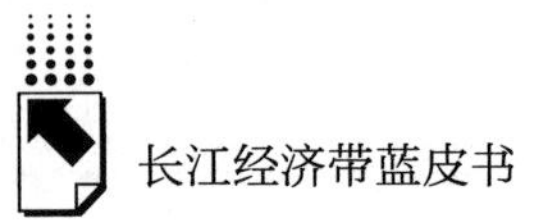

表 2 长江经济带部分省份重点发展产业

项目	湖北省	湖南省	江西省	安徽省
重点发展产业	新一代信息技术产业 高端装备制造产业 新材料产业 生物产业 节能环保产业 新能源产业 新能源汽车产业	先进装备制造 新材料 文化创意 生物 新能源 信息 节能环保	新能源 新材料 新动力汽车 民用航空 生物医药 光伏产业	电子信息产业 节能环保产业 新能源产业 生物产业 高端装备制造产业 新材料产业 新能源汽车 公共安全产业

（四）部分地区高端人才缺乏，制约产业创新绿色发展

推动产业绿色发展和产业转型升级是长江经济带产业发展的重要任务，但长江经济带部分地区，特别是中西部地区，在现行条件下对高端人才吸引力不够，尤其缺乏绿色发展、服务型制造等方面的高端复合型人才，这限制了这些地区大力承接东部地区的产业转移，制约这些地区产业创新绿色发展（见表 3）。

表 3 长江经济带各省市人口受教育程度情况（第六次人口普查数据）

单位：%

省市	大学以上文化程度人口比例	初中以上文化程度人口比例	文盲人口比例
上海市	11.69	63.95	2.88
江苏省	4.55	60.49	4.34
浙江省	4.13	54.85	6.13
安徽省	2.57	52.87	8.56
湖北省	3.93	60.98	5.16
江西省	2.47	53.45	3.72
湖南省	2.68	58.75	3.01
重庆市	3.61	49.95	4.54
贵州省	2.05	40.72	9.46
四川省	2.61	49.77	6.12
云南省	2.28	38.59	7.29

三　对策思路

（一）完善政府绩效考核体系，推动长江经济带公平统一市场建设

一方面，要改革和完善现行以 GDP 为主要政府绩效考核指标的考核体系。在现行考核体系下，地方政府以经济增长为主要目标，这不可避免带来了盲目投资和片面追求地方产值。中央在给地方分权以提高地方积极性的同时，还需引导地方政府行为合理化和规范化，可以考虑将营造良好经商环境、建立公平竞争市场等纳入考核指标之中。比如，通过深入贯彻落实公平竞争审查制度，将公平竞争审查结果纳入考核体系，完善政府绩效考核体系。另一方面，要着力推进长江经济带市场一体化建设，打破区域性市场壁垒，实施统一的市场准入制度和标准，推动要素跨区域流动和优化配置，推动建立要素全域自由流动、价格反应灵活、竞争公平有序的市场经济体制。

（二）优化区域产业布局，推动产业有序转移

一是分类推进产业布局调整。围绕长江流域的岸线、腹地等资源，依据资源环境承载能力和区位条件，严格实施对不同主体功能区制定的鼓励、限制和禁止类产业政策，实行差别化的水资源管理、环境总量控制、节能指标考核和绩效考核，强化区域产业功能定位。探索建立资源有偿使用、生态补偿和利益协调机制，促进资源地与产业区之间、重点开发区与限制禁止开发区之间资源共享、优势互补。加强产业园区建设，有序引导分散型“两高一资”企业搬迁入园，推进工业集约集聚发展。

二是积极引导产业区域转移。发挥市场机制作用，优化产业转移项目，引导沿江及内陆地区的钢铁、化工、粮油食品等大进大出产业，加快向沿海地区搬迁，支持东部地区拥有核心技术和自主知识产权、自主品牌产品及资本实力的企业把加工制造向中西部转移，依托高新区、开发区、

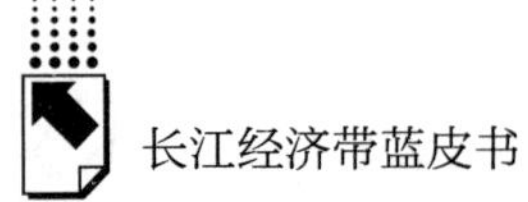

工业园区联合建设产业转移示范区和体制创新区，推动长江经济带形成优势互补、一体联动、合作共赢的新格局。此外，进一步探索和尝试“飞地经济”“园区共建”等长江经济带沿线产业转移的区域合作机制，推广、复制地方和企业在实践中的成功经验。

（三）建立和完善长江经济带生态补偿制度，推动产业绿色低碳发展

一是推动长江经济带生态补偿进行单项立法。尽快出台包括生态补偿标准、补偿资金来源、相关利益主体间的权利义务关系、法律责任等在内的综合性环保法律，长江经济带 11 省市应该根据不同省市的实际情况制定适合本地区发展的生态补偿法律规定。二是建立生态补偿专项资金机制。以政府财政拨款、税收以及一些破坏环境的罚款作为生态补偿专项资金的来源，用于污染补偿领域和保护补偿领域。确定生态补偿的范围、标准，建立一套严格的拨付、使用制度来管理资金并进行监督以确保资金使用效率，建立有利于生态环境建设和保护的长效激励机制，更好地发挥生态补偿专项资金的作用。三是加快培育和发展节能环保、生物医药等战略性新兴产业，构建符合低碳、绿色发展要求的现代化产业化体系。用科技创新支撑资源的可持续发展，推进新资源新技术与资源循环利用产业发展，提高资源利用效率和二次资源利用水平，引进、消化、吸收和再创新先进清洁低碳技术，发展现代服务业与循环利用产业。

（四）构建区域协调合作体制，促进区域产业联动发展

一是统筹长江经济带不同区域间的产业规划，充分发挥上海在金融、航运、贸易、信息技术、技术服务等领域的服务功能，以及在先进制造业领域的产业优势。同时，结合不同地区资源禀赋优势，加快规划研究产业链布局，明确产业优化调整布局的方向，推动产业科学转移。二是进一步完善各省市之间的合作协调机制，特别是合作统筹产业发展的体制机制，搭建合作交流平台，逐步构建产业转移信息平台，鼓励跨省市共建产业园区、东中西

区域合作示范区等，为形成区域内优势互补、分工合理、错位竞争的发展格局提供机制保障。三是推动建设长江经济带跨区域产业联盟，加强对各方优势资源进行统筹协调和指导，探索建立长江经济带跨区域产业联盟合作机制，加强对产业联盟的支持力度，为联盟发展营造良好的政策环境，通过长江经济带跨区域产业联盟推动长江经济带产业协同创新发展。

（五）加大人才培引力度，加强培育创新型人才

一是推进长江经济带各区域人才自由流动，推动户籍制度改革，打破地方各区域对人才流动的制度性藩篱。二是要加大人才引进力度，积极争取国家相关引智专项支持，大力引进海内外高层次人才和技术专家。加强跨区域合作办学、科研项目合作和科技人才交流。加强跨区域高校毕业生就业、创业合作。鼓励长江经济带区域内高等院校和科研院所等单位的专业人才到长江下游地区和我国发达地区挂职交流。三是大力鼓励和促进长江经济带市场上的企业与高校和科研机构进行交流及合作，企业应有效利用高校和科研机构丰富的人才资源，提出符合市场需求的人才项目，积极筹集资金，建立以企业为主体、市场引导企业、高校和科研机构积极配合参与的产学研联合体。

参考资料

［1］周正柱：《长江经济带高质量发展存在的主要问题与对策》，《科学发展》2018年第12期。

［2］任胜钢、袁宝龙：《长江经济带产业绿色发展的动力找寻》，《改革》2016年第7期。

新型城镇化篇

New Urbanization Reports

B.14 长三角一体化要注重与长江经济带战略联动

刘保奎*

摘 要： 长三角一体化发展和长江经济带发展都是习近平总书记亲自谋划、亲自部署、亲自推动的重大战略，两者虽有不同的出发点和战略重点，但具有先天的紧密联系，在实施中不能割裂开来，必须加强战略统筹。目前两个战略之间在三个方面还存在衔接不足，建议从生态环境保护、重大平台选址、上中下游互动载体等方面加强衔接。

关键词： 长江经济带　区域一体化　长三角

---

* 刘保奎，中国宏观经济研究院国土开发与地区经济研究所副研究员、城镇发展室副主任，主要研究方向为中国城镇化、城市增长中的空间转型，包括大都市区空间增长管制、城市转型与城市更新、城市新移民居住空间、土地市场改革等。

在2018年11月的首届中国进口博览会上，习近平总书记提出支持长江三角洲区域一体化发展并将其上升为国家战略。这是习近平总书记基于我国发展阶段和长三角发展实际的思考而提出的重大战略，旨在通过更高质量的区域一体化，完善中国改革开放空间布局，引领和带动长江流域发展，推动更高层次的改革开放，意义十分重大。习近平总书记在有关重要讲话和批示中也要求，“三省一市”凝心聚力抓好落实，上海要进一步发挥龙头带动作用，苏浙皖要各扬所长，使长三角地区实现更高质量的一体化发展，更好引领长江经济带发展，更好服务国家发展大局。

一　科学认识长三角一体化在我国区域协调发展战略中的重大意义

实施区域协调发展战略，从根本上讲，是要让各区域比较优势充分发挥，让资源空间配置效率不断提高，让人口、经济、资源、环境实现空间均衡，从而为蓬勃发展的现代化经济体系提供重要支撑。党的十八大以来，以习近平同志为核心的党中央审时度势、统揽内外，先后提出了京津冀协同发展、长江经济带发展、海南全面深化改革开放、粤港澳大湾区建设等区域战略，再加上从“十五”以来陆续形成的“四大板块”战略及对“老少边穷”特殊类型困难地区的支持政策，共同构成了新时期区域协调发展战略。

这些战略在区域协调发展大局中使命不同。“四大板块”主要是对先发地区和后发地区不同发展路径的差别化策略安排，“老少边穷”是从问题出发针对特定地区的精准化发展策略。京津冀协同发展是从特大城市规划治理、首都圈建设、破解大城市病、完善城市群布局形态等方面，探索人口密集地区优化开发路子，其中雄安新区建设将系统集成我国城市规划建设经验，在一张白纸上描绘出典范城市。“一带一路”建设是在全球形势深刻变化下提出的一个跨越时空的宏伟构想，重点在推动与沿线国家投资和经贸合作，形成全方位对外开放新格局。粤港澳大湾区的重点是推进内地同香港、澳门在投资贸易、科技创新、环境保护、教育人文、自贸区建设等领域互利合作，打造一个融合制度、创新、宜居的综合高地，更好参与全球竞争。海南全面深化改革开放旨在通过赋予海南经济特区改革开放新使命，建设自由贸易试验区和中国特色自由贸易港，着力在建设现代化经济体系、实现高水平对外开放、提升旅游消费水平、服务国家重大战略、加强社会治理、打造一流生态环境、完善人才发展制度等方面进行探索，形成全面深化改革开放的新标杆。对于长江经济带的使命，习近平总书记在推动长江经济带发展座谈会上的两次讲话将其阐述得非常深刻、全面。推动长江经济带发展，核心以生态优先、绿色发展为引领，以共抓大保护、不搞大开发为导向，目标是让母亲河永葆生机。具体而言，长江经济带发展有以下使命：一是通过践行绿色发展在美丽中国建设方面积累经验；二是通过推动产业转移承接在构建跨区域合作机制方面积累经验；三是通过推动动能转换在促进高质量发展方面积累经验；四是通过支持贫困地区发展在实施脱贫攻坚方面积累经验。

长三角是我国经济发展最活跃、开放程度最高、创新能力最强的区域之一，在全国经济中具有举足轻重的地位。长三角一体化旨在紧扣“一体化”和“高质量”两个关键，通过更高质量的区域一体化，完善中国改革开放空间布局，带动整个长江经济带和华东地区发展。从国家区域发展战略的角度，长三角一体化有两个重点：一是取消区域之间的行政壁垒和市场障碍，推动一体化发展，构建更加有效、有序的现代化经济体系；二是推动更高层次的对外开放，发挥上海龙头带动作用，进一步激发长三角地区的内在活力，在资源配置、服务全球上，提升国际竞争力和全球影响力。

二　长三角一体化与长江经济带发展联系紧密

长三角一体化发展和长江经济带发展都是习近平总书记亲自谋划、亲自部署、亲自推动的重大战略，两者具有先天的紧密联系。长三角地区区位优势突出、自然禀赋优良，既是长江经济带的龙头，也是长江经济带的经济重心和精华所在，在引领长江经济带发展中具有重要作用。长三角“三省一市”区域面积35.9万平方公里，2018年人口2.23亿人，地区生产总值21.15万亿元，分别占到长江经济带的17.5%、37.6%、50.5%。其中，长三角城市群26个市，面积21.17万平方公里、人口1.56亿人、GDP 17.8万亿元。

长三角地区是长江经济带乃至全国经济最活跃、开放程度最高、创新能力最强的区域，拥有普通高等院校300多所，集中了全国1/4的双一流高校、国家重点实验室、国家工程研究中心，还有全国1/3的研发经费支出和有效的发明专利，如集成电路和软件信息服务产业分别占了全国的1/2和1/3。以中国（上海）自贸区、洋山港等为代表的对外开放平台不断完善，国际贸易、航运、金融等功能十分突出，货物进出口总额和实际利用外资总额分别占全国的32%和55%。这些指标都占到了长江经济带的2/3，可以看出长三角不仅是长江经济带的重要组成部分，更是长江经济带的龙头，在长江经济带发展中具有特殊重要的地位。

三　长三角一体化或与长江经济带发展存在三大脱节值得关注

但从目前公开渠道掌握的信息看，有关省市推进长三角一体化与上述要求有一定差距，主要是长三角一体化的意义认识不足，对长三角在长江经济带中的作用把握不到位，导致有关地方在推进长三角一体化的过程中，采取的举措与长江经济带发展的要求统筹不足，“要项目”“要资金”“要帽子”的发展理念没有转过来，没有从“一亩三分地”的思维定式中跳出来，从而出现了长三角一体化有关举措与长江经济带发展的战略部署存在偏差或脱节，亟待调整。

（一）与“生态优先、绿色发展”这个“大前提”衔接不足

总体上看，各地对长三角一体化的出发点在认识上还存在偏差，如上海

把长三角一体化视作一次拓展发展空间的机遇，而浙江、江苏则将其视作一次承接功能转移、加快发展的机遇，这明显偏离了长江经济带“生态优先、绿色发展”的总要求。事实上，长三角地区是全国主体功能区规划中确定的优化开发地区，在长期发展中积累了大量的生态环境问题，也是长江经济带环境问题最为突出的地区。粗放式、无节制的过度开发导致大量耕地和生态空间过快遭到蚕食，主要河流湖泊水质不达标，太湖、巢湖等主要湖泊富营养化问题严峻，约半数河流监测断面水质低于Ⅲ类标准。区域性灰霾天气日益严重，江浙沪地区全年空气质量达标天数少于 250 天。这一环境情况要求推进长三角一体化中不能脱离“生态优先、绿色发展”这个大前提。

（二）与“辐射中上游、带动全流域”这个“总要求”衔接不足

习近平总书记对长三角一体化的重要批示中要求，长三角地区实现更高质量的一体化发展，更好引领长江经济带发展，更好服务国家发展大局。发展落差大是长江经济带在上中下游的总体特征，带动中上游地区发展、缩小区域差距是长三角应有的重要使命担当。而从公开渠道掌握的信息看，地方在推进中更注重长三角“三省一市”内部，而对广袤的中上游地区考虑不多，包括长三角与中上游地区的区域合作、产业合作、开放合作等还缺少足够关注和谋划。甚至在长三角内部的一些重大载体布局时，对安徽的考虑也较少，如长三角一体化发展示范区初步计划选址在苏浙沪交界地区，没有涉及安徽，这无疑将加剧安徽在长三角的边缘化，不利于区域一体化均衡发展。不仅如此，而另一个可能的重要抓手“G60 科创走廊”，所涉 9 个城市中江苏只占 1 个。

（三）与中上游地区日益增强的支撑作用衔接不足

沿“黄金水道”溯江而上的广阔腹地是长三角地区的一大优势，也是其在我国沿海地区率先崛起的重要支撑动力。2015 年以来，长江经济带中上游省市经济增速较快，高出全国增速 1 ~1.5 个百分点，如中游沿江省份、

上游成渝地区在全国经济版图中的重要性日益显现，中上游地区与长三角地区内生的经济联系更加紧密，在航运、贸易、金融、研发等功能上都需要向长三角寻找服务，对长三角的支撑能力也有所增强，长三角地区完全有望借势获得更为持久的发展动能。然而目前各地推进长三角一体化过程中，有关省市的视野范围和工作重心仍在“三省一市”圈内，尚未将中上游腹地进行统筹系统考虑，这不利于构建基于上中下游比较优势的产业链，也不利于长三角的长久发展。

四　加强统筹，促进长三角一体化与长江经济带发展协调联动

破解上述三大脱节，关键在于正确认识长三角一体化发展使命，落实好习近平总书记有关重要讲话和批示指示精神，从增强长三角一体化对长江经济带的引领和带动作用入手，找准关键领域，谋划重大项目，促进两个战略的协调联动。

（一）长三角与中上游联动推进生态环境保护治理

绿色是长江经济带的主色调，要以长三角一体化为契机，推动下游与中上游的流域生态合作，充分调动流域上中下游地区积极性，共同推进生态环境保护和治理。扩大跨省流域上下游横向生态保护补偿机制试点范围，以水质水量为重点，兼顾生态功能和环境要素，探索一套流域生态资源核算机制，建立贯穿上下游、干支流的全流域横向生态保护补偿机制，形成“成本共担、效益共享、合作共治”的流域保护和治理长效机制。发挥长三角地区在生态保护、水污染治理、大气污染防治、绿色发展机制等方面的技术创新和制度创新作用，为长江经济带绿色发展提供智力支撑。

（二）优化一体化重大平台选址

长三角一体化不宜照搬京津冀协同发展的做法，与京津冀协同发展的

“牛鼻子”是疏解北京非首都功能、主要解决北京“虚胖”等问题不同，长三角一体化不是为了解决上海的问题，更不是为了疏解上海的功能，而是为了通过高质量一体化发展带动整个长江经济带。因此，在重大平台选址上，要紧紧围绕这一使命，采取更有助于推动区域合作、释放辐射带动效应的方案。要避免把一体化发展示范区对标雄安，对于“是否建设”“是否在跨界地区建设”还应要保持历史耐心谨慎求证，避免因选址决策不当而影响区域格局和发展进程。

（三）在长三角设立上中下游互动发展平台

应充分发挥长三角地区的区位优势，发挥上海作为全球城市的功能优势，在推进长三角一体化过程中，依托上海自贸区、洋山港、苏南自主创新示范区等既有平台，为中上游地区设立一些互动发展平台，创新互动发展平台的类型，鼓励以地方与地方、地方与企业、企业与企业等多种形式合作参与建设，通过机制创新和功能植入，让中上游地区更加便捷地获得金融、贸易、科技创新等要素和服务，将长三角建设成为融合上中下游各地区比较优势、促进上中游地区动能转换的新载体。

B.15

推动长江中部四省高质量发展

——培育我国跨越中等收入陷阱第二梯队

王继源　贾若祥*

摘　要： 当前，我国正处于跨越中等收入陷阱的冲刺阶段，在新形势新挑战下，充分发挥我国经济回旋余地大的优势，深入实施区域协调发展战略，谋划和培育一批新的区域经济增长点。把党的十八大以来经济增速保持8%左右较快增长的安徽、江西、湖北、湖南作为战略重点，通过重大交通基础设施互联互通、打造“一带一路”开放门户、壮大实体经济、推动城镇化发展等举措，将四省培育成为继东部地区之后跨越中等收入陷阱的第二梯队，对于我国保持经济中高速增长、顺利迈进高收入国家和2035年基本实现社会主义现代化目标具有重要意义。

关键词： 中等收入陷阱　区域协调　长江中部

一　长江中部四省发展形势

近年来，长江中部四省抢抓战略机遇，充分发挥比较优势，整体实力和竞争力不断增强。2018 年，四省年末总人口 2.38 亿，实现地区生产总值

* 王继源，中国宏观经济研究院国土开发与地区经济研究所助理研究员，主要研究方向为区域产业发展和区域形势分析等；贾若祥，中国宏观经济研究院国土开发与地区经济研究所研究室主任、副研究员，主要研究方向为区域经济、区域规划。

12.78 万亿元，增长 8.1%，人均 GDP 达到 8142 美元，距离世界银行定义的高收入标准有 4000 美元左右的差距。

（一）经济总量占全国1/7，发展水平略低于全国

从经济总量看，2018 年长江中部实现 GDP 12.78 万亿元，相当于江苏省加上海市的经济体量（12.53 万亿元），占全国的比重为 14.0%。其中湖北、湖南、安徽、江西分别实现地区生产总值 3.94 万亿元、3.64 万亿元、2.00 万亿元、2.20 万亿元，占全国的比重为 4.3%、4.0%、3.3%、2.4%，相比 2013 年均有不同程度提高（见表 1）。

表 1　2006～2017 年长江中部四省 GDP 占全国比重

单位：%

年份	湖北	湖南	安徽	江西	长江中部四省
2006	3.3	3.3	2.6	2.1	11.3
2007	3.3	3.4	2.6	2.1	11.4
2008	3.4	3.5	2.7	2.1	11.6
2009	3.5	3.6	2.8	2.1	12.0
2010	3.7	3.7	2.8	2.2	12.3
2011	3.8	3.8	2.9	2.2	12.7
2012	3.9	3.8	3.0	2.2	12.9
2013	3.9	3.9	3.0	2.3	13.1
2014	4.0	4.0	3.0	2.3	13.3
2015	4.1	4.0	3.0	2.3	13.4
2016	4.2	4.0	3.1	2.4	13.7
2017	4.3	4.0	3.2	2.4	14.0
2018	4.3	4.0	3.3	2.4	14.0

从发展水平看，长江中部四省总体处于全国中游，2018 年人均 GDP 达到 8142 美元，略低于全国（9608 美元），湖北、湖南、安徽、江西人均 GDP 分别达到 10067 美元、8001 美元、7210 美元、7164 美元，排在全国第 10 位、第 16 位、第 22 位、第 24 位，比 2008 年上升 6 个、6 个、5 个、0 个位次。

从国际比较看，2018 年长江中部四省美元计价 GDP 为 1.93 万亿美元，高于巴西（1.87 万亿美元），低于意大利（2.07 万亿美元），排全球第 9 位，湖北、湖南、安徽、江西美元计价 GDP 分别为 5949 亿美元、5505 亿美元、4535 亿美元、3322 亿美元，分别与中国台湾、瑞典、伊朗、哥伦比亚相当，排全球第 21 位、23 位、28 位、39 位。2018 年长江中部四省人均 GDP 排全球第 70 ~ 90 位，排名最高的湖北超过墨西哥，排全球第 71 位，排名最低的江西接近泰国，排全球第 86 位。

（二）经济增速保持在8%左右，略低于同阶段东部增速

进入经济新常态后，我国区域经济普遍出现放缓和分化，长江中部四省则是增长表现较好的区域板块。2013 ~ 2018 年，四省年均增速达到 8.8%，高于东部 1.0 个百分点。2019 年前三季度，四省整体增速达到 7.9%，继续高于东部 1.1 个百分点以上（见表 2），湖北、湖南、安徽、江西分别增长 7.8%、7.8%、7.8%、8.6%。

表 2　长江中部四省 GDP 年均增速

单位：%

时间	东部	长江中部四省	西部	东北
2008 ~ 2012 年	10.7	13.0	13.3	12.4
2013 ~ 2018 年	7.7	8.8	8.5	4.8
2019 年前三季度	6.3	7.9	6.9	4.3

在剔除物价因素情况下，2018 年，长江中部四省人均 GDP 约相当于东部地区 2010 年的水平。从经济增速对比，2010 年东部地区增速尚在 12% 以上，2014 年东部增速收敛至 8% 时人均 GDP 已经接近 11000 美元，长江中部四省 2018 年 8% 的增长表现要逊于东部相应阶段，但在当前复杂的内外经济环境下表现已经相当不错。从经济结构对比，2010 年的东部地区开放度更高、人口老龄化程度更轻，对潜在增长率起到促进作用。2017 年长江中部四省城镇化水平更低、农业比重更高，这在一定程度上说明仍有较大发展空间。

表 3　2018 年长江中部四省与 2010 年东部经济数据对比

单位：美元，%

地区	人均 GDP	经济增速	三次产业结构	城镇化率	外贸依存度	15～59 岁人口比重
湖北	—	7.8	9.0:43.4:47.6	60.3	7.0	65.8
湖南	—	7.8	8.5:39.7:51.8	56.0	13.2	62.1
安徽	—	8.0	8.8:46.1:45.1	54.7	14.5	62.2
江西	—	8.7	8.6:46.6:44.8	56.0	10.2	63.8
长江中部四省	8142	8.0	8.7:43.5:47.7	56.7	8.6	63.4
东部(2010)	6848	12.3	6.3:49.4:44.3	59.8	76.0	72.1

（三）从东部实践看，长江中部四省跨越中等收入陷阱仍需7～10年

从长期看，跨越中等收入陷阱，根本是靠自身的持续增长。2017 年，东部地区首次跨越中等收入陷阱，从东部实践来看，1995 年人均 GDP 达到 868 美元，进入中等偏低收入行列；2007 年达到 4292 美元，进入中等偏高收入行列；2017 年达到 12529 美元，进入高收入行列。东部地区跨越中等收入累计耗时 22 年，其间年均增速 10.3%。

作为对比，长江中部四省 2002 年进入中等收入行列，2018 年人均 GDP 达到 8142 美元，距离高收入标准仍有近 4000 美元的差距。从 2019 年算起，若人民币汇率基本稳定，四省继续保持 7% 以上的经济增速，实现高收入仍需 7～10 年时间，从而有望在“十四五”末期跨越中等收入陷阱。

表 4　东部地区跨越中等收入陷阱历程

单位：年，%

项目	东部地区				长江中部四省			
	进入年份	跨越年份	耗时	年均增速	进入年份	跨越年份	耗时	年均增速
中低收入—中高收入	1995	2007	12	12.3	2002	2011	9	12.4
中高收入—高收入	2007	2017	10	9.7	2011	尚未	6	9.8
中等收入阶段	1995	2017	22	10.3	2002	尚未	15	11.1

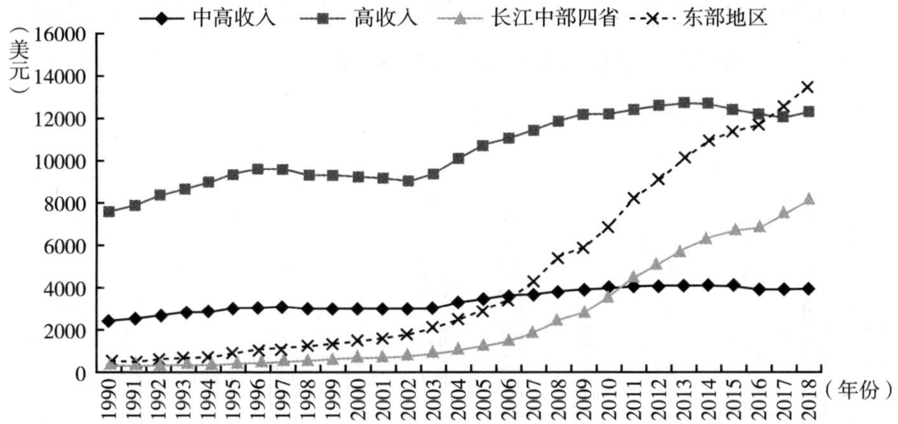

图1　1990～2017 年长江中部四省、东部地区人均 GDP 与世界银行高收入标准

二　长江中部四省优势和问题

长江中部四省区位交通条件优越、制造业基础条件较好、资源要素丰富，发展潜力较大，但也存在生态环保压力较大、制造业环节相对低端、对外开放偏低等问题。

（一）区位交通条件优越

长江中部四省在全国具有承东启西、连南贯北、东西南北交汇的独特区位。我国“两横三纵”的城市化战略格局中，陆桥通道、沿长江通道、京广京九铁路贯通长江中部四省，高铁高速密集，形成了集公路、铁路、航空、水运等多种运输方式于一体的综合运输优势，独特的区位和便捷的交通优势为中部四省在新时代实现高质量发展提供了重要支撑。

（二）制造业基础条件较好

长江中部四省工业体系完整，是我国重要的粮食、能源原材料和现代装备制造基地。2018 年，四省实现工业增加值 4.61 万亿元，占全国的 15.1%，比 2008 年提高 3.7 个百分点。近年来，依托武汉东湖、长株潭、合芜蚌等国家自主创新示范区，着力构建“源头创新—成果转化—新兴产业”的“全创新链”，以湖北光通信、湖南磁悬浮列车、安徽智能语音、江西 LED 技术为代表的高新技术产业加快成长。

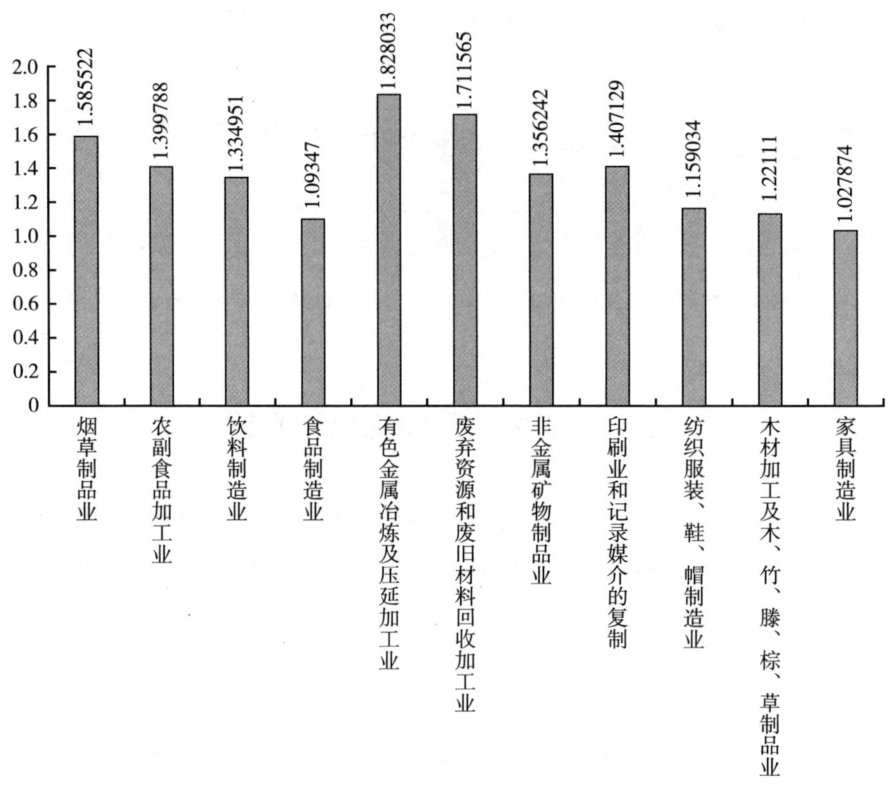

图 2　2016 年长江中部四省主营收入区位熵大于 1 的制造业分布

（三）人力、土地、生态、科技资源丰富

长江中部四省劳动力资源丰富、人口素质较高、成本优势突出。2016 年，四省 15 ~64 岁的劳动年龄人口超过 1.67 亿，接受过高中及以上教育的常住人口比重达到 28.6%，15 岁以上人口的文盲率为 5.1%，低于全国 0.2 个百分点。2016 年，四省城镇单位就业人均平均工资为 57540 元，仅为全国的 85% 和东部地区的 75%。四省面积超过 70 万平方公里，人均有效灌溉

面积0.28公顷，是全国的5.8倍，森林覆盖率达到44.2%，高于全国20个百分点以上。四省在校大学生481万人，占全国的18%左右，拥有大学468所，6所高校入选世界一流大学建设高校。

（四）生态环保压力较大

长江中部四省受前期重化工业发展、矿业开采、全球气候变化、重大水利工程等影响，生态功能脆弱性加剧。尤其是洞庭湖、鄱阳湖、汉江中游、三峡库区周围及中下游等区域生态形势较为严峻。除此之外，长江中部四省资源特征明显，尤其湖南、江西等地重金属和皖北采煤沉陷等造成的环境问题较为突出。

（五）制造业环节相对低端

长江中部四省制造业规模不断扩大，但总体处于全球价值链中低端环节，对新兴技术和产业领域全球竞争制高点的掌控不够。四省的优势产业中，除装备制造外，主要是能源原材料、粮食生产、农产品加工等传统产业。2018年，四省工业企业研发强度仅为全国的87%和东部的71%，支撑产业升级的技术储备明显不足，关键装备、核心零部件和基础软件还依赖进口和外资企业。

（六）对外开放度偏低

长江中部四省不靠海、不沿边，在对外开放中缺乏区位优势，总体属于内向型经济，产业结构更多是东部地区的延伸，直接参与全球产业链分工和价值链分工比重较低，长江中部四省出口总额占全国的比重仅为5%左右。在开放平台上，仅湖北拥有自贸区。在开放主体培育上，部分支柱产业发展优势还没有转化为强有力的国际竞争优势。

三　政策建议

（一）把强化生态保护与环境治理摆在首位

把生态保护与环境治理摆在突出位置，使绿水青山产生巨大生态效益、经济效益、社会效益。一是推进长江中游干支流、淮河中游、汉江流域、三峡库区、丹江口库区及上游、洞庭湖、鄱阳湖、巢湖等水环境综合整治。二是围绕水环境监测、化工污染整治、沿江湿地修复、绿色发展等关键任务，启动开展一批试验示范工程。三是加强大气污染防治和土壤污染治理，开展四省大气污染联防联治，全面排查确定土壤环境重点监管企业名单。四是鼓励生态地区探索“绿水青山＋”的发展新模式，以新安江流域为试点，对接长三角资本市场，建立与全国接轨的生态金融体系，撬动更多的社会资本参与环境保护和生态建设，形成社会化、多元化、长效化的保护和发展模式。

（二）推动以人为核心的新型城镇化发展

发挥长江中部四省人力资源丰富、地理空间广阔、发展梯度大的优势，依托综合运输通道，壮大重点轴、带动人口产业集聚能力，积极推动城市群发展，形成多轴、多极、多点的网络化空间开发格局。一是继续做强省会经济，支持武汉、长株潭、环鄱阳湖、合肥经济圈发展，将四省省会率先培育成为软硬条件可与东部充分对接的战略支点。二是培育一批内陆接续成长城市，对宜昌、襄阳、岳阳、常德、芜湖、安庆、赣州、九江等发展条件较好、比较优势效应在加快释放、经济实力快速提升的城市进行重点培育。三是发展城市群内部的县城及发展条件较好的小城镇，全面放宽城市落户条件，深化“人、地、钱挂钩”配套政策，推动就地城镇化。四是实施乡村振兴战略，进一步释放农村生产要素，加快深化农村土地制度改革，推动建立城乡统一的建设用地市场，探索宅基地所有权、资格权、使用权“三权分置”改革。

（三）加快建立现代化产业体系

推进传统优势产业转型升级、积极培育战略性新兴产业、巩固农业基础性地位、加快构建现代服务业体系、推动产业融合发展，彰显长江中部四省产业门类齐全和先进制造业发展潜力大的优势。一是加速前沿技术产业化，以合肥、武汉、长株潭衡“中国制造 2025”城市（群）试点建设为依托，打造一批战略性新兴产业发展策源地，推动光电子通信、新型显示、集成电路、新能源汽车、航空航天、新材料、生物医药等产业集群做大做强。二是深化供给侧结构性改革，不断化解钢铁、煤炭、有色、建材、造纸等落后产能，构建绿色制造体系，培育发展一批绿色产品、绿色工厂、绿色园区和绿色产业链。三是严守耕地红线，巩固提升四省作为全国粮食生产基地的重要地位，优化农业种养结构，稳步增加绿色优质农产品供给，支持棉花、油料等优势产区生产基地建设。四是加快构建现代服务业体系，促进生产性服务业向专业化和高端化延伸，促进生活性服务业向精细化和高品质转变，不断创新商业模式和服务业态。

（四）打造内陆双向开放新高地

以国家推进“一带一路”建设为契机，做优做强中部地区综合保税区、口岸、保税物流中心等开放平台，深化区域内部合作和与东部地区开放合作，着力提升开放的质量和水平。一是构建连南接北、承东启西的开放通道，重点培育中欧（武汉）班列，推动四省装备制造、轨道交通、电子信息、航空、汽车、钢铁、化工、农业、矿业等领域优质产能和优势装备“走出去”。二是着力建设中国（湖北）自贸区，规划建设南昌、九江、赣州等地开放平台和口岸，加快建设中国（合肥）等跨境电子商务综合试验区。三是以长江中游区域市场建设为契机，推动湖北、湖南、安徽、江西在市场监管共治、市场信息互通和信用体系互认等方面的区域合作，加快构建区域一体化市场，引导资金、技术、人才等生产要素跨区域、跨城市有序自由流动。四是深化长江中部四省和东部地区的开放合作，紧紧抓住窗口期，加快承接长三角、京津冀、粤港澳产业转移，鼓励四省与东部地区合作创新，探索内陆地区创新驱动发展新路径。

B.16
长江经济带上游地区的农村土地制度改革

刘保奎*

摘　要：　近年来，长江经济带上游的重庆、四川、贵州、云南等地结合农村土地制度改革试点、新型城镇化综合试点等，在农村土地制度改革方面开展了诸多尝试，取得了比较突出的成果，走在了全国农村土地制度改革的前列。本文在大量调研的基础上，从农村承包土地、集体经营性建设用地、农村宅基地等方面对湄潭、郫县、大足等地代表性经验进行了梳理总结，并提出了在农村宅基地退出、农业用地先租后让、农房财产权抵押贷款等方面进一步深化农村土地改革的建议。

关键词：　农村土地制度　集体经营性建设用地入市　宅基地

长江上游地区川渝云贵四省市（建成上游地区）新型城镇化水平总体不高，是下一步长江经济带推进新型城镇化的重点地区。2018 年，上游地区常住人口城镇化率为 52.37%，比长江经济带的 59.45% 低了 7.08 个百分点，比全国平均水平低了 7.21 个百分点。与此同时，伴随着近年来上游省

---

* 刘保奎，中国宏观经济研究院国土开发与地区经济研究所副研究员、城镇发展室副主任，主要研究方向为中国城镇化、城市增长中的空间转型，包括大都市区空间增长管制、城市转型与城市更新、城市新移民居住空间、土地市场改革等。

份良好的经济表现，新型城镇化也迈入了“快车道”，城镇化率快速提升，城镇化有关改革探索取得不少亮点，特别是一些地区在农村土地制度改革中积累了不少经验，对下一步全流域推进新型城镇化和土地制度改革具有一定借鉴价值。

一　上游地区土地制度改革的主要进展

长江经济带共有国家新型城镇化综合试点76个，占全国的30.4%，其中上游地区有32个，重庆5个、四川9个、贵州10个、云南8个。在全国33个农村土地制度改革试点中，长江经济带有13个，其中上游地区有5个，占到了长江经济带的近一半。长江经济带的农村土地制度改革走在了全国的前列，其中，相比于下游浙江义乌、德清等发达地区的经验，上游地区的经验更具有全国复制推广的价值。

表1　长江经济带新型城镇化综合试点和农村土地制度改革试点

单位：个

省份	第一批	第二批	第三批	33个农村土地制度改革试点
上海	1	1	3	上海市松江区
江苏	全省			江苏省常州市武进区
浙江	4	1	4	浙江省义乌市、浙江省德清县
安徽	全省			安徽省金寨县
江西	2	2	4	江西省余江县
湖北	4	2	5	湖北省宜城市
湖南	3	2	4	湖南省浏阳市
重庆	1	1	3	重庆市大足区
四川	2	3	4	四川省成都市郫都区、四川省泸县
贵州	2	3	5	贵州省湄潭县
云南	2	2	4	云南省大理市
合计	23	17	36	13
全国	62	77	111	33

由于国土资源部农村土地制度改革三项试点从2015年初就已启动，试点成果和经验相对丰富。总体上有如下特点：①农村承包地方面，“三权分置”的做法已经比较成熟，土地流转和规模化经营的比重较高，大大促进了农业发展和农民增收。②宅基地方面，宅基地集体所有权、农户资格权、农民房屋财产权分置取得一定进展，成都郫都区、贵州湄潭县等试点地区探索了农民房屋财产权抵押贷款机制，适度放活宅基地和农民房屋使用权，贵州湄潭县等试点在探索承包地退出机制的基础上，还进一步探索了宅基地的退出机制，闲置宅基地和房屋得到有效利用。③农村集体经营性建设用地入市方面，成都郫都、重庆大足、贵州湄潭等试点累计推动超过120宗集体经营性建设用地直接入市，在土地收益惠及大量村民的同时，操作流程、收益分配、制度建设等方面也形成了一些相对成熟的经验。④征地制度改革方面，试点区县以维护农民利益为出发点，在缩小征地范围、规范征地程序、完善保障机制等方面进行了富有成效的探索。

（一）推动农村承包地有偿退出

试点地区按照所有权、承包权、经营权相分离的思路，落实好集体所有权，稳定农户承包权，放活土地经营权，赋予农户对承包地占有、使用、收益等用益物权权能，确保承包关系保持稳定并长久不变，创新土地经营权入股经营和再入股经营等模式，逐步形成层次分明、结构合理、平等保护的“三权分置”格局。

贵州湄潭在探索中完善了退出标准、退出程序、退出补偿评估、退出地管理、退出后有偿赎回等一系列制度设计，形成了“农户申请、三级审核、协商评估、签约交接、统一管理、有偿赎回”的土地退出路径，不仅为进城长期务工、安家的农民免去后顾之忧，而且促进了农村土地资源的有效利用，增加了农民收入。

（二）开展农村宅基地“三权分置”改革

试点地区开展宅基地“三权分置”改革，稳步探索宅基地自愿有偿退出机制，多渠道募集有偿退出资金，建立和完善集体经济组织内部的有偿调剂和流转机制，探索适度扩大退出范围，探索通过土地整治等方式盘活农村闲置宅基地和房屋资源。贵州湄潭以公众参与、民主协商探索农村土地承包经营权有偿退出机制。湄潭在湄江街道核桃坝村、兴隆镇红坪村、永兴镇永兴桥村、马义村、复兴镇复兴村、两路口村、鱼泉街道新石村开展试点，形成了以“公众参与、民主协商”为特点的“群众知晓、农户申请、三级审核、协商评估、签约交接、统一管理、有偿赎回”的土地退出路径，完善了退出标准、退出程序、退出补偿评估、退出地管理、退出后有偿赎回等一系列制度设计。累计退出土地 377.7 亩，补偿金额 1247 万元，涉及农户 217 户。

成都市崇州区探索宅基地所有权、资格权、使用权“三权分置”，落实宅基地集体所有权，保障宅基地农户资格权和农民房屋财产权，适度放活宅基地和农民房屋使用权。加大闲置宅基地盘活力度，在全省范围内率先“颁证”，向道明镇龙黄村、白头镇五星村出租宅基地（房屋）的 3 户农户和承租宅基地（房屋）的 2 名业主，分别颁发了《农村宅基地资格权证》《农村宅基地（房屋）租赁使用权证》。此次颁证共涉及 1612.37 平方米宅基地，1340.56 平方米房屋。

重庆市綦江区创新盘活农村闲置房屋，按照村社引导、市场主导、农民主动的原则，多元探索闲置房屋处理，形成了“产业 + 空房”“创业 + 空房”“政府 + 空房”“新村 + 空房”四种模式，引导相关业主租用农村闲置房屋作为库房、生产设施用房，或改造为民宿房，或作为返乡创业的农家乐、家庭加工作坊、农村电商等，或作为农家书屋、村文化活动室等公共场所，或通过拆迁、复垦等进行统一建设或补充为耕地。

四川省眉山市把部分区县作为“三权分置”改革试点，全面推进落实集体所有权、保障农户资格权、适度放活使用权，盘活农村房屋和宅基地，完成“房地一体”的农村宅基地和集体建设用地使用权确权登记颁证 5087 宗，积极开展农民住房财产权抵押贷款，截至 2018 年 10 月末，彭山区 7 家试点金融机构累计发放农村“两权”抵押贷款 1454 笔，金额 7.01 亿元，其中发放农村承包土地经营权抵押贷款1373笔，金额6.95亿元；农民住房财产权抵押贷款81笔，金额557.1万元，有效盘活了农村资产，支持了农民创业发展。

云南省大理市审慎推进宅基地改革。一是出台农村集体经济组织成员认定办法，准确掌握集体经济组织成员人数、宅数，全市“一户一宅”8.58万户、占81.3%，“一户多宅”1.6万户、占15.2%，“主体资格不符”3680户、占3.5%。二是推进农民住房财产权抵押贷款试点，全市农房抵押贷款余额从2014年末的8.43亿元增长到2018年9月末的13.13亿元。三是审慎推进宅基地流转，出台《大理市关于积极探索宅基地所有权资格权使用权分置的实施意见》，明确宅基地“三权分置”内涵，在将宅基地及地上房屋转让范围扩大到本乡镇的同时，明确强调受让方须是符合宅基地申请条件的住房困难户，转让方须有稳定住所，转让的宅基地及地上房屋来源合法。

（三）探索农村集体经营性建设用地入市

上游地区在农村集体经营性建设用地直接入市制度的相关探索方面，形成了在全国具有一定影响力和代表性的“湄潭模式”“郫都模式”。

贵州湄潭探索农村集体经营性建设用地就地入市、调整入市等路径。在普查摸底、确权登记基础上，以《贵州省湄潭县农村集体经营性建设用地入市试点实施方案》为框架，以“同权同价、流转顺畅、收益共享”为目标，探索农村集体经营性建设用地就地入市、调整入市等路径。自2015年8月以来，湄潭已完成四期集体经营性建设用地就地入市，出让地块9宗、21.32亩，成交价款总计392.5万元。在调整入市方面，首期可调出建设用地指标43.94亩，可调入使用的土地共7宗，实际使用指标36.88亩，结余部分纳入指标台账于后期入市。

成都市郫都区创新提出交易收益的“二八”原则和差别化分类定级的收益调节金收取办法。郫都区是目前为止全国市场化入市率最高的试点区域，通过公开招拍挂入市交易的集体经营性建设用地宗数达到95%以上。郫都制定实施针对外部分配的“分级调节”和针对内部分配的“二八原则”。一是在国家与集体的外部分配上，采取以成交总价款13% ~40%的比例，进行阶梯式差别化征收调节金的办法。入市后再进行转让、出租的，以土地价款的3%缴纳增值收益调节金。截至2016年底，郫都区已经入市的25宗地增值收益调节金的收取比例为13% ~30%，平均收取比例19.39%。二是在集体与个人的内部分配上，坚持“自主决策、着眼长远”理念，将土地净收益的20%用于集体成员现金分红，80%作为村集体公积金、公益金等，避免分光吃光，保障村民长远生计。在分配实现形式上，除了现金分配和股份追加增厚外，还有改善住房（或新的住房财产）、完善基础公共服务功能和分配物业自主经营等形式。除此之外，“郫都模式”在入市操作流程、融资和风险管控等方面的探索也富有成效，由市、区两级风险基金对于收购处置的净损失按4∶6的比例分担。

（四）创新土地征收制度改革

征地制度改革主要围绕“缩小征地范围、规范征地程序、完善合理规范多元保障机制”的目标，研究制定了土地征收目录、社会稳定风险评估办法、争议调处办法等配套政策，在征前、征中和征后等环节形成了民主协商、风险评估、补偿安置、纠纷调处、后续监管等措施，完善多元保障方式，形成了土地增值收益分配办法。

贵州湄潭形成了协议直接签到户、价款直接兑付到户的“两到户”模式。通过制定征地目录、规范征地程序、提高征收标准、多元安置保障，确定以当年年产值作为征收补偿计算标准，建立了“现状调查—制定方案—风险评估—听证公告—方案预告—民主协商—面积确认—修正方案—方案公告—签订协议—征收报批—安置补偿”的征收流程，探索了货币安置、划地安置、产权安置等多元安置补偿方式，形成了协议直接签到户、价款直接兑付到户的“两到户”改革实践经验，结合近年实施的重大基础设施工程、城镇建设重点项目，完成征收案例8个，面积1350亩。

云南省大理市调整增值收益分配比例，并取消留用地。一是通过对近五年大理市实施的征地项目土地出让收入、成本进行核算，测算出全市土地征收产生的平均增值收益在国家、集体之间的分配比例为3.2∶1。二是大理市针对历年来留用地利用效率低下、造成新的“城中村”等问题，试点中明确取消留用地方式，改为按同等面积开发利用的纯收益（原则上按征地统一年产值补偿标准或区片综合地价的10倍）给予集体货币补偿，并明确该项补偿主要用于发展集体经济。对存量的留用地，明确必须由集体统一规划建设或采取入股、合作经营等方式开发利用，不再由农户自建自用。

二 上游地区城镇化中土地制度改革存在的问题

上游地区依托农村土地改革试点和国家新型城镇化综合试点等，在农村“三块地”改革探索中取得了许多进展，像四川省成都市郫都区、贵州省湄潭县等更是走在了全国的前列，为长江经济带其他地区推进新型城镇化和土地改革试点提供了许多可供借鉴的经验。然而，在探索过程中也面临着以下一些困难或问题。

（一）市场价格难以形成等因素导致农民有偿退出“三权”数量少

自愿有偿退出“三权”的农民数量极少，积极性不高，其中原因是多方面的。一是农村承包地、宅基地、集体经营性建设用地等的价格形成机制还不完善，多数地区都对“买方”资格进行了限制，要求须为村集体成员或村集体经济组织，或为本乡镇、本县市居民企业，这导致市场竞争不够充分，土地和有关产权价值难以充分实现，退出价格普遍不高，对农民的吸引力不足。二是在宅基地的利用方式不发生变化的情况下，退出改革缺少“增量效益激励”。贵州湄潭等地在宅基地退出探索中，缺少像江苏、浙江等城市近郊土地利用方式变化所产生的“增量效益”，因此退出价格一般难以覆盖宅基地和房屋成本，更难以平衡将农民纳入城镇职工养老保险、入住养老院的费用，农民积极性不高。此外，开展农民“三权”自愿有偿退出探索，前期需要垫付的资金量巨大，在没有大的资本、金融工具介入的情况下，开展规模范围也较为有限。

（二）农村土地改革受村庄规划缺失和滞后的限制

从各地经验看，较为完善的村庄规划是支撑贵州湄潭、成都郫都等地农村土地改革探索取得进展的重要前提。但也有许多地区涉农相关规划编制工作相对滞后，还未实现村土地利用规划、村庄规划、产业发展规划以及生态环境规划等村级规划的全域覆盖，造成村庄产业发展、公益设施配套、未来空间布局等衔接不够，村庄发展中的宅基地等集体建设用地利用缺乏统一性、协调性。其原因除了一些地区对村庄规划不够重视外，也与村庄规划人才和队伍短缺、规划成本高有关。一是西部地区村庄规划人才和队伍短缺。一些西部省份规划院数量少、级别低，专业规划人员少，开展村庄规划的能力有限，东部地区的大院又报价高、不愿意承担琐碎的村庄规划工作。规划单位和人员数量远远低于省外，专业技术人才匮乏，难以保障村庄规划全覆盖的编制任务要求。二是村庄规划内容冗余、编制费高。大部分规划院对编制村庄规划兴趣不大，为了提高编制费用，往往在规划内容上出现冗余，据了解，目前一个村庄规划编制费用低则 5 万元，高可达百万元，超出了许多市县政府的承受能力。贵州湄潭等地村庄规划“一图一表一说明”有效节约了编制成本，很好地解决了村庄规划内容冗余与费用高的问题。

（三）工商资本下乡面临诸多障碍制约土地改革进展

工商资本是推动乡村振兴的重要力量，也是推动城乡融合发展的重要举措，但从试点情况来看，工商资本下乡面临着较多障碍，使得工商资本下乡的规模和领域受到较大限制，影响城乡融合取得实质性进展，突出表现在以下几个方面：一是农村“人、地、钱”要素供给难以满足下乡资本多样化需求。土地制度改革缓慢，“用地难”成为普遍的难题，许多空置宅基地无法用于农业产业用地。融资问题突出，农村资产抵押贷款成效不突出。农村劳动力素质普遍不高，产业工人和科技人才存在较大短板，“用工难”问题严重。二是工商资本下乡依然存在制度门槛。许多地区从保护农民利益的角度出发，施行准入制度、层层备案管理、强制工商企业二次分红等办法，对工商资本下乡设置较多门槛，影响工商资本下乡的积极性。三是农村地区依然面临基础设施短板。许多农村地区基础设施非常薄弱，涉农项目周边、内部基础设施配套不到位，吸引工商资本动力不足。

三　因地制宜进一步深化农村土地制度改革

（一）进一步探索宅基地退出机制

总体上看，农民自愿退出承包地和宅基地的意愿还不强，下一步在退出机制改革探索的基础上，探索拓宽退出意愿的途径，对自愿退出宅基地到城镇购房居住的农民，可纳入城镇保障体系，并保障其原有土地承包经营权不变。对于自愿退出宅基地及承包经营土地的农民，保障其取得城镇户籍并在就业、医疗、教育等方面与市民享受同等待遇，增强其扎根城市、融入城市的能力。

（二）建立健全工业用地出让、出租、先租后让机制

统筹处理好人地挂钩与产业发展用地的关系，发展壮大城市经济，为创新先进制造业新优势提供土地政策支撑，国家层面应统一出台关于推进工业用地供给侧结构性改革的实施意见，建立全国统一的工业用地出让、出租、先租后让用地新机制，避免城市之间的恶性竞争。

（三）延长土地改革试点期限

2015 年全国人大在试点地区暂停土地管理有关法律条款，目前土改试点即将到期收官，全国人大赋予暂停部分法律，已推开的改革项目的后续监管和服务如何进行、改革期间出台的地方试点政策如何延续，都还需要中央层面做出明确。

（四）推广农村承包土地经营权和农民住房财产权抵押贷款

从试点实践看，“两权”抵押的效果十分显著，增强了农民工进城安居的能力，但目前“两权”抵押只在部分地区开展，只有地方性金融机构开展了此项业务。建议下一步扩大范围，已取得的有关成熟经验可尽快复制推广，同时建立完善的违约风险担保基金机制等。与此同时，完善农村产权抵押融资制度，加快推进农村产权确权颁证，扩大农村抵押担保物范围，重点开展设施农业用地、农村土地承包经营权、农村房屋、林权、大棚养殖圈舍等生产设施以及活体动物、果园苗木等生物资产抵押贷款；完善工商资本下乡的政策体系和风险控制制度。

B.17

长三角一体化中苏锡常全面对接上海情况调研报告

沈开艳　王红霞　陶纪明　陈建华　彭　辉　张伯超*

摘　要： 本研究报告为上海社会科学院国家高端智库国情调研重大课题“长三角一体化中苏锡常全面对接上海情况”的最终成果。本报告的主要内容包括：①长三角一体化的最新进展以及所面临的瓶颈，长三角地区目前在规划对接、战略协同、专题合作、市场统一、机制完善等方面的现状与问题。②苏锡常全面对接上海的现状及举措。苏州、无锡和常州当前在区域交通设施互联互通、产业融合发展和区域经济能级提升、科技创新协同发展与共建全球科创中心、以医疗合作和大健康产业为标志的长三角经济社会一体化发展等领域的对接现状与相关举措。同时，深入了解苏锡常各自的空间区位、经济结构、资源禀赋比较优势，分析其在承接上海产业转移、推动区域产业协同发展等领域对接措施的合理性，挖掘其下一步全面对接上海的潜力领域。③苏锡常全面对接上海面临的现实困境及障碍：来自外部环境、上海及苏锡常本身的原

* 沈开艳，上海社会科学院经济研究所所长、研究员，主要研究方向为政治经济学、中国经济改革与发展、经济发展战略等；王红霞，上海社会科学院经济研究所人口资源与环境经济学研究室主任、研究员，主要研究方向为人口经济学、劳动与社会保障、城市与区域经济学等；陶纪明，上海发展战略研究所常务副所长、副研究员，主要研究方向为城市发展战略、城市规划等；陈建华，上海社会科学院经济研究所政治经济学研究室主任、副研究员，主要研究方向为区域经济学、政治经济学等；彭辉，上海社会科学院法学研究所副研究员，主要研究方向为经济与社会管理、经济法学等；张伯超，上海社会科学院经济研究所博士研究生，主要研究方向为数量经济学、政治经济学等。

因，同时提出行政区划经济现实下的苏锡常对接上海的可行性和可操作领域。

关键词： 长三角一体化　苏锡常对接上海　产业融合

根据党中央、国务院和上海市委、市政府关于推进长三角一体化发展的相关战略要求，上海社会科学院经济研究所承接了国家高端智库国情调研重大课题“长三角一体化中苏锡常全面对接上海情况”的调研任务。课题组于2018年8月上中旬赴江苏省苏州市、无锡市、常州市相关政府部门和科研院所、企事业单位进行了实地调研。

此次调研的主要目的是：第一，长三角一体化现状及上海的核心城市作用。通过调研，深入了解并掌握长三角一体化的最新进展以及所面临的瓶颈性问题，重点关注长三角地区目前在规划对接、战略协同、专题合作、市场统一、机制完善等方面的现状与问题。重点围绕“上海如何发挥核心城市作用”这一主题，厘清上海在“全球卓越城市”“长三角世界级城市群核心城市”目标定位下的核心功能与非核心功能，探究上海发挥核心城市引领作用过程中的不足和瓶颈性问题，分析造成上述瓶颈性问题的根源性因素。第二，苏锡常全面对接上海的现状及举措。深入了解苏州、无锡和常州在对接上海自贸区（截至目前苏锡常对接上海的重点领域）方面的各项举措和对接效果。深入了解苏州、无锡和常州当前在生态环境共保共治、区域交通设施互联互通、区域市政基础设施共建共享、区域文化共融共生等领域的对接现状与相关举措。同时，深入了解苏州、无锡和常州各自的空间区位、经济结构、资源禀赋比较优势，分析其在承接上海产业转移、推动区域产业协同发展等领域对接措施的合理性，挖掘其下一步全面对接上海的潜力领域。第三，苏锡常全面对接上海面临的现实困境及障碍：来自外部环境、上海及苏锡常本身的原因。深入了解苏州、无锡和常州全面对接上海过程中所面临的现实困境和障碍，比如医疗、教育、信息等公共服务资源的区域化共享问题，人才、技术等创新资源在区域共享过程中面临的区域壁垒问题，基础设施一体化建设中的“断头路”问题，环境保护一体化中的深化联防联治问题，市场一体化构建中的共同市场问题，产业发展和布局中的错位问题等。同时分析造成上述问题的原因。第四，提出行政区划经济现实下的苏锡常对接上海的可行性和可操作领域。深入了解苏锡常对接上海过程中的各方利益诉求和利益冲突，探索在现有行政区划约束条件下，苏锡常对接上海以及上海与苏锡常协同一体化发展的可行路径和模式，探索建立区域协调互动合作机制、区域一体化市场体系、生态环境协同保护治理机制以及区域公共治理合作机制的可行性，并提出相关对策建议。

现就本次调研中涉及相关领域的几个重点问题分析建议如下。

一 统筹协调苏锡常交通基础设施，推进长三角更高质量发展

为进一步推动《长江三角洲城市群发展规划》实施，促进长三角地区实现更高质量的一体化发展，调研课题组在苏州、无锡、常州进行了为期一周的调研，听取了政府和企业对长三角一体化的诉求以及现实中存在的障碍，结合国内外经验，我们认为，长三角更高质量的一体化，需要从改革阻力最小的领域入手，以点带面，逐步向纵深推进。而长三角交通基础设施一体化恰好符合这一特点，如能取得实质性突破，不仅能有效地降低长三角物流成本，而且有重要的示范和借鉴意义。

高速公路和高铁网络等交通设施，属于典型的共享互惠型工程，并且谁的路谁修、谁修路谁收费，不存在“搭便车”行为，因而地方政府很容易达成一体化共识。更重要的是，对公路和路网来说，局部最优基本上等同于全局最优，不存在明显的重复建设和资源低效配置问题。

因此，伴随着长三角经济的腾飞，交通基础设施也在迅速发展。时至今日，长三角 26 个城市大多已纳入上海“两小时经济圈”，其中经济、功能

重要的节点型城市，基本上进入了上海“一小时经济圈”，同城化效应不断显现和深化，为长三角更高质量一体化奠定了坚实的基础。

（一）长三角交通基础设施一体化的主要问题

调研中我们了解到，交通路网一体化仍存在若干问题，如断头路、外牌车的限制等，但这些问题相对容易解决，并且影响也不大。

需要引起高度重视的是，交通基础设施中的主要功能性机构——海港/河港和空港，这是两个反映城市服务功能强弱的重要指征，由于缺乏顶层设计和总体统筹，存在重复建设、恶性竞争、服务标准不统一甚至混乱等问题。如不能有效解决，不仅会成为长三角一体化的掣肘，而且会扰乱长三角整体的港口服务市场，降低整体服务质量和效率。

据了解，目前仅苏浙沪地区就有 18 个机场，其中江苏 9 个（8 个国际机场），浙江 7 个（3 个国际机场），上海 2 个国际机场。港口方面，苏浙沪拥有 9 个亿吨海港，其中 5 个进入全球百大国际集装箱港口行列；从上海到南京 392 公里之内，居然有南京、扬州、泰州、镇江、常州、江阴、张家港、南通、常熟、太仓等 10 多个港口，平均 39 公里 1 个。调研了解到，许多机场和港口都存在“吃不饱”的问题，显然这里已经出现了产能过剩。

更为严重的是，由于缺乏总体规划，长三角区域机场仍在不断扩张中，不少城市都有新建机场的规划；而港口之间也开始用各种手段争夺货源，特别在经济增速减缓的当下，这种竞争会更趋激烈。

（二）交通基础设施一体化建设的基本原则

首先，全面统筹，以“共享”取代“各建”，以“互补”和“差异化”取代“同质化”，力争实现交通资源效率配置的最优化。

其次，服务标准化。企业不论选择哪个港口，都能享受到同样标准的服务。

最后，在网络化的基础上形成枢纽港、专业化港、喂给港分工合作的格局。

（三）对策与建议

上海作为长三角龙头城市，要发挥引领和主导作用，牢牢把握全球城市功能的基本内涵，占据产业的高端环节和服务管理的高地，抓住那些真正支撑全球城市网络节点功能和枢纽地位的产业和流量，把非核心功能疏散到周边的海港和空港。其他城市的港口要在发挥支撑作用的基础上，充分利用自身的禀赋效应，放大自身专业特色和比较优势。构建设施互联互通、管理协同合作、服务共享共赢的现代化综合交通体系。

深化供给侧结构性改革，深刻把握“共享经济”的核心要义，切实打破城市间和省域间的行政壁垒，用“共建共享共赢”代替传统的“差异互补、错位竞争”。

推进上海自贸区经验在长三角地区的标准化复制，让货物就地报关、就地装运，并主要通过水水中转、水铁中转等多式联运方式从上海或宁波—舟山港集拼出海。这不仅提高了长三角整体的物流效率、降低了物流成本，也有力地缓解了上海的交通压力。

实现港口收费标准化、透明化。港口的收费项目多而杂，按国家出台的《港口收费计费办法》，有的项目是国家指导价（定价不能高于指导价），有的项目是市场竞争价。这样，港口便拥有了很大的“自由裁量权”，为了争夺货源，不同港口之间很容易产生恶性竞争，结果是港口的整体服务质量严重下降。长三角要坚决摒弃这种恶性竞争带来的混乱，建议依托互联网和大数据技术，建立统一的长三角港口收费管理平台，平台要对外开放，列出收费的“正面清单”，统一服务标准（特别是提交文件、审批程序、审批时间）、服务价格。上海要实现高质量的服务和高标准的收费相结合，不与周边城市进行价格、成本等恶性竞争。重点发展海港的转口贸易和空港的中转功能，避免大量的人流、物流进入上海境域，给上海的交通、环保、安全等带来极大的压力。

推进长三角港口“单一窗口”全面落实，并实现互联互通。在此基础上，借鉴美国无部门属性的“单一窗口”数据元目录，制定数据收集、存储、共享的原标准，保证国际贸易和港口运输过程中政府相关部门、企业以及中介服务机构基本上实现“无纸化”信息交接，把企业物流运输和报关纳税由“串联”改为“并联”，切实提高长三角区域跨国贸易的时效性和高效率。

实现海港和空港的专业化和特色化。考虑到不同产品对进出口服务有不同的要求，比如生物医药、电子芯片和元器件、生活类消费品、大宗商品以及跨境电商等，有的对时间要求高，有的对价格敏感，有的对跨境物流要求较高，而有的则对报关的程序简便化有特殊要求。基于此，长三角港口群和机场群可以适当进行分工，并且逐渐把分工深化和细化，形成特色和品牌，在一体化和标准化的基础上形成专业化特色。

进一步放松对物流企业的行业管制，继续鼓励外资、民营资本进入物流行业，在清关效率、交货及时性、提供增值服务以及诚信体系建设方面提升自身能力。针对水水中转、水铁中转等运输方式，在费用上予以优惠，鼓励多式联运在长三角真正得以普及，从而培养出功能更强大的有全球竞争力的物流企业，真正形成“大企业、大港口、大区域”的格局，逐步淘汰“小企业与小港口”的利益绑定。从产业发展规律看，无地域限制的物流企业以及相应的中介服务企业会不断推进港口一体化的深化，反之亦然，从而形成一种良性的正反馈机制。

二　统筹推进苏锡常产业融合，全面提升长三角经济能级

随着经济全球化和区域经济一体化的深入发展，长三角经济蓄势待发，而区域产业融合已成为经济可持续发展的关键环节。区域产业融合对于加快建设现代化经济体系、增强长三角区域在全国的辐射带动力、打造全球重要的现代服务业和先进制造业中心、建设具有全球竞争力的世界级城市群具有重大战略意义。

（一）产业融合发展引领长三角经济升级的探索与实践

长三角是我国推进区域一体化改革发展的先行区，其成功实践证明，区

域产业融合实现了优势互补、互惠共赢，不仅可在一定程度上减少区域之间优惠政策比拼和同质化恶性竞争，还能缩小地区发展差异、实现资源优势互补与高效利用。

1. 服从服务国家战略，凝心聚力融合发展

根据上海市、江苏省“十三五”关于加快推进长三角一体化进程的战略部署，南通市主动参与上海大都市圈协同发展，以推进城市功能互补、产业协同配套、文化相通融合、生态共保共治，全方位、宽领域、高层次对接服务上海，打造上海大都市北翼门户城市，构建上海与苏中、苏北发展的重要传导区、示范区，共同创建“长三角沪苏（通州湾）产业创新融合发展先行区”，带动沿海地区整体发挥陆海统筹、江海联动的优势，打造江苏沿海湾区经济增长极。“先行区”全面对接上海自贸试验区，主动呼应舟山江海联运服务中心，导入上海地区产业转型外溢优质项目和高新技术产业链延伸项目，目前已引入上海方向项目80余个，总投资超150亿元。

2. 载体建设成果丰硕，产业集聚功能增强

长三角各地将园区建设作为承载产业集聚融合发展、推动经济转型升级的主阵地，高标准谋划和推进园区建设，打造各具特色的产业集聚板块，用经济融合撑起长三角区域一体化发展的“脊梁”。上海嘉定区与江苏苏州市积极构建嘉昆太协同创新核心圈，重点以科技创新领域的合作共赢为突破口，进一步深化全面战略合作，着力打造长三角更高质量一体化协同创新发展的示范区。到2020年，示范区GDP总量力争超过8000亿元，规模以上工业总产值超20000亿元，战略性新兴产业产值超6000亿元，高新技术企业总数超2500家，各类人才总量达到100万人左右，全社会研发投入占GDP比重不低于3.5%。

3. 共建共享跨越发展，走出国门争创一流

上海是我国集成电路产业发展最早、产业链最完整、龙头公司最集聚的地区，长三角区域在我国乃至世界集成电路产业版图上处于极为重要的地位。我国集成电路制造骨干企业上海华虹集团正在江苏无锡新建一条12英寸芯片生产线，总投资25亿美元。这是华虹集团首次走出上海进行如此规

模的产业布局。在两地高效的协作下，项目从签约到开工仅用7个月，体现出各方对于推动长三角区域产业融合发展的决心和执行力。整个华虹无锡基地总投资可达100亿美元，是无锡有史以来单体投资最大的产业项目。

4. 优势互补协同创新，促进产业转型升级

在长三角区域一体化发展进程中，江苏省委、省政府提出“全要素对接、全方位服务上海”的要求，南通得益于上海的辐射和带动效应，经济社会始终保持健康发展态势。2016年南通市地区生产总值和一般公共预算收入分别居全国地级市的第8位和第6位，为进一步深化双方合作奠定了坚实基础。2017年南通与上海签下服务上海项目32个，可量化签约项目总额达522亿元，开启了沪通合作新征程。

5. 聚焦新业态“互联网 +”，打造融合发展“新引擎”

为对接国家战略，顺应“互联网 +”发展新趋势，突出长三角互联网产业基础和优势，加快推进长三角“互联网 +”发展，2016年4月，经长江三角洲城市经济协调会第十六次市长联席会议协商，正式颁布《“互联网 +”长三角城市合作与发展共同宣言》。各地齐心协力充分利用各自产业、资源优势，打破行政区域限制，在统一规划、统一品牌、统筹协调的前提下，实现资源共享、优势互补、协同创新发展。

（二）长三角产业融合面临的问题与挑战

产业融合模式顺应了长三角区域一体化协调发展的需求，但纵深发展依然面临诸多问题和制约。

1. 科技创新体制和配套环境仍不完善

推进经济创新发展的政产学研资协同创新机制尚待建立。科技创新和成果产业化链条整合有待加强。创新配套软环境有待完善，有利于新技术、新产品进入市场的政策法规体系尚不健全。区域公共性、全产业链的创新服务平台还不完备。

2. 载体机制体制建设亟待完善

经济发展载体园区和功能区等存在的主要问题和瓶颈，有创新要素集聚

及配置功能方面的问题，也有利益共享机制方面的问题，如利益诉求冲突、体制瓶颈问题一时难以突破等。经济发展不平衡、制度创新滞后以及地方政府“利己”策略是长三角区域一体化提升中存在的主要障碍。

3. 产城规划布局不尽合理

发展经济缺少区域功能区层面的总体规划布局，缺少集聚度高、专业性强的功能中心，比较习惯于以行政区划为单位来布局功能和配置资源。各地虽有不少龙头企业，但行政区划经济的发展模式导致资源不共享、信息不对称，不利于产业集聚、产城融合，难以形成具有核心竞争力和影响力的产业集聚效应。

4. 产业结构趋同现象明显

如何在发展经济进程中建立科学、合理的产业链，避免产业结构趋同现象，成为摆在我们目前的一个重大而紧迫的课题。以战略性新兴产业核电关联行业为例，在长三角区域已形成集聚现象，但仍存在企业规模普遍较小、缺乏龙头企业、核心产品技术瓶颈有待突破等问题，同质竞争现象也不容忽视。

5. 资源环境约束加大的挑战

在长江经济带上，上海是产业转移的主要输出地。随着城市的发展和功能完善，上海也面临着疏解非核心功能的任务，这将带来大量的产业转移需求。从总体上来看长三角区域依旧面临土地资源紧张、传统产业效率较低等问题。今后工业用地和经营性用地必须通过建设用地减量化实现，这对各地加快推进存量产业用地二次开发，进一步提高土地集约化利用水平提出了巨大挑战，同时也制约了“四新”经济企业的优化整合和转型发展。

（三）对策与建议

1. 以服从国家战略为引领，共筹规划布局

按照实现长三角区域更高质量一体化发展的定位要求，立足长三角城市群总体规划，结合长三角区域工业化、信息化、城镇化、农业现代化发展的阶段和趋势，以新型工业化、信息化带动新型城镇化，以新型城镇化和农业

现代化助推产业和人口集聚，努力实现城乡互动、产业融合。把握新一代产业技术革命发展的方向，加快发展战略性新兴产业，围绕网络化、信息化、智能化，培育发展一批重点产业，带动相关产业发展，着力打造“中国创造”品牌。着眼全球科创中心建设，全面提高发展质量和核心竞争力，发挥长三角区域产业发展优势，规划、实施一批重大项目工程，加快实现由“长三角制造”向“长三角创造”转型。

2. 以协同发展为动力，共建示范园区

进一步明确长三角区域各地的产业定位与分工协作，把握长三角区域产业梯度转移的契机，把产品链的不同环节分别向不同层级的地区转移，积极推进示范园区共建，加快形成以上海为中心，区域产业互动发展、制造业服务化、“四新”经济与产业融合发展的新格局。政府及职能部门应准确定位，找准资源或优势对接点，按照产业集聚原则或产业类别集中安置原则，重点承接本地主导产业链缺失的关键环节，发展“补链式”“延链式”“强链式”承接转移，形成长三角区域“一盘棋”的整体产业分工格局。将智能制造作为上海全球科技创新中心前沿布局和增强长三角区域制造业国际竞争力的主攻方向，在长三角区域打造若干个在全球具有较大影响力的智能制造示范基地。

3. 以市场需求为导向，共推长效机制

建立健全长三角区域高层协调机制，切实加大推进力度。加快统一市场建设，促进要素自由有序流动，加快创新政策供给，努力为土地、人才、资金等要素的自由有序流动提供更可靠保障。进一步建立与上海构建基础设施、重大项目协同衔接机制和跨区域重大事项合作运行机制。共同探索推进工商登记、食品药品质量检验、消防安全等领域的互通互认及招投标与政府采购等领域的市场一体化建设。加快建设现代化经济体系，发挥市场对资源配置的决定性作用。着力优化劳动力、资本、土地、技术、管理等要素配置，更多地运用市场力量、市场机制，建立以市场需求为导向的长三角区域现代产业体系。

4. 以服务企业创新为抓手，共挖政策资源

当务之急是着力优化创新环境，加快推进各类创新资源向企业集聚，激

发创新创业活力，释放新需求，创造新供给，使企业成为新技术研发和应用的主体，加快实现发展动力转换。创新要以企业为主体、以市场为导向，政府积极搭平台，加快体制机制创新和服务支撑体系建设，实施工业强基工程，积极培育“专精特新”中小企业，促进大企业与中小企业协调发展。率先建立全方位开放型经济体系，更高层次参与国际经济合作和竞争，增创扩大开放新优势。设立区域融合发展投资基金，采用直接投资与参股设立子基金相结合的运作模式，重点投向跨区域重大基础设施互联互通、创新体系共建、公共服务和信息系统共享、园区合作等领域。

5. 以绿色发展为目标，共享创新成果

以推进区域经济社会共同发展和环境质量同步改善为目标，建立健全区域环境治理与保护联动机制，搭建环境监管一体化平台，积极构建区域生态安全屏障，实现生态环境的共防、共治、共保。健全地区间横向生态保护补偿机制，促进生态补偿横向转移支付的常态化、制度化。通过大力发展节能环保产业，打造新的支柱产业。实现公共服务合作共享。大力发展社会事业，构建开放共享的社会事业体系。率先推进各项社会民生保障制度互联互认，促进优质教育、医疗、文化、养老等资源跨区域发展，实现全民繁荣和公共服务开发共享，为长三角区域产业融合协同创新发展提供重要保障。

三　统筹加强苏锡常与上海科技创新协同发展，共建全球科创中心

党的十八大以后，习近平总书记从战略和全局高度，提出“促进长三角地区率先发展、一体化发展”的要求。最近又对推动长三角一体化发展做出重要指示，明确了“更高质量一体化发展”的目标追求。“更高质量一体化发展”则意味着需要进一步推动长三角地区经济发展的质量变革、效率变革、动力变革，增强长三角地区经济创新力和竞争力，更好引领长江经济带发展，更好服务国家发展大局。为此，G60 科创走廊作为长三角地区科技创新协同的重要战略性举措应运而生，目前 G60 科创走廊已经升级至 3.0

版本，取得了一系列可喜的成绩。但是G60科创走廊辐射地区主要为浙江和安徽，截至目前，其对江苏省的辐射和带动作用并不显著。苏锡常作为江苏省经济体量最大、经济增长速度最快的都市圈，在长三角一体化进程中具有举足轻重的地位，与G60科创走廊沿线的浙江和安徽等城市相比，苏锡常与上海之间的科技创新协同由于缺乏顶层设计布局与政府规划引领，协同步伐较为滞后。为此，上海社会科学院经济所调研团队赴苏州、无锡和常州开展专题调研，在梳理目前苏锡常与上海科技创新协同现状的基础上，分析苏锡常在科技创新协同过程中的主要问题，并针对上述问题提出了一系列对策建议。

（一）苏锡常与上海科技创新协同的现状与主要问题

1. 苏锡常政府和企业对与上海科技创新对接诉求较为强烈，但是上海高等院校以及科研院所等创新资源对苏锡常溢出效应不强，且对苏锡常溢出效应呈梯度递减趋势

无锡市新一轮城市总体规划编制围绕主动对接上海大都市圈建设，提出六大空间战略，其中就有“找寻城市发展源动力，强化人才智力创新联盟”，明确指出要加快融入上海人才智力创新联盟，促进科技成果转化，形成人才资源及成果的集聚效应。苏州的昆山市委、市政府印发《对接融入上海三年提升工程实施方案（2018～2020年）》，明确提出实施科创资源对口对接计划，加快与上海科研平台和创新主体的对接，探索“离地飞地”式创新合作以及推进人才引进交流等。常州市则每年举办“5·18展洽会”，积极对接上海的科教创新资源。总体而言，苏锡常政府和企业在对接上海创新资源方面具有强烈的诉求和较高积极性。

但是从苏锡常与上海科技创新协同的实际情况来看，上海丰富的创新资源对苏锡常三市的溢出效应十分有限。以苏州市为例，苏州市在深化产学研合作机制的过程中，苏州市政府与中科院合作共建科技创新载体21家，与清华大学合作共建13家，与江苏省产业技术研究院共建11家专业研究所。而苏州作为与上海接壤的城市，并未就产学研合作机制与上海各大高校和科

研机构开展较为深入的合作。且从三个城市与上海高校合作的情况来看，上海对苏锡常三市的溢出效应呈梯度逐渐减弱趋势（苏州最近最强，无锡次之，常州最远最弱）。

2. 苏锡常与上海之间现有科技创新协同与合作成果大多由民间企业发起，且基本都是在长三角一体化框架外进行的，协同合作深度有限，政府层面在创新资源对接和引领方面的作用仍需进一步加强

总体而言，苏锡常的企业在与上海科技创新协同过程中的积极性很高，很多合作项目均是由企业自行发起的。以常州为例，2016～2017 年常州市与上海高校院所合作项目共计 16 项，其中仅有 2 个项目的合作方为常州市政府相关部门，其余 14 个项目均由常州的企业主动发起。政府层面在创新资源对接和引领方面的作用在实际操作过程中并不显著。无锡市在与上海创新资源对接中，园区企业自发对接居多，在系统研究、人才引进、开放合作和公共服务等软环境方面对接不多，总体统筹创新资源层级偏低。

表 1　2016～2017 年上海市高校院所与常州企业合作项目统计

序号	项目名称	合作企业	合作院校	合作年份
1	常州市人防疏散体系建设规划	常州市民防局	同济大学建筑与城市规划学院	2017
2	同济大学汽车学院—江苏日盈汽车喷射系统应用联合实验室	江苏日盈电子股份有限公司	同济大学汽车学院	2017
3	睾酮及长效衍生物的研制	江苏佳尔科药业集团有限公司	上海医药工业研究院	2017
4	常州市东货场及周边地区城市设计	常州市天宁区建设局	同济大学建筑与城市规划学院	2017
5	华润置地污染场地土壤有机污染修复技术及装备研发	上田环境修复股份有限公司	中国科学院上海高等研究所	2017
6	脉象采集与远端复现设备研发项目	江苏兆胜空调有限公司	上海交通大学机械与动力工程学院	2017
7	甾体类药物的研究开发	江苏佳尔科药业集团有限公司	上海医药工业研究院	2017

续表

序号	项目名称	合作企业	合作院校	合作年份
8	氨基糖类抗生素研究	江苏方圆制药有限公司	上海交通大学	2017
9	车用精锻爪极零件导磁性能的影响机制研究	江苏龙城精锻有限公司	上海交通大学	2016
10	技术开发协议	米德克广电科技有限公司	中国科学院上海光学精密机械研究所	2016
11	常州市聚酯捆扎带工程技术	常州远东塑料机械有限公司	上海第二工业大学	2016
12	电缆绝缘和护套材料开发技术服务	常州船用电缆有限责任公司	上海电缆研究所	2016
13	河道、湖泊、景观水体生物修复技术开发	上田环境修复股份有限公司	中国科学院上海高等研究院	2016
14	电能质量综合治理解决方案研究	常州天曼智能科技有限公司	上海交通大学	2016
15	碳纤维复合材料加工用金刚石涂层刀具	常州奥特斯丹工具有限公司	上海交通大学	2016
16	脉冲磁致振荡凝固均质化技术在方坯连铸中的应用	中天钢铁集团有限公司	上海大学	2016

资料来源：常州市科技局提供上述资料。

此外，通过走访调研得知，这 14 个项目的常州企业与上海高校的合作深度十分有限，项目中的大多数常州市企业仅仅获得上海高校和科研院所的品牌效应，在真正的研发创新过程中，上海高校和科研院所的实际参与度极低。

3. 苏锡常之间以及苏锡常与上海之间就创新人才资源存在激烈的同质化竞争关系，上海对苏锡常的“虹吸效应”仍然存在

苏州、无锡和常州市政府部门近期纷纷出台以吸引高端人才为目的的人才政策措施，政策优惠力度之大前所未有，人才争夺十分激烈。但是从苏锡常政府部门的人才引进政策来看，人才引进重点对象基本都集中为汽车与高端装备制造、生物医药、信息技术等领域的高技术人才。苏锡常过于同质化的产业结构增加了创新资源的配置和竞争成本，降低了苏锡常地区的创新资源配置效率。

与此同时，上海凭借优越的政策条件从苏锡常各大高校中挖角学科带头人等高级人才，如上海大学从江南大学挖角该校王牌专业——设计专业的学科带头人，导致江南大学该专业人才队伍一度面临空心化问题。此外，苏锡常众多企业反映其高级管理和技术人才在成长到一定阶段之后就会跳槽至上海工作。上海在建设全球科创中心的过程中如何有效避免对周边地区城市的上述“虹吸效应”，将对加强上海与苏锡常之间的科技创新协同至关重要。

4. 园区对接与合作是苏锡常与上海进行科技创新协同和产业协同的主要探索，但是政策协同力度不够导致园区对接与合作面临瓶颈

以无锡市为例，无锡市政府出台政策鼓励本市重点园区与上海张江核心区、紫竹高新区、漕河泾开发区和临港等重点园区对接，重点吸引细分行业龙头型研发机构来无锡发展，实现园区间科技创新对接。但是在推进过程中，上海的园区优惠政策力度很大，而无锡受制于自身财力资源没有办法向上海看齐，导致上海龙头型研发机构入驻无锡园区的要价成本使无锡难以承受，园区对接难以进一步推进。常州、苏州也面临和无锡同样的问题。

（二）苏锡常与上海科技创新协同主要问题的原因分析

长三角地区有效的区域治理体制与机制尚未形成。现有的长三角地区城市经济协调会以及“三省一市”主要领导定期会晤制度尚不能满足长三角地区的经济与社会需求。由于各城市政府间存在政绩的非共享性和排他性，区域经济运行带有相当的区域行政色彩。如果地方政府 R&D 投入具有排他性，不愿其他区域共享由 R&D 投入带来的技术外溢，区域间的科技合作就缺乏引领创新的动力机制和政策环境。

苏锡常三市的产业同构化程度较高，没有形成真正的差异化发展格局，要提高苏锡常地区创新资源竞争和配置成本。苏州、无锡和常州的产业结构都是在承接上海产业转移和产业溢出过程中所形成的，由此导致苏锡常三市产业同构率极高，均超过 60%。过于同构化的产业结构导致苏锡常在各自产业经济发展过程中所需人才、技术等创新资源具有很强的共性，必然进一

步加剧苏锡常地区的资源竞争，提高苏锡常地区创新资源竞争和配置成本。

上海与苏锡常园区政策协同力度不够，政策思路仍然以竞争性的本位主义思想为主，园区资源共享与合作意识不足。上海与苏锡常各政府部门在制定园区政策时，仍然以各自为政的本位主义思想为原则，不同城市的园区功能与优惠政策力度缺乏合作与协同，一方面增加了企业在不同城市园区迁移过程中所面临的政策落差、降低了企业迁移效率，另一方面提高了政府引进园区企业的竞争成本。园区资源共享与协作的正外部性难以释放。

（三）对策与建议

1. 借鉴G60科创走廊建设模式和经验，以上海与苏锡常为主线，打造“沪宁科技创新走廊”，推动苏锡常与上海科技创新协同以及长三角地区整体高质量发展

与G60沿线城市相比，苏州、无锡和常州在产业协同方面与上海更加紧密，具备融入上海以及打造共融共生一体化创新链、产业链和价值链区域协同机制的产业基础。以“上海—苏州—无锡—常州—南京”为一线构建“沪宁科创走廊”，围绕创新协同、产业融合、互联互通、机制完善等方面开展深入合作，打破G60仅对接松江的局限性，以上海充裕的创新智力资源得以充分开发和溢出为目标，探索区域性“研发创新资源合作—创新成果转化与应用—创新产品市场推广—创新收益回馈与技术更新”的创新领域闭合式循环模式。在推动苏锡常与上海科技创新协同的同时，与G60科创走廊遥相呼应，实现长三角地区创新协同全覆盖。

2. 整合上海与苏锡常园区创新与产业资源，深入挖掘苏锡常产业与功能比较优势，打造区域产业园区联合体

上海拥有众多的科技基础设施和国际一流技术、国内领先的央企国企，建议上海以自身创新资源为基础，以产业园区为纽带，以政府部门的顶层设计为推动力，与苏锡常地区共建产业园区联合体。将各个产业链条的研发创新、成果转化与市场推广等不同环节进行区域性分工，如上海的园区更加专注于研发创新，苏锡常地区园区根据各自优势产业，承接上海的创新

成果转化任务，然后再对其进行市场推广。政府部门则通过协商与沟通，完善区域间政府与企业部门之间的利益共享与分配机制，扫除行政体制障碍。上述产业园区联合体的构建，将带动整个长三角地区制造业经营模式的转型升级。

3. 上海在建设全球科创中心的过程中，可以尝试推进部分应用技术类科研院所进行所有制试点改革，引入民间（企业）资本，打造混合所有制科研院所

目前上海的大部分科研院所都是事业单位编制，与产业部门的沟通和协作存在制度性障碍，造成科研院所科研成果资源与企业的产业转化能力之间的资源错配和功能错位。因此，建议上海在建设全球科创中心的过程中，要发挥“敢为天下先”的改革创新精神，从科技创新的最前沿环节——科研院所进行所有制改革。以部分应用技术类科研院所作为改革试点，引入民间企业资本入股科研院所，打造混合所有制的应用技术类科研院所，这样可以使企业的市场需求信息以最快速度被吸收转化为全新的科研成果，全新的科研成果又可以被企业进行高效的科研成果转化和市场推广，以此来推进上海与苏锡常乃至整个长三角地区的创新资源利用效率。

4. 进一步推广上海“创新券”制度，强化上海与苏锡常之间技术创新溢出效应

建议上海就“创新券”制度与苏锡常地区政府和企业加强合作。在苏锡常地区推广“创新券”制度的同时，通过合理设计利益协调与分配机制，实现上海与苏锡常地区“创新券”通用化，以强化上海与苏锡常之间的技术创新溢出效应，真正促进上海与苏锡常地区科技创新资源的“同城化”。

四　统筹推进苏锡常大健康产业一体化，破解长三角一体化发展瓶颈

进入新时代以来，长三角一体化步入了全面深化发展的关键阶段。围绕国家大局、服务国家战略，努力实现高质量发展，更好代表国家参与国际合作竞争的光荣使命，破解长三角一体化发展的制约和瓶颈，更好更快建设长

三角世界级城市群，推动长三角一体化发展获得实质性进步，具有非常重要而紧迫的现实意义和战略意义。

（一）推进大健康产业一体化发展时不我待

大健康产业一体化发展是破解长三角一体化发展瓶颈的最佳抓手，同时也有助于推动上海全球科创中心国家战略建设。

1. 大健康产业一体化是可以最大程度解决长三角一体化发展瓶颈的最好抓手

根据研究认为：当今，长三角一体化发展的最大瓶颈可以概括为三大方面：一是市场要素制约。市场要素仍然不能实现自由流动、地区制度壁垒依然存在；二是产业合作制约。产业合作仍然是自发为主、缺乏区域“一盘棋”的战略引导和规划。三是基础设施和公共服务瓶颈。基础设施和公共服务一体化进展缓慢、严重制约区域一体化的整个进程。在长三角一体化进入全面深化发展的关键阶段，只有以上三大瓶颈都得以解除，长三角一体化发展才有望获得实质性进展。

通过调研发现：大健康产业一体化是可以同步解决以上三大瓶颈的最好抓手，主要理由如下：大健康产业需要大量资金和专业技术人才要素的支持，大健康产业优势和竞争力打造需要区域战略合作共同打造，大健康产业一体化的发展需要社会保障、医疗保障与保险服务等相关政府公共服务和基础设施的对接与一体化服务，因此，以大健康产业一体化为抓手，推动长三角一体化发展，不仅可以客观上助推作为新兴产业的大健康产业发展，而且可以在要素合作、产业竞合发展以及体制机制合作创新等方面探索长三角一体化发展的有效路径和举措。

2. 大健康产业发展有助于推动上海“具有全球影响力的科技创新中心”国家战略建设

对于上海自身的发展来讲，“具有全球影响力的科创中心建设”是国家战略，是中央对上海发展予以的殷切期望和要求。大健康产业链条长、覆盖面广，对于人才、资本和技术的要求高，是科技创新的重要领域。例如健康服务业中的辅助治疗和保健医疗设备、植入体制造、高科技电子仪器等高附加值产业和产品，可以开展不同水平的创新活动。同时，大健康产业许多产品还会带动电子、新材料、精密工程、制药、生物技术、高科技制造以及高校研究等的发展，不仅能够带来制造业和服务业的融合发展，而且有助于推动产学研结合和技术创新，有助于推动“具有全球影响力的科技创新中心”建设。

3. 从国家战略层面来看，促进大健康产业发展，可以实际行动探索实施“健康中国战略”，助力国民经济产业结构的调整，并推动经济社会可持续发展

中国共产党第十九次全国代表大会明确提出“健康中国战略”，十九大报告明确提出“要完善国民健康政策，为人民群众提供全方位、全周期健康服务”。近年来，随着经济社会发展水平的不断提升和人民生活水平的提高，作为新兴产业的大健康产业正在成为产业转型和经济结构调整中的新兴力量。因此，长三角健康产业一体化发展，可以实际行动探索实施“健康中国战略”，助力国民经济产业结构的调整，并推动经济社会可持续发展。

（二）长三角健康产业一体化发展面临的问题

从长三角地区的发展现状来看，长三角大健康产业初步形成了较为完整的大健康产业体系，产业发展基础扎实，健康工业发展水平和能级较高。但调研发现，长三角健康产业一体化发展进程中存在较为明显的问题。

第一，产业同质化竞争的现象，特别是“三省一市”大健康产业的自发、碎片式发展，既不利于形成地方特色和竞争优势，也不利于长三角地区大健康产业一体化。

第二，大健康产业发展需要的医疗专业技术人才、医药研发技术人才在目前条件下依然不能实现自由流动，行政性壁垒依然比较明显，而对于医药研发技术的流动，地方保护主义和各种壁垒因素更加明显，不可避免地制约了地区一体化进程。

第三，社会保障和公共服务设施一体化进程缓慢，严重制约健康产业一体化发展。

第四，由于行业发展的特点，大健康产业的专业性较强，然而市场尚没

有统一的行业技术标准和监管标准，各地“抢跑式”发展难免会带来各种问题，大大增加了区域对接合作与一体化发展的难度。

（三）对策与建议

长三角要实现大健康产业一体化发展，必须首先实现健康（医卫）人才一体化、健康服务标准一体化、健康基地建设统筹化（统筹规划）、健康数据共享化，以此为基础和支撑，以长三角世界级城市群建设和上海卓越的全球城市建设为契机，以上海大都市圈为核心，结合江浙沪皖各地发展基础和优势，打造上海国际医疗健康服务中心、上海周边（以江浙皖特色城市为主）高端体检和疗养基地、长三角（以江浙皖特色小镇为主）健康养老基地和养生保健基地，从产业和空间上“双管齐下”，推动长三角健康产业一体化进程。

1. 健康人才一体化，推进医疗人才资源利用一体化

长三角区域医疗一体化曾经探索了“上海瑞金医院模式”和“上海仁济医院的托管模式”，其中特别是托管模式采取的“标准化管理、统一品牌和管理模式，并由集团旗下的医院管理公司代为培训人员，为集团所属医院输送职业化的医院管理人才”曾经取得良好效果。推进医疗人才一体化需要研究探索多种途径和方式，建议从长三角一体化发展的瓶颈入手，首先重点推进副主任以上医师、专治医师等大健康产业的高级专业人才在长三角地区的自由流动。然后，加快推进行医资格认证一体化及营养人才、护理人才资格认证一体化进程。

2. 健康服务标准一体化，建设统一的专业市场体系

（1）制定长三角地区健康养老服务通用标准、健康服务机构市场进入的统一标准。

（2）加强医疗信息建设的标准制定和管理。

国内真正建设临床数据库（CDR）的医疗机构很少，且各医院信息系统自成体系，院际乃至院内信息共享与信息交换程度并不高。作为接轨世界的前沿区域，长三角地区电子信息一体化也明显滞后于其他方面。加之医疗

信息建设一旦投入，使用周期比较长，因此加强医疗信息建设的标准化、制度化管理，不仅方便疾病医疗信息互换、方便病人、改善民生，而且也能大大提升长三角地区的医疗信息化水平。

率先在长三角地区建立和运用国际统一标准规范市场行为，重构统一的商业信誉体系，打造长三角世界品牌，促进区域统一市场的形成、完善和发展。

（3）健康数据共享化，建议通过协同打造电子健康医联网，促进和实现三甲医院病历数据共享、就诊平台数据共享。

电子健康医联网，一方面可利用网络系统将患者的信息互联互通起来，基于大数据平台的超强处理能力和储存功能，可以为患者的医疗信息在不同医疗机构之间的共享共商提供条件，从而提升医疗领域的诊疗效率，使患者相关医疗信息得到最大化利用，避免不必要的重复诊疗，节省宝贵的就诊时间；另一方面还可为患者更充分、及时了解医疗机构的信息提供便利，在线上实现自动查询、挂号预约等，从而节约了患者的候诊等待时间。此外，电子健康医联网利用线上就诊平台可以有效打破医患之间的空间隔阂，破除地区之间、城乡之间医疗卫生服务品质的鸿沟，真正推进医疗卫生实现空间一体化发展，促进长三角一体化进程。因此，通过电子健康医联网建设，可以实现医学专业知识与信息的透明化，增强共享性，有利于基层医务人员提升业务水平，促进整个区域医疗人才队伍的技术水平提升，从质量上提升长三角健康人才一体化水平。

五　统筹加强苏锡常医疗合作，推进长三角经济社会一体化发展

（一）苏锡常建立医疗分工与协作体系意义重大

上海正在打响四大品牌，“上海服务”是其中之一，而医疗服务是“上海服务”的重要内容。医疗服务是老百姓最为关切的，上海的医疗水平吸引较多的长三角其他省市人员前来看病就医。长三角地区以医疗合作为抓手，

可以有力推进长三角地区经济与社会一体化进程。目前，长三角地区医疗合作尚处于较为初级阶段，未形成梯级的、有层次的区域医疗合作体系。在数字化时代，数据共享共用与交易是长三角地区建立医疗分工与协作关系的必要条件，它可以有效整合长三角地区医疗资源，发挥区域医疗的整体优势，较快地提高长三角地区医疗质量。运用大数据技术，拓展数据共享的广度与深度，推进数据二次开发和数据增值工作，建设发展长三角地区医疗大数据交易平台，有效整合区域医疗资源，改善医疗服务。

（二）长三角地区医疗合作存在的问题

1. 病人的单向流动问题

上海与长三角其他省市是单向的病人流动，即前往上海就医的病人数量占绝对比重，上海前往其他省市的病人数量比重较小。单向的病人流动造成了两方面的问题。这使得当地医技资源闲置浪费、就诊数量不断下降。一方面是一些医院门可罗雀，医院大楼空空荡荡；另一方面是上海“三甲医院”人满为患，沪上许多专家挂号等待时间要 2 个月以上。来到上海的病人直接面对海量的就医信息，缺乏相关知识，往往无所适从。由于人满为患，多年来已经在医院之外形成灰色产业链条，不利于医疗服务水平与质量的提高。许多病人宁愿花费巨款到日本和美国就医也不愿意花费时间等待和接受质量不高的医疗服务。

还有，在上海周边城市，病人大量前往上海就医，一些医院与医药机构对当地财政收入的贡献率不断下降，导致这些城市直接叫停了异地就诊直接结算服务。

2. 医保目录和经办规则不统一问题

目前，上海共有 449 家医院于 2017 年开通了国家异地就诊住院费用直接结算功能，在实际医疗报销运作过程中，住院直接刷卡支付比重在 2/3 左右，还有近 1/3 左右先行垫付再回本地报销。门诊先行垫付的发票在返回报销之时还要经过审核这一环节，剔除部分取决于审核人员，这使病人费用往往不能足额报销。

上海与江苏的药品、诊疗项目等基本目录不统一，报销标准不一样，如外地参保人员在上海黄浦区就诊报销时只能选择上海药品目录，医疗开支与花费回本地之后报销困难重重，导致参保人的医保待遇报销有差异。在社保资格认证上，上海社会保险资格认证的网上办理并不是即时的，时间较长，给外地就医异地结算带来极大不便。

3. 检查结果互认问题

目前，长三角地区“三省一市”对于医疗检查、复查没有形成较为统一的标准体系。病员检查与检验结果的数据不能在异地医院共享共用，病员需要携带打印出来的胶片与书面报告到上海就诊。不同城市的检查结果如CT、X光片、核磁共振以及其他检查结果取决于医生的意见，随意性比较大，相同项目重新检查结果相同的现象普遍存在。一些常规检查项目完全可以在本地检查之后再到上海就医。但是，不必要的复查无疑加重了上海已经十分紧张的医疗技术设施负担。从总体上看，长三角地区医疗检查与检验资源的碎片化特征较为明显，没有形成体系。上海“三甲”医院相关检查与检验的医疗技术设施使用极为紧张。目前华山医院的核磁共振检查需要等候1个月左右时间。

4. 医院信息系统与平台对接问题

目前，大型医院都加快了医疗信息系统建设，以方便病员挂号、就诊、检查与财务结算。但是，不同城市不同医院的信息系统与平台对接还存在较大的障碍。不同医院建设医疗信息系统以及数据库所采用的技术、平台、标准和网络标准不一，导致许多数据不能共享。不同城市不同医院的医疗数据还没有实现共通、共享与共用。大量的医疗数据停留在本医院而得不到开发与运用，造成了医疗数据的低效利用与浪费现象。此外，长三角不同地区之间医疗数据共享共用还存在各种区域性壁垒，数据“画地为牢”现象较普遍。

（三）对策与建议

1. 建设区域医疗合作体系，破除体制障碍与利益藩篱

目前许多城市前往上海就医的病人缺乏有序性，没有得到有效疏导，缺

乏本地医院的协助。这给病人的就医与治疗带来极大的不便与痛苦。简而言之，长三角医疗合作缺乏层次性与体系性。上海显然承担了过多的医疗功能。应当积极倡导小病、常见病和常规性检查在本地附近医院进行，而大病、重病与疑难杂病集中到上海大医院进行治疗。上海与周边城市形成区域性医疗合作体系。建议实施大病与重病的专家挂号推荐制，实行病人筛选机制，重病与大病的病人在周边城市医院医生推荐下可以直接挂号，不用等待与排队。

同时，需要采用信息化手段破除体制障碍、区域壁垒与利益藩篱。推进互联网远程医疗、网上挂号与咨询平台的发展。目前，申康“医联预约平台”以及民间的“好大夫在线”、“微医”和“三九就医助手”等仅限于挂号、医生个人信息、患者评论与咨询，发展深度还较为不足，平台与医院的合作程度不高。

此外，在关乎人民健康的问题上，地方经济发展特别是财政收入不能依赖于本地医院与医药，反而应当加大地方财政对医疗保障与合作的补贴力度。

2. 推进医疗标准建设，建设“医疗数据共享池”

在长三角地区内，不同城市不同医院要积极开放医疗数据资源，促进数据资源共享，改变“医疗数据孤岛”现象，设定相对明确数据标准，促进区域之内形成共享共用的“医疗数据共享池”，立足于数据资源的共享互换，推进不同城市有资质的医院开展检查与检验结果互认工作。

要通过数据共享共用，打破长三角地区医疗分割的碎片化特征以及病员无序流动状况，有助于充分利用数据资源，打破区域壁垒，改善长三角医疗数据资源利用状况，冲破“画地为牢”与“数据孤岛”瓶颈，提高数据资源利用率，深度推进医疗合作，方便老百姓看病。要进一步加强不同医疗信息平台的连接性与数据反映能力的全面性；使得不同省市之间的医疗数据实现对接与共享，实现数据在长三角地区共享共用。建议长三角地区所有的“三甲”医院率先推进检查与检验的数据共享与结果互认工作、医院信息系统对接工作、跨院医疗费用直接结算工作。

3. 建设医疗大数据交易平台，整合区域医疗资源

区域医疗资源碎片化特征较为明显，临床数据的质量与对接性较差，数据信息没有得到有效整合，对医疗数据的开发与利用程度较低。正如城市的交通枢纽中心一样，医疗数据的共享共用、二次开发与交易也需要统一的交易与处理平台。大数据交易平台是数据的“交通枢纽中心”，把分散化与重复性的数据处理统一集中到一个平台上，可以有效节省数据处理与交易时间，提高数据效能，更好地发挥数据资源的作用。它可以促进数据资源整合、提高数据质量、增强数据流动性，成为当前我国许多地区与城市促进数据流通和提升数据效能的重要举措。

目前，长三角地区的大数据交易平台有上海数据交易中心、浙江大数据交易中心、江苏大数据交易平台和安徽大数据交易平台。这四个大数据交易平台尚处于初级开发阶段，尤其是对医疗大数据的交易与处理还处于空白阶段。因此，长三角地区应整合和提升各省市现有的大数据交易平台，形成长三角地区医疗大数据综合性交易平台，联通所有医生信息，记录所有患者医疗档案，联通所有医疗技术检查与检验设施，有效整合长三角地区的医疗数据资源，推进长三角地区医疗合作进入一体化阶段。

对外开放篇

Opening-up Reports

B.18 推动长江经济带发展 加快形成全面开放新格局

杨长湧*

摘　要： 1992年沿江开放近30年来，长江经济带开放型经济发展取得长足进步，特别是近年来中上游地区开放提速，但仍面临一系列问题。下一步，应紧紧抓住东西双向开放和上中下游协同开放这两个核心，明确重点任务，采取有力措施，将长江经济带打造成横贯东中西的双向开放走廊、联结南北方的开放合作高地、融入"一带一路"建设的战略支撑地带。

关键词： 长江经济带　全面开放　开放型经济

* 杨长湧，中国宏观经济研究院对外经济研究所综合研究室副主任、副研究员，主要研究方向为长江经济带、对外经济综合研究。

党的十九大报告指出，要形成陆海内外联动、东西双向互济的全面开放新格局。关键是要优化区域开放布局，补齐内陆沿边开放的短板。长江经济带同时具备沿海、沿江、内陆和沿边开放优势，是优化区域开放布局、推动区域协调开放的重要抓手。应推动长江经济带加快形成全面开放新格局，促进全国新一轮高水平对外开放。

一　长江经济带全面对外开放的基础条件和面临的问题

1992 年沿江开放正式实施以来，长江经济带开放型经济发展取得长足进步。特别是近年来中上游地区开放提速，探索形成以中欧班列为代表的内陆开放新模式，为长江经济带构建全方位对外开放格局打下了坚实基础。但是，东强西弱、海强陆弱的开放格局尚未根本改变，在统筹东西双向开放中又面临“三个不容易”的新问题，长江经济带全方位开放任重道远。

（一）长江经济带开放型经济发展取得长足进步，中上游地区开放提速

1992 年 5 月，重庆、武汉、岳阳、九江、芜湖 5 个城市被列为沿江开放城市。二十多年来，长江经济带形成以浦东为龙头、以长三角为引领、以沿江开放城市为支点的沿江开放大格局，形成了一条横贯东中西、联结南北方的对外开放走廊。特别是近年来，随着内陆沿边开放力度的加大，中上游省市开放型经济快速发展，成为长江经济带对外开放的新亮点。

1. 对外贸易增速基本与全国同步，重庆、四川和江西成为外贸新增长极

2005 ~ 2017 年，全国进出口额从 14219. 1 亿美元增至 41071. 6 亿美元，增长约 2 倍。同期，按境内目的地和货物来源地计算，长江经济带 11 省市进出口额从 5939 亿美元增至 17846. 2 亿美元，增速基本与全国同步，占全国外贸的比重约为 43%；中游和上游地区进出口额分别增长 4. 3 倍和

7.1倍，高于全国平均水平；重庆、四川和江西进出口额分别增长12.4倍、7.7倍和6.4倍，成为外贸新增长极。2017年，全国外贸额上升11.4%，长江经济带外贸额上升14.7%，长三角外贸额上升13.3%，均高于全国增幅。

表1　2005～2017年长江经济带外贸增长基本情况

地区	2005～2017年增长倍数	2017年同比增长(%)
全国	1.9	11.4
长江经济带	2.0	14.7
上海市	1.5	10.6
江苏省	1.7	16.3
浙江省	2.1	11.8
长三角	1.7	13.3
安徽省	4.5	24.5
江西省	6.4	4.4
湖北省	3.6	18.4
湖南省	3.3	29.6
长江中游	4.3	18.5
重庆市	12.4	9.1
四川省	7.7	38.6
贵州省	3.0	56.0
云南省	3.3	22.8
长江上游	7.1	24.6

注：本表中长三角、长江中游、长江上游按照国家统计局的标准进行统计，下同。
资料来源：海关总署、国家统计局并经笔者计算。

上中下游地区外贸产品结构存在明显差异。上游地区进口商品以矿产品、化工产品、运输设备、电子仪器、玻璃制品、服装、鞋类、机电产品、大豆为主；出口商品主要为皮革制品、纺织品、贱金属及其制品、机器零件、自动数据处理设备、机电产品。中游地区进口商品以铁矿石、机械设备、集成电路及其零件、电器及电子产品为主；出口主要为机械设备、化工产品、船舶、服装、钢材、机电产品等。下游地区进口以集成电路、液晶显示板、矿产品、橡胶、机械设备等商品为主；出口主要为高新技术产品、机电产品、自动数据处理设备、服装及纺制品、船舶、汽车及底盘、服装、纺织品等。

上中下游地区主要贸易伙伴各具特色。上游与东盟（马来西亚、缅甸、越南、泰国等）和印度等国家的贸易额较大；中游自澳大利亚、巴西等铁矿石产地的进口额较大；下游与主要发达经济体（美、日、韩、德、法、英、澳等）贸易额较大。

2. 利用外资额显著扩大，中上游地区外商投资存量增速超过长三角地区

截至2017年底，长江经济带外商投资企业投资额28594亿美元，占全国的比重为41.5%，较2005年增长3.2倍，年均增速达12.7%；长三角地区、长江中游地区和长江上游地区外商投资额分别较2005年增长2.8倍、4.9倍和6.8倍，年均增速分别达11.7%、15.9%和18.7%（见表2）。

表2　2005～2017年长江经济带利用外商投资额增长情况

地区	2005～2017年增长倍数	2005～2017年年均增速(%)
长江经济带	3.2	12.7
上海市	3.0	12.2
江苏省	2.6	11.4
浙江省	2.7	11.4
长三角	2.8	11.7
安徽省	4.6	15.4
江西省	3.4	13.1
湖北省	3.5	13.3
湖南省	9.3	21.5
长江中游	4.9	15.9
重庆市	10.8	22.8
四川省	5.8	17.3
贵州省	12.4	24.1
云南省	3.4	13.2
长江上游	6.8	18.7

资料来源：国家统计局并经笔者计算。

从外资来源看，香港地区、台湾地区、英属维尔京群岛、新加坡、日本、美国、韩国、法国、德国等是长江经济带外商投资主要来源国家和地区。其中，香港地区占长江经济带实际利用外资额的比重近 50%。另外，上游地区特别是云南省吸引泰国、缅甸、马来西亚及印度等东盟和南亚国家的资金额逐步增加。从外资流向看，上游地区第三产业利用外资额要高于第二产业，中下游地区第二产业利用外资额则高于第三产业。

3. “走出去”快速发展，中上游地区在长江经济带对外投资和工程承包中的比重明显上升

2006 ~2017 年，全国非金融类对外直接投资流量从 176. 3 亿美元增至 1395. 0 亿美元，增长 6. 9 倍；同期长江经济带非金融类对外直接投资流量从 9. 6 亿美元增至 417. 3 亿美元，增长 42. 5 倍，占全国流量的比重从 5. 4% 升至 29. 9%。长三角、长江中游和长江上游地区非金融类对外直接投资流量分别增长 34. 5 倍、55 倍和 110. 8 倍。

2006 ~2017 年，全国非金融类对外直接投资存量从 750. 2 亿美元增至 16064 亿美元，增长 20. 4 倍；同期长江经济带非金融类对外直接投资存量从 44. 9 亿美元增至 3060. 6 亿美元，增长 67. 2 倍，占全国的比重从 6% 升至 19%。长三角、长江中游和长江上游地区非金融类对外直接投资存量分别增长 63. 3 倍、111. 3 倍和 80. 7 倍。中游和上游地区在长江经济带对外投资存量中的比重分别从 2006 年的 5. 8% 和 7. 1% 升至 2017 年的 9. 5% 和 8. 5%。

2010 ~2017 年，全国对外承包工程额从 921. 7 亿美元增至 1685. 9 亿美元，增长 83%；同期长江经济带对外承包工程额从 282. 5 亿美元增至 515. 7 亿美元，增长 83%，占全国的比重从 30. 1% 升至 30. 6%。中游和上游地区对外承包工程额分别增长 120% 和 35%。

（二）长江经济带开放型经济活动仍集中于长三角，“东强西弱”格局未根本改变

近年来，中上游地区开放型经济迅速发展，在长江经济带对外开放中的地位不断提升，但长三角仍是开放型经济活动主要集中的地区。2017 年，

长三角对外贸易、外商投资额和非金融类对外直接投资存量分别占长江经济带的82.2%、74.75%和81.9%（见表3），长江经济带对外开放“东强西弱”“海强陆弱”的格局尚未根本改变。

表3　上中下游地区开放型经济占长江经济带的比重

单位：%

项目	年份	长三角	长江中游	长江上游
外贸占比	2005	91.6	5.2	3.2
	2017	82.2	9.2	8.6
外商投资额占比	2005	83.7	11.1	5.2
	2017	74.75	15.60	9.65
非金融类对外直接投资存量占比	2006	86.9	5.8	7.1
	2017	81.9	9.5	8.5

资料来源：笔者计算。

从开放口岸情况看，截至2016年底，长江经济带共有国务院批准的对外开放口岸75个，长三角、长江中游和长江上游地区分别有37个、16个和22个。2016年，长三角地区出入境人员占长江经济带的69%。

（三）长江经济带对外开放“三个不容易”的新问题开始显现

1. 向东开放、衔接国际投资贸易通行规则不容易

长三角地区对外开放已达较高水平，要素成本等传统优势弱化，亟须通过上海自贸试验区建设和经验复制推广，率先建立符合国际化、市场化、法治化要求的投资贸易规则体系，释放新一轮对外开放的制度红利。然而，从近两年达成的美韩自由贸易协定、CPTPP协定等高标准自贸协定看，上海自贸试验区自由化、便利化程度的差距依然较大，外商投资者普遍认为尚有较大开放空间。

2. 向西开放、深入推进国际经济走廊建设不容易

打造六大国际经济走廊是推进丝绸之路经济带建设的核心抓手，也是长江经济带扩大向西开放的主要平台。基础设施互联互通是国际经济走廊建设

的先导和基础。目前，中缅、中老泰、中越等与长江经济带关系紧密的国际运输大通道建设虽在逐步推进，但遇到不少新困难、新挑战，包括但不限于：一是国外政局不稳或对我国戒备心理较强，基础设施联通的政治风险上升。特别是随着中东地区乱局依旧，“三股势力”在中亚、西亚地区日趋活跃，对跨欧亚大陆的国际运输通道建设带来严重干扰。二是互联互通标准不一，给经济走廊建设带来困扰，如铁路准轨和窄轨转换影响国际联运效率。三是沿线基本都是比较落后的发展中国家，基础设施建设资金主要依靠我国筹措，缺口巨大。据亚洲开发银行测算，2010～2020 年亚洲国家基础设施投资需求约 8 万亿美元；我国“一带一路”建设资金总供给规模不超过 2000 亿美元，资金紧张问题突出。

3. 内陆开放、打造竞争有序的开放新高地不容易

长江经济带内陆省市开放多数是在复制沿海招商引资和扩大货物出口的经验，通过承接国际和沿海产业转移，培育外向型产业集群；通过融入向西国际经济走廊建设，解决货物运输通道问题；通过与沿海沿边实现通关一体化，降低通关成本。这种开放模式推动重庆等内陆省市对外贸易和利用外资快速增长，但也面临新情况、新问题，突出体现为中欧班列存在无序竞争的问题。

二　长江经济带全面对外开放的总体思路和战略重点

（一）总体思路：东西双向开放和上中下游协同开放

适应经济全球化新形势和我国经济新常态，深入贯彻落实党中央关于新一轮对外开放的战略部署，立足长江经济带沿海、沿江、沿边、内陆兼备的区位优势，紧紧抓住东西双向开放和上中下游协同开放这两个核心，全面提升长江经济带开放型经济发展水平，加强沿江各省市对外开放的协调互动，将长江经济带打造成横贯东中西的双向开放走廊、联结南北方的开放合作高地、融入“一带一路”建设的战略支撑地带。

（二）战略重点：三个既要、三个更要

自长三角沿江而上向内陆沿边深入推进对外开放，东西双向、陆海统筹，是下一步构建长江经济带全方位对外开放新格局的主线和战略重点。

1. 既要提升长三角开放，更要深化中上游地区开放

将长三角打造成为对外开放最高地。发挥长三角经济开放水平高、市场机制作用强、改革创新意识强的优势，深化自贸试验区改革，借鉴新加坡、鹿特丹、迪拜等自由港建设经验，形成对标高标准投资贸易规则的制度体系，打造国际化、法治化营商环境，为长三角深入发挥开放引领作用打下坚实基础。将扩大内陆沿边开放作为优化长江经济带区域开放布局的重点。一方面，中上游省市要继续追赶先进，深化与发达经济体以及长三角、珠三角等沿海地区合作，大力承接产业转移，吸引集聚资本、技术、人才等优质要素，实现高水平“引进来”。另一方面，要利用好“一带一路”建设带来的历史机遇，面向东南亚、南亚、中亚发展中国家，加快形成多元化国际陆路大通道，以工程机械、轨道交通、装备制造、电子信息等优势产业为基础，扩大出口和对外投资，实现高质量“走出去”，打造内陆沿边开放新高地。

2. 既要做强大城市开放，更要通过涓滴效应逐步带动中小城市开放

欠发达地区要迈向高水平开放，必须集中资源让1～2个城市先成为开放高地，而后带动其他，才能实现协调开放、共同发展。未来一个时期，依然要将重庆、成都、武汉等中上游地区现有开放高地做强做优，以省会城市为重点打造一批贸易投资区域枢纽城市，形成若干开放型经济新增长极。经过5～10年发展到一定程度，大城市出现要素成本明显上升、资源环境容量收窄时，要及时推动产业、资本、技术等经济资源向邻近中小城市疏解，变虹吸效应为涓滴效应，带动中小城市融入国际产业分工、深入参与对外贸易、扩大利用外资规模，提高中小城市以开放促发展的能力。

3. 既要支持特色开放，更要强化联动开放

在支持上中下游地区根据区位特点和要素禀赋探索差异化开放路径的同时，要增强开放的联动性，用好省际协商机制，探索部门对接落实机制，将

长江经济带打造成为各地优势充分发挥、相互之间紧密协作的对外开放走廊。要鼓励长三角产业、资本、技术、管理等优质要素溯江而上，与中上游地区的劳动力、土地、资源优势紧密结合，在贸易、园区、航运、金融等领域构建高水平合作机制，为中上游地区更好地利用国际市场和资源提供支持。重庆、四川、云南等省市要成为中下游地区扩大向西陆路贸易的货物集散枢纽。特别是云南要建设成为面向南亚、东南亚的辐射中心，提升长江经济带向南亚、东南亚开放的通道和门户作用。

三　长江经济带全面对外开放的主要任务

构建长江经济带全方位对外开放新格局，重点在向西开放，难点在内陆沿边开放。要抓住关键环节、解决突出问题，紧紧围绕双向开放和协同开放的总体思路，提升长三角地区的开放引领作用，将云南建成面向南亚、东南亚的辐射中心，增强内陆开放经济高地的腹地支撑功能，紧密衔接“一带一路”建设，以对外贸易优进优出、加工贸易梯度转移、加快发展服务贸易、加大对外投资力度、大力拓展国际合作等为主要内容，充分发挥各地优势，全面提升长江经济带开放型经济发展水平。

（一）以上海为龙头发挥长三角地区的开放引领作用

1. 打造开放型经济发展新业态、新平台、新模式

深入推进国家科技兴贸创新基地建设，推动形成一批竞争力强的外贸综合服务企业，率先培育以技术、品牌、质量、服务为核心的外贸竞争新优势。以扩大金融、教育、文化、医疗等服务业利用外资为重点，为长江经济带提升引资水平积累探索新路径。在长三角地区培育一批世界水平的跨国公司，鼓励与中上游地区企业联合“走出去”开展跨境并购、绿地投资和证券投资，提升长江经济带对外投资能力。以苏州工业园区开放创新综合改革试验区和昆山深化两岸产业合作试验区为主要载体，打造中新合作、两岸合作升级版，在两岸中小企业合作、跨境电子

商务、跨境金融服务等方面取得新的突破，对长江经济带各省市与境外国家和地区共建产业园区发挥示范作用。加快中国（杭州）跨境电子商务综合试验区建设，率先构建和完善符合国际贸易需求的电子商务国际贸易服务体系。深化浙江义乌国际贸易综合改革试点，加快义乌国家级小商品国际贸易区建设，完善市场采购新型贸易方式及其配套监管办法。可在长江经济带建设若干特色专业市场集聚区，复制推广义乌改革创新经验。

2. 构建长江经济带高水平开放合作链条

构建航运合作链、贸易合作链和金融合作链，发挥长三角地区对长江经济带的开放枢纽功能及引领作用。推动上海国际航运中心提质增效升级，强化浙江宁波—舟山港域海上门户功能，提升舟山江海联运服务中心建设水平。通过共建共营共管港口基础设施等方式促进长三角与长江中上游地区港口联动和港航合作，为内陆货物走向国际市场提供通江达海便利。以苏州加工贸易转型升级试点为主要抓手，促进长三角地区加工贸易向中上游地区有序转移，形成长三角提供研发、设计、品牌、营销等高增值服务，中上游地区从事零部件生产和加工组装的加工贸易链条。提升上海国际金融中心对长江经济带的服务功能，建设合肥国际金融后台服务中心，鼓励金融机构到中上游地区中心城市开设分支机构，为中上游地区企业开展对外贸易和投资提供更加便利的融资、保险和人民币跨境结算等服务。在重庆、武汉等中上游中心城市复制推广上海陆家嘴金融区建设经验，打造区域性金融中心。

（二）加快建设云南成为面向南亚、东南亚的辐射中心

1. 发挥云南开放窗口作用

以中国昆明进出口商品交易会等高端国际会展为载体，以昆明出口加工区、红河综合保税区、国家级边境经济合作区等对外开放特殊区域为平台，在昆明、瑞丽、勐腊（磨憨）推动保税物流、跨境电子商务等业务发展，打造长江经济带对东南亚、南亚货物进出口的集散枢纽。充分利用云南沿边

区位优势及与周边国家建立的多层次合作机制，推动云南形成区域性对外投资、研发和财务中心，建成西部省份“走出去”的先行区。加快云南沿边金融综合改革试验区建设，完善跨境金融基础设施，为长江经济带各省市与东南亚、南亚国家进行人民币贸易投资往来提供高质量的金融服务。在具备条件的口岸实施“境内关外”监管模式和“一口岸多通道”通关模式。推动签署中越、中老泰、中缅跨境运输协定。对重点工程项目实行人员出入境绿色通道政策。

2. 提升云南开放平台地位

深化云南与大湄公河次区域国家经济走廊、交通、能源、经贸、电信、旅游、农业、环境和人力资源等领域的合作，推进中国—东盟湄公河流域开发。扩大中国—南亚博览会影响力，强化孟中印缅地区合作论坛功能，争取云南与缅甸、印度、孟加拉国等东南亚、南亚国家建立全方位、多层次合作机制。发挥云南主体省份作用，将云南打造成长江经济带各省市参与大湄公河次区域合作和孟中印缅经济走廊建设的主要平台。

（三）创新思路破解三大难题，深化内陆地区对外开放

内陆区位对开放的制约是一个世界性难题，主要体现在：一是长距离货物运输导致物流成本高企；二是缺乏大规模外向型产业基础；三是开放观念和营商环境相对沿海落后。近年来，长江中上游地区在破解这些难题方面进行了有益探索，包括开行中欧班列、整链条引进电子信息产业等。应认真总结、复制、推广相关经验并着力解决新矛盾、新问题，大力补齐内陆开放短板。

1. 以提升中欧班列和发展“轻型贸易”为抓手破解物流运输难题

提升中欧班列的关键不是改善硬件设施，而是完善体制机制。一是在中欧班列激增、国内通道已趋饱和的情形下，加强国家层面的规划和调控，暂停增设新的中欧班列始发地，推动现有始发地有序竞争，避免争抢货源。二是支持出口班列探索中途集拼箱，与新疆、甘肃等沿途地区建立合作机制，增强中欧班列的辐射带动作用。三是强化回程货物运输，支持中欧班列与欧

洲中小企业建立稳定供货机制，重点瞄准汽车、零部件、食品等增加进口。四是大力推动中欧班列提单一单制和物权化，缩短陆路贸易资金周转期，大幅降低中欧班列综合运输成本。同时，在重庆、成都、武汉等中上游中心城市鼓励发展不依赖陆路运输的“轻型贸易”，包括以航空运输为主的高精尖产品贸易、以自然人移动为主的服务贸易和服务外包、以邮包为主要形态的跨境电子商务等，绕开内陆区位难题，形成若干航空贸易、服务贸易和跨境电子商务枢纽。

2. 以打造加工贸易集聚区为抓手破解产业基础难题

在安徽、江西等与沪苏浙毗邻的省份，选择1~2个交通便利、要素成本较低、产业基础较好的三线城市，系统设计财税、金融、土地、劳工政策，从税收优惠、银行信贷、土地供给、职工住房等方面给予全方位支持，形成成本洼地，打造长三角劳动密集型加工贸易转移的集中承载地和集聚区，构建长三角提供研发、设计、品牌、营销等高增值服务与加工贸易集聚区从事零部件生产和加工组装的密切分工关系。

3. 以干部交流为抓手破解思想观念和营商环境难题

开放战略确定以后，干部是关键。要增强中上游地区与长三角的干部交流力度，扩大交流规模、提升交流层次、增强交流系统性，将长三角懂开放、敢开放、会开放的干部选拔到中上游地区，特别是大胆选拔到说话管用、能干事的关键位置，充分发挥体制优势，通过以上率下带动中上游地区干部队伍整体观念转变和营商环境改善。

（四）加强与“一带一路”建设的互动

1. 衔接“一带一路”通道

以中老泰、中越国际运输通道为支撑，以昆明为主要节点城市，以云南勐腊（磨憨）重点开发开放试验区为重点产业园区，向北延伸至贵阳、重庆、成都，打造丝绸之路经济带中国—中南半岛经济走廊重要分支。与丝绸之路经济带新亚欧大陆桥经济走廊及中国—中亚—西亚经济走廊有效衔接，提升中欧班列国际运输功能，拓展跨境邮包和旅游业务，建立中欧铁路通道协调和口岸通关协作机制，增强对中亚、欧洲等地区进出口货物的吸引能力，着力解决双向运输不平衡问题。鼓励长江经济带各省市加强与二连浩特、满洲里、黑河、绥芬河等口岸的交通联系和战略合作，通过西伯利亚大陆桥扩大向西开放，增强丝绸之路经济带中蒙俄经济走廊对长江经济带的辐射作用。促进长三角地区港口转型升级，积极参与中国—东盟港口城市合作网络，加密通往东南亚、南亚国家的海上航线，构建以长三角为起点、畅通安全高效的海上战略通道。建立和完善长江中上游省市与福建、广东的陆路、水路和航空运输通道，积极发展多式联运，增强借港出海能力，融入海上丝绸之路建设。

2. 培育“一带一路”支点

发挥重庆长江经济带西部中心枢纽作用，推进国际信息港和西部通信枢纽建设，增强对丝绸之路经济带的战略支撑。发挥成都战略支点作用，加快西部航空枢纽建设，打造国家战略资源开发基地和现代制造业基地，把四川培育为连接丝绸之路经济带的重要纽带。加快连云港国家东中西区域合作示范区建设，拓展中哈连云港物流基地与中亚国家在铁路运输、物流仓储等方面的深度合作，提高连云港陆桥通道桥头堡水平。推进浙江海洋经济发展示范区和舟山群岛新区建设，将上海、宁波—舟山建设成为海上合作重要战略支点。

3. 加强经贸人文务实合作

加快与“一带一路”沿线国家的设施联通、贸易畅通、资金融通和民心相通。依托向西国际运输通道，推动更多枢纽口岸加入“安智贸”协议，促进机电产品和高新技术产品向东南亚、南亚、中亚、西亚、中东欧国家出口。增加自“一带一路”沿线国家能源、资源和农产品进口，加大进口信贷支持力度，适当给予关税配额等倾斜。发展投资贸易，鼓励沿江优势企业加强在“一带一路”沿线国家的机械装备、电子设备、纺织、服装等产业投资及铁路、公路、电力等工程承包，带动国内装备、技术、服务和标准“走出去”。积极推动与“一带一路”沿线国家贸易和投资本币结算，建设区域性人民币清算中心。鼓励长江经济带各省市与“一带一路”沿线国家

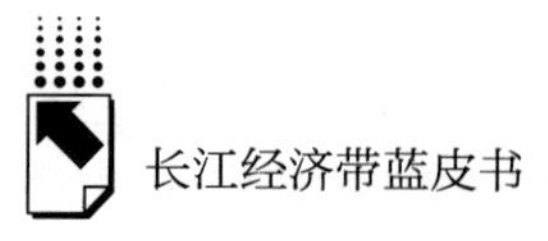

加强教育、文化、艺术、科技、环保和旅游等合作，建立多层次交流机制，推动中华优秀传统文化“走出去”。

四　长江经济带全面对外开放的政策措施

构建长江经济带全方位对外开放新格局，是一项系统性工程，需要不断改善硬件和软件条件，为开放提供强大的基础设施、产业发展及体制机制支撑。

（一）硬件：改善国际运输通道、提升对外开放平台

1. 推动基础设施互联互通

加快推进中缅、中老泰、中越等国际运输通道建设，推进昆明至缅甸的铁路、公路和油气管道建设，及昆明至老挝、越南的铁路、公路建设，打造昆明—瑞丽、昆明—孟力腊（磨憨）、昆明—河口并延伸至境外的对外开放走廊。改造提升澜沧江—湄公河国际航道，打通中缅陆水联运通道。强化昆明区域航空枢纽和门户枢纽功能，完善云南机场布局。推进区域性国际电力交换枢纽和国际信息港建设。加快渝昆铁路建设，推动成昆铁路、南昆铁路扩能改造，增强云南对外运输通道对重庆、四川、贵州等长江上游省市的辐射带动作用。依托覆盖长江经济带的综合立体交通走廊，提升长江中下游地区借道云南从印度洋出海能力。

2. 促进边境特殊区域建设

在具备条件的边境地区按程序设立综合保税区、边境经济合作区和边境旅游合作区，完善人员免签、旅游异地办证、落地签证等政策。积极推进跨境经济合作区建设，适当延长区内免签期，探索人民币全流通。在具备条件的边境地区建设国际商品集散地、大型边境贸易市场和储运中心。

3. 提升中上游口岸开放水平

加大对长江中上游地区口岸基础设施建设的支持力度，提高通关效率，增强口岸功能。在有条件的地方增设铁路、内河港口一类开放口岸。设立新的航空口岸，加密既有航空口岸国际航线和航班。增加相关口岸汽车整车进

出口业务，增设肉类和粮食进口口岸。加强电子口岸建设，推动口岸信息系统互联共享。

4. 整合优化沿江海关特殊监管区域

逐步将沿江各省市现有的出口加工区、保税物流园区、保税港区及符合条件的保税区整合升级为综合保税区。支持条件成熟的综合保税区适时拓展功能和范围，研究设立新的综合保税区。推动综合保税区业务向保税加工、保税物流、保税服务等多元方向发展，制定允许入区的生产性服务业清单。在符合条件的地方设立保税物流中心。

5. 加快境外特殊区域发展

以“一带一路”沿线国家为重点，建设境外经贸合作区和农业合作区。加大对“一带一路”沿线既有经贸合作区建设的支持力度，适时设立新的经贸合作区和农业合作区。加大政策性金融支持力度，鼓励商业银行与实体企业联合“走出去”，为境外园区建设提供融资支持。

（二）软件：构建开放型经济新体制

1. 加快上海自贸试验区先行先试和经验推广

以中国（上海）自由贸易试验区扩区为契机，进一步完善外商投资负面清单，健全“一线放开、二线安全高效管住”的贸易监管模式，稳步推进自由贸易账户建设，健全事中事后监管体系。长江经济带国家级开发区、国家级新区及海关特殊监管区域应主动复制推广上海自贸试验区改革创新经验，加强干部交流和信息共享，实现区域联动。

2. 加快“走出去”，开展国际产能合作

加强对企业“走出去”的引导，站在国家战略层面对不同类型产业的国际产能合作进行有重点的指导，将加工组装环节配置在国外，沿江企业专注于研发、设计、品牌、营销和供应链管理等高增值环节，构建由沿江企业主导的价值链。对于纺织、服装等劳动密集型产业，可重点引导到人口多、成本低、市场潜力大的非洲国家；对于钢铁、有色、建材、汽车、通信、工程机械等重化工业，可重点引导到“一带一路”沿线有条件的国家和地区。

3. 构建上中下游高水平联动开放机制

一是构建园区合作机制。在长江经济带开展“飞地经济”合作试点，鼓励沪苏浙到中上游地区共建产业园区，探索主体结构、开发建设、运营管理、利益分配等新模式。探索建立长江经济带自贸试验区联动发展机制，上海、浙江、湖北、重庆、四川等5个自贸试验区，任何一个自贸试验区的制度创新经验可自动适用于其他自贸试验区。时机成熟时，这一“自动适用机制”可推广至长江经济带的国家级新区、国家级开发区和边境经济合作区等其他特殊区域。二是构建航运合作机制。推动上海国际航运中心提质增效升级，强化宁波—舟山港域海上门户功能，通过共建共营共管港口基础设施等方式促进长三角与中上游地区港口联动和港航合作，为内陆货物走向国际市场提供通江达海便利。三是构建金融合作机制。提升上海国际金融中心对长江经济带的服务功能，在中上游建设国际金融后台服务中心，鼓励长三角金融机构到中上游中心城市开设分支机构，为中上游地区企业开展对外贸易和投资提供更加便利的融资、保险和人民币跨境结算等服务。在重庆、武汉等中上游中心城市复制推广上海陆家嘴金融区建设经验，打造区域性金融中心。

参考文献

[1]《推动长江经济带发展领导小组办公室负责人就长江经济带发展有关问题答记者问》，中央政府门户网站，2016年9月11日。

[2] 王振主编《长江经济带发展报告（2017～2018）》，社会科学文献出版社，2018。

[3] 许德友：《中国式产业转移：从“西进北上”到“长江隆起”》，《广东行政学院学报》2018年第2期。

[4] 周国兰、龙强、周吉：《长江沿江地区开放型经济发展水平评价与比较》，《开发研究》2017年第2期。

B.19

深度融入“一带一路”建设 促进长江经济带绿色发展

易小光*

摘　要： 长江经济带发展战略构想能否成功实现，关键在于长江上中下游能否协同联动，破解这一难题的重点又在于使上中游地区具备发展的动力，新时期我国以“一带一路”为代表的全方位开放战略，为长江经济带协同联动发展提供了动力，必须把长江经济带绿色发展与“一带一路”建设有机融合起来。促进深度融入要特别关注以下问题：新时代长江上游地区及西部地区发展战略地位和作用的新变化；区域发展政策应当具有差异性；开放环境下长江上游地区、西部地区产业链、价值链、供应链的重构；重视设计协调联动的重大战略抓手。建议如下：抓互联互通，创造协调联动发展的基础条件；以开放为动力，促进上中游地区建设开放型经济体系；提升创新和支撑能力，促进长江经济带高质量发展；走生态绿色之路，实现可持续发展。

关键词： “一带一路”　长江经济带　绿色发展

长江经济带发展战略，联动我国东中西部，其流域是我国新时期发展新动力的主要提供者和发展的主要支撑，长江经济带发展战略构想能否成功实

---

* 易小光，重庆市综合经济研究院院长，研究员，享受国务院政府特殊津贴专家。长期从事宏观经济、区域经济理论及政策、制度经济学研究。

现，关键在于长江上中下游能否协同联动，破解这一难题的重点又在于使上中游地区具备发展的动力。新时期我国以“一带一路”为代表的全方位开放战略，为上中游地区发展提供了动力，进而为长江经济带协同联动发展创造了难得的历史机遇，为此，必须把长江经济带发展与“一带一路”建设深度有机融合起来，促进长江经济带绿色发展。

一　正确认识和处理长江经济带发展与“一带一路”建设的辩证关系

（一）“一带一路”建设为长江经济带系统联动发展创造了条件，提供了历史机遇

1. 长江经济带长期不能联动发展的历史成因

长江是中华民族的母亲河，科学合理开发利用长江，承载着多少代中华仁人志士的梦想。改革开放以来，对长江流域的开发利用被高度重视，希望形成联动发展局面，有人形象地把处于下游的上海称为“龙头”，处于上游的重庆称为“龙尾”，期盼以“龙头”带动“龙尾”，形成长江流域共舞的局面，还联合成立了由“沪宁汉渝”牵头的长江沿岸中心城市经济协调会市长联席会议制度，但实际效果未能尽如人意，长江经济带上中下游“一条龙”历史上长期舞动不起来，关键在于上中下游缺乏联动发展的基础和动力，原因在于：一是发展纵深大，长江流域各省市发展面临的发展环境不同，下游地区开放度高，上中游地区开放度低，贸易、投资和服务交往的周边国家和地区发展水平差异度也较大，下游地区对上中游地区的开放动力传递逐次减弱。二是长江流域各省市发展阶段和发展水平有较大差异，因此各省市追求的发展目标也有较大差异，形成联动发展的动力不足。三是发展的重大基础设施建设不足，流域各省市互联互通的条件不够，等等，但其中最主要的是开放动力的不均衡、不充分，影响了整个流域的协调联动。

2. “一带一路”建设为长江经济带联动发展注入了发展动力

“一带一路”倡议提出后，形成向西开放、向南开放的新趋向，使上中游地区成为开放的前沿，提供了发展动力，客观上使上中下游共舞的局面形成。一是改变了传统的路径依赖，陆上丝绸之路的中欧班列、西部陆海新通道为长江经济带上中游注入了新活力，开辟出发展新空间。二是开放促进了上中游传统产业的转型升级，发展能力增强，进而促使上中下游地区市场一体化的需求增大。

（二）长江经济带发展为“一带一路”建设提供了国内的重要支撑和保障

1. “一带一路”建设改变了长江经济带的经济地理区位和发展条件

长江流域发展在我国处于重要地位，“一带一路”建设把我国与世界更加紧密地联系在一起，特别是极大地改变了长江上中下游地区在国内外的经济地理格局，使我国能够充分发挥“两个市场、两种资源”的作用。一是下游地区的“长三角”城市群面向太平洋连接欧美等发达国家和地区，同时给上中游地区提供了发展桥梁。二是上中游地区由于陆上丝绸之路的中欧班列、西部陆海新通道建设，面向的东南亚国家和地区、南亚国家和地区及欧亚大陆桥国家和地区是未来全球的新增长极，具备丰富的资源和市场空间。长江经济带因“一带一路”建设在全球的经济地理区位优势进一步显现。

2. 长江经济带成为“一带一路”建设的重要支撑和保障

“一带一路”建设要在全球发挥持续影响，做出更大贡献，需要一个强大的国内动力源和坚强支撑。一是“一带一路”建设将加快经济全球化进程，创新全球治理新模式，形成经济增长新动力，体现了大国担当，是中国提供给世界的公共服务品，需要持续深入推进。二是长江经济带发展将为“一带一路”建设提供强大的国内市场和供给、需求动力，长江经济带是具有全球影响力的内河经济带，人口和经济总量均超过全国的40%，它的蓬勃发展能为“一带一路”建设形成必要的发展腹地，起到坚强的支撑作用。

（三）长江经济带发展应当服务于“一带一路”建设，积极融入“一带一路”建设

1. 长江经济带集聚众多国家发展战略，助推发展需要形成合力

在当前影响长江流域经济发展的国家重大战略中，有“一带一路”建设、长江经济带战略、西部大开发战略、长三角一体化发展规划、西部陆海新通道规划等，需要分层分类，系统集成，形成合力。一是要充分认识到当今世界正面临百年未有之大变局，“一带一路”建设对世界全球化进程、我国现代化进程和实现中华民族伟大复兴的中国梦具有重要意义。二是“一带一路”建设对诸多区域、流域发展战略具有统领作用，必须以开放促改革、促发展，充分利用“两个市场、两种资源”，促进区域协调发展，加快我国的现代化进程。

2. 长江经济带发展应当深度融入“一带一路”建设

“一带一路”建设把国内发展与国际发展统一在一起，长江经济带发展应当深度融入“一带一路”建设，这是一个大格局与小格局的关系、国内与国际的关系、相互依存与发展的关系。一是要坚持“从全局谋一域、以一域服务全局”的理念，把长江经济带发展置于全球化发展的进程中，推进流域发展一体化进程。二是要体现新作为、新担当，通过“走出去”“引进来”，充分利用“两个市场、两种资源”，促进“一带一路”建设。

二　促进长江经济带绿色发展深度融入“一带一路”建设

（一）思路的确定和需要关注的问题

1. 新时代长江上游地区及西部地区发展战略地位和作用的新变化

对长江上游地区及西部地区在百年未有之大变局中地位和作用的价值判断，决定了融入的深度和广度。习近平总书记 2016 年 1 月在重庆、2018 年

4 月在武汉专门召开推动长江经济带发展座谈会，提出“共抓大保护、不搞大开发，努力把长江经济带建设成为生态更优美、交通更顺畅、经济更协调、市场更统一、机制更科学的黄金经济带，探索出一条生态优先、绿色发展新路子”等重要指导思想。2019 年 4 月习近平总书记视察重庆并就新时代推进西部大开发形成新格局发表重要讲话，强调“三个更加注重”，即更加注重抓好大保护，更加注重抓好大开放，更加注重推动高质量发展。因此，对长江经济带上游地区及西部地区发展，一是要抓好大保护，成为重要生态屏障，走绿色发展之路；二是要抓好大开放，将长江经济带建设为中国开放的新前沿、新门户、新枢纽，形成新动力；三是推动高质量发展，充分利用全球技术革命和产业变革的机遇，建设现代化经济体系，为流域协调联动创造良好基础。

2. 区域发展政策应当具有差异性

长江经济带要协调联动，需要分类施策，创造联动的条件。一是正视上中下游地区存在的发展短板，长江经济带上中下游地区发展阶段、发展水平具有较大差异，下游地区总体上已经进入工业化城镇化的中后期，而上中游地区（特别是上游地区），总体上还处于工业化城镇化的初级中级阶段，区域发展政策应当体现区域发展的阶段性和特殊性。二是需要差异性的区域发展政策，“一带一路”建设带来的重大利好（向西开放、向南开放）与当前长江上中游发展的现实基础与制约存在较大反差，与国家赋予的重任还形成一定的反差，需要针对性、特色性地出台相关的区域发展支持政策。

3. 开放环境下长江上游地区、西部地区产业链、价值链、供应链的重构

长江上游地区、西部地区相邻的国家和地区，如东南亚、南亚正在成为全球经济新增长区域，有的具有丰富的资源和潜在市场，在全球化和区域合作不断深入的背景下，长江上游地区、西部地区势必存在产业链、价值链和供应链重构效应。一是要把长江上游地区、西部地区置于亚欧大陆板块接合部特殊经济地理区位中考虑，特别是一些重大事件，如中国—东盟自贸区的形成。二是深入分析对其产业链、价值链、供应链等产生的重大影响，如西部陆海新通道形成产业带后，国际上对我国西南地区与东南亚、南亚经济联

系，国内对西南地区与中东部地区经济联系的影响，以及如何有效利用这一影响。

4. 需要设计协调联动的重大战略抓手

融入“一带一路”建设，推动长江经济带协调联动，需要特别关注重大战略抓手。一是大通道建设，创造协调联动互联互通的基础条件。二是推动城市群建设，促进产业集群发展和合理布局。三是注重创新能力建设，特别是上中游地区的创新能力建设。四是建立发展权转移与绿色发展补偿机制，激发绿色发展内生发展动力。五是建立地方政府间利益的协调机制，处理好合作与竞争的关系，形成发展合力。

（二）重大举措建议

1. 抓互联互通，创造协调联动发展的基础条件

以交通、通信、金融、物流等为引导，加强长江经济带各省市与沿“一带一路”国家和地区的互联互通，特别是大通道、大型综合交通枢纽、大平台等方面的互联互通和协作互动。在长江流域，一是要围绕长江黄金水道建设，构建由水路、铁路、公路、航空和管道组成的立体交通体系，加快解决影响上中下游地区畅通的制约条件，特别是上游地区与中下游地区连接的三峡大坝通道能力问题，加强长江航道治理。二是随着上游地区开放环境的确立和全球科技革命与产业变革带来的影响，上游地区的资源禀赋价值和产业结构正在发生巨大转变，因此，上游地区交通体系的侧重点应当有所调整，高速铁路、航空运输的重要性更加突出，应支持上游地区重要节点建设国际性的综合交通物流枢纽。三是要加快信息基础设施的建设，特别对上中游地区要加大支持力度，建设网上长江经济带。在国内合作和国际合作上，一是要推动南北重要通道的建设，特别是长江上游地区与西北、华北和东北地区的通道建设，一方面促进加强南北区域合作，另一方面使南北方共享国家全方位开放，特别是向西、向南开放的红利。二是要推动国际性大通道、大平台建设，一方面提高沿江水运能力和效率，畅通东向长江黄金水道和铁海联运通道，充分发挥上海陆海国际物流枢纽的作用；另一方面，加强国际

合作，进一步推动中欧班列大通道、西部陆海新通道建设，在长江上中游地区国家中心城市建设国际性综合交通枢纽、信息枢纽，增强长江上中游地区的开放能力。三是在国家层面推进国内相关地区与沿线国家的协调与合作，提高铁路国际集装箱多式联运组织管理水平。加强铁路运量、运价、运力、安全等方面的协调；建立沿线国家基础设施建设协调机制，助推跨国铁路、公路等运输、运载标准设计和有效衔接、统筹，解决跨境运输中政策和标准不对等的问题；建立铁路、海运有效衔接机制，提高跨境运输通关物流效率，全面落实国际货运班列、海运监管互认、信息共享、执法互助。

2. 以开放为动力，促进上中游地区建设开放型经济体系

对长江经济带上中游的内陆地区而言，开放具有三重作用：一是标杆作用，可以帮助内陆地区认识到与发达国家和地区的差距；二是杠杆作用，虽然内陆地区开放型经济体量不大，但示范效应强；三是催化剂作用，开放把国际国内连接起来，“两个市场、两种资源”相互利用，通过产业链、供应链、价值链促进内陆地区开放型经济体系的建立。因此，以上海为龙头的下游地区应当引领上中游地区积极融入“一带一路”建设，增强上中游地区的开放能力，提升开放水平。一是营造“国际化、市场化、法治化”营商环境，树立营商环境就是生产力和竞争力的理念，深化“放管服”改革，全面实行准入前国民待遇加负面清单管理制度，深化外商投资和对外投资管理体制改革，构建公平公正的开放法治环境，建立统一开放、竞争有序的市场体系和监管规则，加大知识产权保护力度。二是在上中游地区布局高层次开放平台，长江上中游地区由于历史原因，开放能力和开放水平不高，发展长期落后于沿海地区，但是目前随着国际经济地理格局的演变和“一带一路”建设的推进，正在成为面向东南亚、南亚开放的前沿，高水平开放能力建设已经成为客观需要，希望布局更多开放平台，积极探索建立内陆自贸港。三是推动先行先试的开放政策，放开公路、铁路、航空、水运等内陆一类口岸设置的国家限制性条件。扩大各类指定口岸、转运口岸的数量和业务范围，减少开放口岸设立限制，延长国外旅客过境免签停留时间；建议创新现行铁路统营、统运管理体制，将货物编组功能下放到主要节点城市和口

岸，从体制上保障这些城市和口岸的集货功能作用；推动国际和区域合作机制加快创新，制定统一的通关制度，实现信息互换、监管互认、执法互助。针对西部陆海新通道建设，更需要加快改革创新步伐。

3. 提升创新和支撑能力，促进长江经济带高质量发展

新时期，长江经济带发展必须顺应世界科技革命、产业变革和城市化进程的趋势，按照高质量发展和“共抓大保护、不搞大开发”的要求，建设现代化经济体系。一是构建现代产业体系，使产业体系合理化，促进产业能级提升，着力推动产业集群发展，把握产业链、价值链和供应链的关键、核心环节，积极培育上游地区新经济、新业态、新模式。二是促进长江经济带都市圈、城市群建设，特别是长江上中游地区各层次都市圈、城市群建设，把成渝城市群提升为更高层面的国家战略，使成渝城市群成为国家向西、向南开放的重要支撑。三是促进长江上中游地区创新能力建设，长江上中游地区产业体系偏重、产业能级偏低，必须提升科技创新能力，通过新技术、新产业、新业态、新模式改变产业体系不合理给生态环保形成的巨大压力，推动循环经济发展，给长江上中游地区营造更大的发展空间。四是在区域发展中把“梯度转移”与“跨越发展”有机结合，加快缩小上中下游地区的区域发展差距，特别是针对上游地区，建议比对邻近的东南亚、南亚地区等相关国家政策，优化我国上游地区区域发展政策，体现发展优势。

4. 走生态绿色之路，实现可持续发展

长江经济带发展必须走生态绿色之路，已经成为人们的共识，关键在于积极探索实现路径。一是要牢固树立“两山”论，走好“两化”路，统筹“三生”空间，促进生产空间、生活空间、生态空间协调、融合发展，促进“产业生态化、生态产业化”，树立更多循环经济示范区建设典型，在上游地区建设国家公园，促进文化旅游产业发展，积极探索新时期生态移民的合理途径。二是坚持生态治理、环境保护是发展“前提”“底色”的底线思维，长江上中游地区虽然工业化城市化发展水平、经济发展水平和人民收入水平与下游发达地区有较大差距，发展的内生动力强劲，但必须树立全局、大局意识，不能重复传统发展的老路，要以技术革命和产业变革为契机，提

升上中游地区科技创新能力，促进产业体系和结构合理化。三是构建绿色发展的法治体系，目前，我们对生态治理和环境保护多是采用行政方式，不利于持久地把绿色发展理念深入人心，实际工作中，也出现缺位和越位的现象，需要加快绿色发展的法治体系建设。四是推动绿色发展市场机制的建立，充分利用政府与市场两个手段，激发市场主体和社会各方面的内生动力，加快推动建立生态环境产品的绿色交易制度、流域生态环境补偿制度，探索发展权转移体制机制和地方政府间利益的协调机制等。

以习近平同志为核心的党中央做出推动长江经济带发展的重大战略决策，对实现“两个一百年”奋斗目标、实现中华民族伟大复兴的中国梦具有重要意义，对“一带一路”建设持续推进具有重大意义，一定要抓住历史机遇，促进长江经济带发展深度融入“一带一路”建设，推动长江经济带实现高质量发展。

建言献策篇

Policy Recommendations Reports

B.20
关于推进“长江保护法”及时出台的建议

朱维究　陈恩美*

摘　要：“长江保护法”出台应当严格遵循《立法法》规定，做好“长江保护法”与其他法律的衔接、管理体制和管理机构、环境标准设定、资源开发规制、生态保护补偿、激励机制设置、司法协同化等七个方面问题研究，认为可以启动法律适用暂停程序，授权相关改革试点，推动“长江保护法”及时出台。

关键词： 长江保护法　管理体制　司法协同化

* 朱维究，国务院参事，曾任中国政法大学政治与公共管理学院院长、博士生导师，长期从事行政法与比较公法教学以及行政管理学研究工作；陈恩美，四川省政府参事，西南民族大学教授，主要从事中国宪政制度研究、合同法学研究。

保护长江兹事体大，体现了党的正确决策、人民利益和社会共识的高度契合。“长江保护法”已纳入本届全国人大常委会立法计划，为推进“长江保护法”及时出台，特提出以下建议。

一　遵循《立法法》规定，以法定程序确保党的决策转化为法律

“长江保护法”专业性较强，应当吸收相关领域的专家参与起草工作，部分内容可以分别委托有关专家、教学科研单位、社会组织起草。

“长江保护法”涉及科学合理规定公民、法人和其他组织的权利与义务，涉及重新划分国家机关的权力与职责，应当坚持立法公开的原则，保障社会各界通过多种途径参与立法活动。

立法机关应合理预期并主动应对立法各阶段可能发生的问题与争议，按照法定权限和程序，统筹安排征求意见、立法听证、联组审议、立法评估等立法程序。

二　尽快形成高质量的法律草案文本、立法说明，确保立法质量

两大文本是立法程序顺利推进的基础性工作。建议就以下七个方面问题进行研究，明确立法的必要性、可行性，与起草过程中对重大分歧意见的协调处理情况一并写入立法说明，形成法律原则、法律规范及其条文，写入法律草案文本。

（一）“长江保护法”与其他法律的衔接问题

一是确立“长江法制”的体系性地位。“长江保护法”应以其独特的立法宗旨、框架结构、规范、条文等要素自成一体，避免成为现行相关法律法规大杂烩。二是坚持维护法制的统一与尊严。作为新制定的上位法，应关照

现行有效的地方性法规、规章、自治条例、单行条例，认真处理上、下位法之间有依据、不相抵触、可变通的复杂关系。

（二）管理体制和管理机构问题

创新管理体制是责任落实的关键。长江保护法是综合法律，应当在长江保护事项上将实体法与程序法融为一体。这主要是关于长江保护的法律责任如何落实、长江保护法是否提供了不同于以往相关法律的“新招”。比如过去中央强调形成“纵向到底、横向到边”的压力传导，但实践中传导机制是失灵的；“一岗双责、党政同责”没有得到贯彻。对于这些问题，“长江保护法”可以考虑进行有针对性的规定，以避免重蹈过去责任无法完全落实的覆辙。另外，从技术上讲，关涉长江保护事务的纠纷处理，除进入司法程序的部分之外，其他一些尤其是涉及政府性、宏观层面的，比如不同省份关于某项事务的分歧，是否考虑规定由负责长江保护的有权机构（如长江保护委员会）裁决。

鉴于本法是国家跨行政区划统筹自然资源保护的特别法，法律授权的行政主体既不能是部委、省区市政府，也不能是传统的协调机构，而应当是被特别赋予法律职权的有权机构（长江委员会），虽然也可以将部分职权赋予其他行政主体，主要的法定职责则由有权机构（长江委员会）实施。有权机构（长江委员会）作为本法第一责任主体须履行以下职权：①执行法定的行政立法职权，包括统筹拟定长江保护规划，制定《实施办法》《实施细则》等；②按照国家治理要求科学运用行政法治手段履行本法的行政执法职权；③承接部分行政争议及相关的民事纠纷，依法分担相应冲突解决机制的行政司法职权。

（三）长江流域环境标准设定问题

环境标准是长江保护的重要基础和依据。建议增设专门适用于长江流域、更为严格的流域标准。

长江流域环境标准的具体设定，需要注意以下方面：其一，我国现有的环境标准体系由国家标准、地方标准和行业标准构成，并无流域标准这一种类。流域标准在现行环境标准体系中的定位需要释明。其二，按是否具有强制效力，我国的环境标准分为强制性标准和推荐性标准。长江流域标准属于强制标准、推荐性标准抑或两种性质兼具，也需要明确。其三，生态环境部和水利部均颁布了适用于长江流域的水环境标准，如生态环境部有水污染物控制和水环境质量的国家标准，水利部有针对防汛的行业标准，不同部委制定的不同标准如何适用于长江流域，是完全废弃不用，还是部分或者全部纳入，需要在立法中明确。其四，专门适用于长江流域的污染物排放标准和水环境质量标准不宜直接纳入“长江保护法”，可授权有关部门另行制定，在本法中可规定采纳或认可的方法。

（四）长江流域水能资源开发规制问题

我国目前尚无水能资源开发专项立法。应以“长江保护法”立法为契机，全面考虑、谨慎设定长江流域水能资源开发的法律规制，引领其他江河流域的水能资源开发立法。

其一，长江流域水能开发的规划制度，应注意长江流域综合规划中的水能开发规划与水力发电专业规划的衔接。其二，长江流域水能开发的权属制度，应包含：长江流域水能资源的产权属性界定，长江流域水能资源开发利用权出让和取得的条件、方式、程序、内容和期限，长江流域水能资源开发利用权的转让和交易，以及长江流域水能资源开发利用权的审批、变更、收回管理等内容。其三，长江流域水能开发的环评制度，应囊括 2014 年《环境保护法》新增的水能开发政策环评、水能开发的规划环评和具体水能开发活动的项目环评。规划环评之下包括河流水电专项规划环评和移民安置规划环评；项目环评体现为水电工程项目环评、移民集中安置点和复建专项设施环评以及已建水电项目的环境影响后评价或回顾性评价。

（五）长江流域生态保护补偿问题

生态保护补偿是长江保护专门立法的焦点之一。《生态文明体制改革总体方案》明确指出“在长江流域水环境敏感地区探索开展流域生态补偿试点”，《长江经济带发展规划纲要》《国务院关于印发“十三五”生态环境保护规划的通知》《中共中央 国务院关于建立更加有效的区域协同发展新机制的意见》对上中下游横向生态补偿的试点以及对口支援试点进行了规定。以上政策及试点的成功经验有必要在本次立法中加以确认。

（六）长江保护激励机制设置问题

为纠正过往对破坏长江生态环境行为法律责任规定总体偏软的问题，应考虑加重处罚，同时应加强对保护行为的正向引导，体现“保护者受益原则”。建议将税收优惠、金钱或实物补贴及技术支持等更为直接的鼓励、激励方式在该法中予以明确规定。

（七）长江保护司法协同化问题

从改变“分的无序”这一现状出发，长江保护公益诉讼和长江保护法庭不宜单列，以免越分越多、更加无序。《环境保护法》《民事诉讼法》《行政诉讼法》均已明确规定了环境公益诉讼制度，各地法院在最高人民法院的指导下成立了专业化的环境资源审判机构。“长江保护法”提供的长江保护特别规范在已有的司法程序中能够适用，换言之，现有司法机构和司法程序可以作为长江保护法律被违犯的救济途径，无需单独提出，否则，不符合司法统一的要求，也与我国近年司法改革的大势相悖。

三 启动法律适用暂停程序，授权试点

有些问题仅通过坐而论道是无法解决的。比如，重新划分管理体制及相关部门管理权限对于行政执法、司法适用的影响，完善生态补偿制度问题等。对此，可以借鉴“科技创新制度改革”“农村土地制度改革”所形成的法治经验，由全国人大常委会做出暂停适用相关法律的决定，授权相关地方先期进行改革试点，而后总结可复制经验，最终确立合乎客观实际的法律制度。

B.21
关于抓紧研究建立长江经济带发展指标体系的建议

国务院参事室长江经济带发展研究中心
中国宏观经济研究院

摘　要： 建立长江经济带发展指标体系对于推动长江经济带高质量发展具有重要意义，建议在现有工作基础上，整合资源，组建长江经济带发展指标体系研究小组，抓紧研究建立长江经济带发展指标体系，按程序报批后印发施行，通过科学准确全面的“数说长江”“图解长江”，为科学决策、规划实施和成效评估提供重要支撑。

关键词： 长江经济带　发展指标体系　高质量发展

为深入贯彻落实党中央、国务院关于深入推动长江经济带发展决策部署，建立一套科学合理、操作性强的统计指标体系，全面客观真实反映长江经济带发展情况，为长江经济带发展提供有力统计支撑和保障，近日，国务院参事室长江经济带发展研究中心组织召开专题座谈会，邀请推动长江经济带发展领导小组办公室、国家统计局、中国气象局、中国宏观经济研究院等有关单位，就建立长江经济带发展指标体系进行专题研讨。

一　重要意义

建立长江经济带发展指标体系是推动长江经济带高质量发展的内在要

求。习近平总书记在深入推动长江经济带发展座谈会上指出，要使长江经济带成为引领我国经济高质量发展的生力军。几年来，在党中央、国务院的坚强领导下，有关部门和沿江 11 省市做了大量工作，在顶层设计、生态修复、产业转型、区域合作、双向开放等方面取得了积极进展。如何引导和评价长江经济带发展、长江经济带如何发展才是高质量发展，成为当前各部门和地方的关切。要以习近平总书记关于推动长江经济带发展系列重要讲话精神为指导，按照《长江经济带发展规划纲要》（以下简称《规划纲要》）要求，建立一套科学、合理、适用的指标体系，作为《规划纲要》实施的配套文件。

建立长江经济带发展指标体系是提高政府部门科学决策力、政策执行力和成效评估的重要支撑。长江经济带横跨 11 省市，各部门对其相关的研究分析材料一般以国家统计局的年度统计指标为主，而年度数据发布时间相对滞后，不能有效满足各部门政策制定需要。在实际工作中，各部门往往采取请地方层层上报的方式，获取需要的信息和数据，作为研究制定政策的依据。因信息不对称和理解差异，各地自报数据往往不具可比性。构建长江经济带发展指标体系，推动 11 省市规范数据采集的标准和方法，建立和完善数据生成机制、发布机制、共享机制、分析机制和预警机制，有助于提高政府部门获取数据的便捷性、及时性和准确性，进而提升科学决策水平。同时，对政策的有效实施和成效评估也是强有力的支撑。

建立长江经济带发展指标体系是推动长江经济带发展数据共建共享的根本路径。目前有关长江经济带的数据很多，但在应用上存在有数据“不能用”“用不上”“用不好”等突出问题。企业掌握的银行刷卡、火车出行、快递包裹、社交网络等大数据，各部门无法灵活调用。各部门掌握的测绘、遥感、气象、港航、水利等数据，因没有建立共享机制，其他部门在决策时无法使用。拥有数据的企业和部门也没有充分发挥数据的最大效益。构建长江经济带发展指标体系，从硬件和软件两个方面推动市场与政府、部门与部门之间数据的处理对接，畅通数据交换渠道、实现共建共享。

二　现有基础

近年来，相关单位对建立长江经济带发展指标进行了积极探索和研究，为整合资源，建立指标体系奠定了基础。推动长江经济带发展领导小组办公室设计了一套长江经济带生态修复与环境保护指标，准备作为对11省市年度考核的评估标准。国家统计局初步建立长江经济带发展统计监测指标体系，从生态文明、产业升级、交通邮电、对外开放、社会发展五个方面设计了58项指标，按照季度和年度对11省市进行监测与分析。中国气象局与长江委合作，围绕“绿色走廊、产业服务、新型城镇化”三个方面，对长江流域气象、水文进行观测和预测，目前可以共享任意时段的降雨量数据，按需生成统计图表，按流域或行政区域查询统计结果。中国宏观经济研究院在连续五年跟踪研究长江经济带发展情况的基础上，构建长江经济带发展形势分析指标体系，形成5个一级指标、16个二级指标和81个三级指标，反映长江经济带生态环境保护、综合运输交通、产业创新发展、区域协调发展、对外开放水平等情况。

此外，国家社会科学基金和国家自然科学基金也支持了若干有关长江经济带发展的指标或指标体系研究。比如，长江经济带城市能级指标，反映一个城市的某种功能或诸多功能对该城市以外地区的辐射影响程度；长江经济带工业生态效率体系，反映工业用水总量、工业煤炭消费量、工业COD排放量以及工业SO_2排放量情况；长江经济带绿色效率体系，反映长江经济带108个地级及以上城市经济增长、社会效益、资源节约、环境保护情况；长江经济带全要素能源效率体系，用结构禀赋、行为主体、外部冲击和发展水平四个方面10个变量指标反映长江经济带产业绿色发展情况。

三　工作建议

从以上情况可以看出，中央和地方相关部门和单位围绕建立长江经济带发展统计指标体系开展了很多有益的尝试。但总的看来，分头作战多，统筹整合相对少。政府部门、科研机构、高等院校都在开展长江经济带发展指标体系的相关研究，但就研究方法和路径的沟通交流较少。企业和部门的数据源多、数据量大，但需求者获取难，数据壁垒依然存在，采集渠道十分有限，各指标体系难以在引导、监督和考核等方面真正发挥作用。为此，建议在现有工作基础上，整合资源，借鉴构建绿色发展指标体系、乡村振兴指标体系等做法，抓紧研究建立长江经济带发展指标体系。

（一）组建长江经济带发展指标体系研究小组

在推动长江经济带发展领导小组办公室指导下，依托中国宏观经济研究院研究力量，国务院参事和地方政府参事参与，联合国家统计局、中国气象局等部门单位和有关地方政府、高校科研机构，共同成立研究小组，运用先进的科技手段，构建科学、高效、权威的长江经济带发展指标体系。届时，可作为《规划纲要》的配套文件，按程序报批后，由中办、国办或发展改革委、统计局等相关部门联合印发，建立制度规范，为科学决策、规划实施、成效评估提供支持。同时，建立数据库，动态更新，数据共享。

（二）同步构建可视化长江经济带发展指标体系

在数据信息基础上，通过与测绘、遥感、气象、港航、水利等部门合作，依托专业部门图像技术资源，对长江经济带发展指标体系进行可视化加工，形成清晰直观的图谱视频。

（三）根据工作需要采集相关部门和企业数据

长江经济带发展指标体系涉及统计指标和分析指标两种类型。其中，分析指标是通过建立数学模型计算加工形成，即需要整合相关部门和企业数据资源，根据计算公式要求采集数据，通过计算处理形成分析指标，反映长江经济带各领域的进展情况。研究小组根据工作需要获得相关数据,需要相关部门和企业予以大力支持。

B.22

关于以法治支撑长江经济带上游中游区域协同发展的建议

国务院参事室长江经济带发展研究中心

摘 要： 国务院参事室长江经济带发展研究中心建议，推动长江上游重庆、四川、云南、贵州四省市和中游湖北、江西、湖南三省，在总结现有省际协商合作机制成效基础上，借鉴沪苏浙皖人大通过决定支持和保障长三角地区更高质量一体化发展做法，以人大通过决定的方式，以法治力量支持和保障长江经济带上游中游区域协同发展。

关键词： 法治保障　区域协同发展　长江经济带

协同发展是推动长江经济带高质量发展的重要保障。习近平总书记在关于推动长江经济带发展需要正确把握的五个关系重要讲话中，对协同发展做了深刻阐述，强调要深刻理解实施区域协调发展战略的要义，要完善省际协商合作机制，协调解决跨区域基础设施互联互通、流域管理统筹协调的重大问题。《中共中央　国务院关于建立更加有效的区域协调发展新机制的意见》明确强化地方主体责任，共同推动建立更加有效的区域协调发展新机制，为实施区域协调发展战略提供强有力的保障。

2016 年以来，推动长江经济带发展领导小组办公室会同沿江 11 省市建立了覆盖全流域的长江经济带省际协商合作机制，长江下游上海、江苏、浙江、安徽四省市率先建立“三级运作、统分结合、务实高效”的合作协调机制，随后，长江上游重庆、四川、云南、贵州四省市签署《关于建立长江上游地区省际协商合作机制的协议》，中游湖北、江西、湖南三省签署《关于建立长江中游地区省际协商合作机制的协议》，推动长江经济带发展形成了多层次的协商合作机制架构，并在落实工作部署上取得一定成效。近期，在长三角一体化发展上升为国家战略之际，上海、江苏、浙江、安徽三省一市的人大常委会分别通过各自省（市）的《关于支持和保障长三角地区更高质量一体化发展的决定》，首次在一个区域内各省级人大同步做出支持和保障国家战略发展的重大事项决定，这对于完善长江经济带省际协商合作机制、实施更加有效的区域协同一体化发展具有示范引领意义。

一　以法治保障区域协同一体化发展

推动长江上游重庆、四川、云南、贵州四省市和中游湖北、江西、湖南三省，在总结现有省际协商合作机制成效基础上，借鉴沪苏浙皖做法，可以地方人大通过决定的方式，明确以法治力量支持和保障长江经济带上游中游区域协同一体化发展。在推进《长江保护法》立法进程中，采取这一方式保障区域协同发展十分必要。

二　突出区域内部关联

在相关支持和保障措施中，要充分体现实施区域协调发展战略的需要，充分体现推动长江经济带高质量发展的要求。在协商合作、规划对接、法治协同、市场统一、生态防控、流域管理、岸线使用、资源利用、创新互动、产业布局、设施联通和共建共享等方面明确具体要求，合力打造重要经济增长极。

完善省际协商合作机制，强化会商决策、协调推动、执行落实三级架构，实化联合办公机制，协调推进和解决区域合作中的重大事项、重大项目和重大问题，协同破解发展难题。加强规划对接，协同优化区域经济社会发展格局，强化功能布局互动，提升城市群整体竞争力。加强法治协同，统一规则制度，实施综合执法。推进市场一体化，清理阻碍要素合理流动的地方性政策法规，清除行政壁垒，防止市场垄断，建立统一的市场标准体系，营造规则统一开放、标准互认、要素自由流动和优化配置的市场环境。推进生态联防联控，在大气、水、土壤、固体废物污染防治等方面，进一步加强工作协同，共同打好污染防治攻坚战。加强基础设施互联互通，推动产业和科技创新协调发展，强化公共服务共建共享。

三　体现流域相辅相成

在相关支持和保障措施中，要注意把握自身发展、城市群协调、长江经济带协同的关系，有关举措要同沪苏浙皖人大的决定做好衔接，既体现各地主体功能定位，又突出城市群内部关联性，还要呼应城市群之间的外部关联性，区位条件、资源禀赋、经济基础统筹，上中下游全流域对接，有机融合长江经济带协同发展大局，确保实现错位发展、协调发展，为将长江经济带打造为高效经济体提供有力支撑。

B.23

以区域协同平台为依托打造长江中游城市群区域一体化新格局

彭智敏　唐子来　刘　浩*

摘　要：　长江中游城市群联合调研课题组通过调研指出，长江中游城市群区域一体化建设层次低，总体协调力度较弱，应以产业园区的协同为核心，以区域产业枢纽为载体，进行区域一体化的试点与示范。

关键词：　长江中游城市群　产业园区　区域一体化

长江中游城市群由武汉城市圈、长株潭城市群和鄱阳湖城市群等三个次级城市群组成。在城市群成立之初所编制的相关规划中，其核心都是致力于推动城市群及次级城市群内部一体化建设，包括基础设施、产业、生态环保、公共服务等方面。十余年来，湖南省提出了"长潭西线经济走廊""长株东部经济走廊"的产业布局构想，武汉城市圈编制了基础设施一体化、产业一体化、市场一体化、生态环境保护一体化和基本公共服务一体化等专门规划，并且均取得了一定的成绩。但长江中游城市群区域一体化建设进展不及预期。

---

* 彭智敏，湖北省人民政府参事，湖北省社会科学院长江流域经济研究所所长、研究员，主要研究方向为区域经济、流域保护与发展；唐子来，上海市人民政府参事，同济大学建筑与城市规划学院城乡规划系系主任、教授，主要研究方向为城市规划国际比较研究、经济全球化与城市和区域发展、城市政策评价和分析等；刘浩，同济大学国家现代化研究院研究员，主要研究方向为枢纽经济、物流产业规划。

一　存在问题

（一）协调发展层次比较低

一体化特别是产业一体化层次低，总体协调力度较弱，区域政府的积极性不高。在调研过程中，地方提到“缺乏专门机构对一体化事项进行协同”“城市争抢资源现象严重”“产业协同是区域一体化不能触碰的区域”等问题。

（二）核心城市的产业外溢能力不强，区域城市通过行政力量争夺产业资源

以市场化为手段的区域一体化，核心城市具有明显的不可替代性。长三角、珠三角以及京津冀的区域一体化，都是以全国市场为载体，以核心城市的资源外溢为基础。而长江中游城市群更多以区域市场为载体，现阶段核心城市之间的竞争较强，核心城市的资源外溢能力相对较弱，且核心城市与区域城市的产业梯度不明显，难以形成协同效益。

目前，长江中游城市群的核心城市与区内的其他城市虽然发展水平差异比较大，但总体上还都处在一个工业化中期或中后期，对资本、产业特别是大工业项目需求旺盛，招商引资成为各个城市的重中之重。加之现行的干部考核制度，使得各地政府都希望产业资源在本地落户，利用政府的行政资源与各类优惠政策，进行招商引资，而产业梯度差的缺失，也致使企业更关注政策资源。

二　相关建议

（一）以产业园区的协同为核心，进行交通、人员、公共服务等区域一体化试点

长江中游城市群的一体化，应避免从城市的角度进行泛泛的一体化发

展，而应该在产业园区层面，打破制度的行政藩篱，进行区域一体化的试点与示范，通过产业园区的一体化，寻找最具活力的企业参与区域一体化的进程，探索个性化的区域一体化的模式。

在这个过程中，应充分发挥核心城市的后发优势，以区域总体规划为引领，明确核心城市的定位，确立各城市的职能分工，选择拥有一定级差的产业进行协同发展的试点。以产业协同为核心目标，带动交通协同与人力资源、公共服务的协同。城市群中的各城市，应依托城市本身的产业基础及消费需求，详细剖析城市自身的产业发展要素，寻求要素的合理配置，补全产业发展的要素短板。

（二）以区域产业枢纽为载体，以区域协同平台为支撑，打造“一核多点”的产业布局模式

长江中游城市群的一体化，应以核心城市区域产业枢纽为核心，以打造区域一体化协同平台为连接，以区域城市产业“飞地”为支撑，构建“一核多点”的产业布局模式。

核心城市中的区域产业枢纽是区域一体化的核心，通过产业枢纽，集聚智力资源、贸易资源、金融资源、物流资源，将其作为产业资源要素的融合器，进行生产要素的高效分配。区域产业枢纽，又以物流枢纽为表现形式，通过物流枢纽与周边产业枢纽的联动，成为区域产业枢纽的底层架构，与区域的金融、贸易资源进行联动。区域系统平台是区域一体化的核心支撑，通过产业协作平台、人才共享平台、金融服务平台、政务协同平台打造，打破区域协作的政治边界壁垒，构建区域一体化的“神经网络”。产业园区“飞地”是区域一体化的载体，是区域产业落地的具体空间承载，通过区域协同平台，借助交通、物流，依托创新的产业组织模式，形成与产业枢纽的联动，成为区域一体化的“躯干”。

（三）优化营商环境，推动核心城市的生产服务业发展

随着互联网与交通的发展，生产性服务业呈现出较强的区域服务能力，

成为拉动产业发展的引擎。核心城市的产业枢纽打造的核心是集聚生产性服务业相关资源，通过区域的协调机制，通过产业组织模式的创新，为区域提供生产性服务业的共享，拉动区域产业的发展。

（四）创新产业组织模式，形成城市群对产业的承载能力

城市群的产业服务能力，应支撑产业在区域高效的发展。需要依托核心城市的营商环境及生产性服务业的核心竞争力、区域城市的土地资源及人力资源的产业落地执行能力、区域间便捷的交通联系与高效的物流服务的产业传导能力、区域一体化所带来的政策保障能力，共同形成城市群对外招商的合力。构建以城市群区域为载体的一体化招商模式，通过以产业枢纽引领的产业组织形式，促使产业要素在区域内进行最为合理的配置，能够有力地解决核心城市发展的资源限制，带动区域的一体化发展。

（五）强化政策保障，促进产业资源要素在区域内的自由流通

区域一体化的产业组织模式，也对城市的政策保障提出了新的要求。探索产业园区深度融合的人员流动机制、物流畅通机制、公共服务保障机制、技术专利流转机制，推动市场要素在区域内的自由流动；探索政府间的产业园区财税分配机制、领导干部的考核机制，促进区域间政府管理的融合发展。

B.24
关于加强长江中游耕地质量提升与粮食安全保障的建议

周 勇*

摘 要： 本文深入分析了长江中游湘鄂皖赣四省在国家耕地保护和粮食安全战略中的重要地位，剖析了耕地资源利用和粮食安全生产中存在的主要问题，提出了关于长江中游耕地质量提升和粮食安全保障的对策建议，以期为长江流域耕地保护和人口、资源、环境与经济的协调发展提供决策依据。

关键词： 长江中游 耕地质量 粮食安全

耕地是国家粮食安全的根本保障，是农业发展和农业现代化的根基和命脉。习总书记明确提出："耕地是我国最为宝贵的资源。我国人多地少的基本国情，决定了我们必须把关系十几亿人吃饭大事的耕地保护好，绝不能有闪失。"耕地保护和粮食安全是农村改革发展稳定的基石，关系到乡村振兴战略的实施，关系到脱贫攻坚任务的完成，关系到生态文明建设、经济社会持续健康发展和国家的长治久安。

一 长江中游在国家耕地保护和粮食安全战略中的地位十分重要

长江中游主要包括湘鄂皖赣 4 个地处中国内陆腹地的省份，是长江经济

* 周勇，湖北省政府参事。

带的核心，农业开发历史悠久，土壤肥沃，耕地资源丰富，是国家重要的商品粮生产基地。四省土地面积 70.44 万平方公里，占全国土地面积的 7.31%，其中耕地面积 18.46 万平方公里，占全国耕地面积的 13.6%。长江中游四省耕地质量以高、中等地为主，在 5～10 等之间，[①] 占整个区域耕地面积的 72.54%，是全国耕地质量最好的区域。2016 年，中游四省第一产业增加值为 11549.9 亿元，占全国第一产业总值的 18.14%。中游四省是全国粮食产能最高、潜力最大的区域。

二 长江中游耕地利用保护与粮食安全生产的现状与问题

（一）农田生态环境恶化

近年来，长江中游地区工业化城镇化进程加快，工业“三废”、生活污水进入农田和水系，加之化肥、农药、农膜的过量使用和畜禽养殖粪便的排放，引起水土面源污染、重金属超标和有机无机复合污染，造成土壤板结酸化，农田生态环境恶化。根据 2015 年发布的《中国耕地地球化学调查报告》中的调查，13.86 亿亩耕地中，有 8.2% 为污染或超标耕地，主要分布在湘鄂皖赣区、闽粤琼区和西南区，长江中游地区作为国家粮食产区，耕地污染和农产品质量安全令人担忧。

（二）人地矛盾突出

四省是我国人口密集、经济快速发展的地区之一，预计今后相当长的一段时间内，其经济发展速度仍将高于全国平均水平，建设用地需求量大，人地矛盾将日益尖锐。土地整治新增耕地大都分布在边远的丘陵山区或河湖滩

① 根据原国土资源部发布的《2016 年全国耕地质量等别更新评价主要数据成果的公告》表明，全国耕地评定为 15 个等别，其中 1 等地质量最好，15 等最差，中部地区以高、中等地为主，在 5～10 等之间。

涂，耕地质量偏低，后备耕地资源量少质差，开发利用难度较大。耕地短缺将成为制约农业可持续发展和粮食安全生产的重要因素。同时，长江中游除了江河湖库平原地区外，其他区域地形条件复杂多样，耕地碎片化严重，不利于规模经营和农业生产效率的提高。

（三）水土流失严重

近年来，长江中游地区深入落实习近平总书记生态优先、绿色发展思想，森林覆盖率提高到30%左右，但流域的土壤侵蚀和水土流失的面积及强度仍然很大，如江西省水土流失面积3.3万平方公里，占全省面积的20.03%，直接后果：一是导致耕地有效土层变薄，耕层变浅，土质变劣，土地生产能力下降；二是使江河湖库淤积，河床湖底抬升，甚至出现“悬河”“旱湖”，调蓄洪水能力降低，流域农田易受洪涝危害。

三　长江中游耕地质量提升策略

（一）加强退化耕地综合治理

重点是酸化和潜育化耕地综合治理。在耕地酸化严重和洪涝灾害高风险区，按照耕地面积5%～10%的比例建设万亩以上的集中连片示范区，施用石灰和土壤调理剂，开展秸秆还田和种植绿肥，潜育化耕地配套建设排水系统，连续实施三年后轮换。

（二）加快污染耕地阻控修复

一是土壤重金属污染阻控修复。在调查掌握中部水稻产区重金属污染类型和程度的基础上，每县建设1～2个万亩集中连片示范区，施用石灰和土壤调理剂调酸钝化重金属，开展水旱轮作、秸秆还田、种植绿肥，因地制宜调整种植结构。二是化肥农药减量控污。按照县域耕地面积5%～10%的比例建设5000亩以上的集中连片示范区，调整化肥农药使用结构，改进施肥施药方式，建设有机肥厂，推动有机肥替代化肥，推广测土配方施肥、病虫害统防统治、绿色防控等技术。三是白色污染（残膜）防控。开展农用薄膜改厚膜试点示范，建设村、乡、县三级残膜回收站点。

（三）大力推行占用耕地耕作层土壤剥离利用

耕作层土壤是耕地的精华和不可再生的资源。选择一批重点县市，开展占用耕地耕作层土壤剥离利用试点，剥离后重点用于中低产田改造、高标准农田建设和土地复垦，以增加耕作层厚度，改善土壤结构。同时，将占用耕地耕作层土壤剥离利用纳入地方政府耕地保护责任目标和耕地占补平衡考核内容。

（四）大力推进耕地质量调查监测与评价体系建设

一是建设中游四省耕地质量调查监测网络。分区域设立耕地质量长期定位监测控制点，开展耕地质量、土壤墒情和肥效监测。二是建设中游四省耕地质量大数据平台。构建中游跨省和省级耕地质量数据中心，开展耕地质量调查监测与评价，定期发布耕地质量报告。三是制定“耕地质量调查监测与评价办法”国家标准和规范，完善耕地质量标准体系，提出耕地质量红线划定方法，开展各级政府耕地质量保护延伸绩效考核试点。

（五）大力开展耕地质量保护与提升宣传活动

大力弘扬用地养地和科学施肥的典型区域、典型经验和典型人物，营造全社会关心支持耕地质量保护与提升行动的良好氛围。积极参与联合国粮农组织的“全球土壤伙伴关系”（GSP）行动，加强与国际社会在耕地质量保护政策、技术等领域的交流合作，积极推动“世界土壤日”和“国际土壤年”相关活动在中游地区开展。

四　长江中游粮食安全保障建议

（一）加强重点开发区与农产品主产区协作，构建协同发展机制

长江中游地区农产品主产区和重点开发区部分区域的交叉重合，在一定程度上激发了城市扩张与耕地保护之间的潜在矛盾。随着城乡土地要素市场的一体化推进，挤占耕地行为将进一步加剧。为此，长江中游粮食主产区的经济发展，应首先以保护耕地、确保粮食安全为前提。中部粮食主产区优质耕地较多，亟须实现开发和优质耕地保护二者之间的有机协调，强化耕地保护刚性约束。

（二）发掘粮食主产区耕地集中连片的规模优势，提高综合生产能力

加快集中连片地区中低产田改良，喷灌、水利基础设施改造、建设与维护，山区的梯田修建，平原和丘陵地区的土地整治等。大力支持提高耕地质量和产出能力行动，充分发掘集中连片地区粮食规模种植优势，提高粮食产量，确保粮食安全。

（三）建立粮食主产区生态补偿机制，加强粮食生产重大工程建设

构建粮食主产区农业生态补偿机制并纳入长江流域生态补偿体系，拓宽粮食生产功能区农业生态补偿渠道，激发四省粮食主产区生态种植的积极性。调整农业综合开发和土地开发整理复垦等现有专项资金投向，重点向产粮大县倾斜。统筹实施骨干水利、基本农田、粮食科研创新、良种繁育和农技推广、农业机械化、防灾减灾、农业环保、仓储物流等重大工程建设，在长江中游建设区域化、规模化、集中连片的国家级商品粮生产基地。

（四）加快农业结构调整，提升农业产业化经营水平

因地制宜地发展多种经营和特色农副产品生产，推广“绿色+生态立

体化”复合种植模式，大力发展农产品深加工，强化质量和品牌建设。引导和扶持农业产业化龙头企业向优势农副产品产区聚集，提高农业经营的组织化程度与水平，如近年来湖北省潜江市通过“虾—稻共生共作”复合种植模式带动农地流转，大力扶持“农户 + 专业合作社”“农户 + 合作社 + 公司”等多种农业经营模式，成效显著，值得在长江中游乃至全国推广。

B.25
集聚外贸资源　优化中欧班列 把长江中游城市群打造为内陆开放新高地

彭智敏　唐子来　刘　浩　黄　艳*

摘　要： 长江中游城市群联合调研课题组发现中欧班列存在开行规模小、协作少，对本地外向型经济拉动不强等问题，提出集聚区域的外贸资源，以优化中欧班列为抓手，构建城市群外向型经济发展的区域协同机制等建议。

关键词： 长江中游　中欧班列　内陆开放

开行中欧班列是内陆地区双向开放的重要举措，能够有效带动内陆区域与“一带一路”沿线城市的深度互通，推动外向型经济的发展，成都、重庆、郑州中欧班列的成功开行，有力地拉动了当地外向型经济的发展，对于内陆城市有着极其重要的意义。长江中游城市近年来也积极响应号召，开行中欧班列，取得了一定的成绩。但是也存在班列开行规模小、协作少，对本地外向型经济拉动不强等问题。

---

* 彭智敏，湖北省人民政府参事，湖北省社会科学院长江流域经济研究所研究员，主要研究方向为区域经济、流域保护与发展；唐子来，上海市人民政府参事，同济大学建筑与城市规划学院城乡规划系系主任、教授，主要研究方向为城市规划国际比较研究、经济全球化与城市和区域发展、城市政策分析和评价等；刘浩，同济大学国家现代化研究院研究员，主要研究方向为枢纽经济、物流产业规划；黄艳，同济大学国家现代化研究院研究员。

一　存在问题

（一）长江中游城市群组织中欧班列规模较小，为开行班列而开行班列

目前，长江中游城市群核心城市包括武汉、长沙、合肥、南昌，均组织开行了中欧班列。截至 2018 年 8 月，武汉中欧班列（汉欧班列）共开行 1055 列，累计货值 30 亿美元；截至 2018 年 6 月底，长沙中欧班列（湘欧班列）累计开行 471 列，累计货值 19 亿美元；截至 2018 年 6 月，合肥中欧班列（合新欧班列）累计开行 236 列，累计货值 5 亿美元。南昌中欧班列（南昌至莫斯科）于 2018 年 4 月 20 日首发。

长江中游城市群主要四市间距离均不超 500 公里，平均距离不足 400 公里，在组织中欧班列上，除武汉外，开行规模小，四市开行班列合计占全国的比重约为 16%，总体规模不及成都（23%）、重庆（18%）等中欧班列主要城市。

在组织开行和返程货源组织上，各城市班列开行产品同质化较为严重，相互压低价格，抢夺货源。为加速班列开行，政府给予了大量补贴，价格战的背后，是国家财政资金的流失。有的政府将班列开行作为一项重要的政绩，为开行班列而开行班列。

（二）目前长江中游城市外向型需求总量不足，分散的班列开行方式难以拉动外向型产业

长江中游城市的外向型产业体量相比沿海城市来说较小，中游城市群的核心城市武汉，在突破了 1500 亿元后也增长乏力。2017 年，4 个城市的进出口总额约 5000 亿元，基本与厦门的进出口总额持平。

中欧班列被认为是拉动中部城市外向型经济的重要举措，但是分散的班列开行方式，很难集聚外向型产业资源，拉动外向型产业的发展。从 4 个城市的外贸数据来看，班列的开行并未对城市的外向型经济发展有明显的拉动

作用，同时，大部分城市的班列贸易货值，占城市的进出口总额小于5%（成都此项数值在15%左右），影响十分有限。部分城市的班列本地货源，占比低于40%，更谈不上对本地产业的拉动。

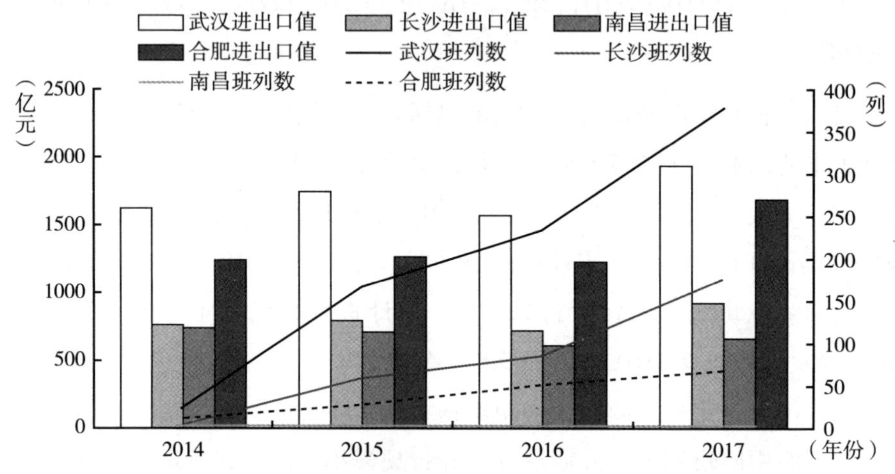

图1　长江中游城市群进出口值及班列开行对比

二　发展思路

改革开放以来，我国经济发展以面向欧美的出口为动力，外向型产业主要集聚在东部沿海地区。随着中国经济发展进入新常态，经济增长以内需为核心动力，内陆地区的外向型发展迎来历史性机遇。有别于前一轮的外向型发展，本轮的机遇以消费为依托，以进口为手段，拉动外向型产业的发展。长江中游城市群拥有1.25亿人口，拥有广阔的消费市场和发展外向型经济的机遇。

在面临机遇的同时，长江中游城市的外向型发展面临的挑战依然巨大。从供给侧来看，外向型发展的基础比较弱，内陆城市的对外联络通道并不发达；服务于外向型的物流枢纽功能尚不完善，通关、联运机制有待提高；外向型产业的组织能力不强，缺乏对境外的产业组织能力。从需求侧来看，对于国外进口货物的需求规模尚需逐步培养，从而造成服务于本地的产业企业数量与质量在低位徘徊。供给侧与需求侧两个方面的发展，都需要以整个长江中游城市区域市场为依托，集聚发展、培育需求、加强供给，才能促使外向型产业发展要素的集聚，推动长江中游城市群在外向型产业方面破题。

三 相关建议

（一）以班列为抓手，在特定城市集聚区域打造外向型产业发展“特区”

班列是长江中游城市群发展的主要对外通道，是最为直接的外向型产业发展要素。以区域的顶层规划为依托，优化中欧班列，促使长江中游城市群分散的班列开行落户于某一中心城市，通过多式联运、区域内班列开行等手段，加强区域间的联系，促使产业要素在区域间顺畅流动。配套相应的产业发展条件，要保障外贸货源，实现班列对境外沿线多个城市的常态化运营、提升境外反向货源的组织能力、构建区域的分拨能力等，因此需要对长江中游各城市的班列进行集中组织。

在此基础上，系统构建外向型产业发展环境。统筹铁路、港口以及后方产业腹地的基础设施资源；集聚外向型的商贸资源、制造、生产服务业等产业资源；配套外向型产业发展所需要的政策环境，包括提升海关的服务能力，确立适应于多式联运的税收与监管体系，以及相应的财税政策等。通过多种要素共同作用，打造长江中游城市群的外向型产业要素集聚的发展高地，推动区域的外向型产业发展。

（二）发挥各类城市的积极性，构建城市群外向型经济发展的区域协同机制

班列资源的集聚，既需要中心城市的统筹与协调，也需要城市群内各类城市的共同参与，同时发展的红利也应当为城市群共享。在班列的运营层面，成立区域的班列平台运营公司，共同打造班列产品；在产业协同层面，

建立产业园区的协同发展机制，共同打造外向型经济“特区”，构建合理的财税分成机制；在政府的考核层面，外向型经济“特区”的成绩，应作为各中心城市的统一发展成绩，作为区域一体化的试点。

（三）构建城市群外向型产业集聚区发展的保障体系，打造内陆外向型产业发展“特区”

外向型产业集聚区的发展，需要产业资源的系统性协调。对于外向型产业发展“特区”落地的城市，应营造良好的营商环境，以期分享外向型经济发展的外溢红利。统筹区域的基础设施资源，构建公路、铁路、航空、港口顺畅衔接的产业园区，并保证产业腹地的用地；培育市场主体，鼓励民营企业参与班列的运营，尤其是境内外货物的组织；配套政策保障体系，在规划、土地、税收等方面进行政策的倾斜。

参考文献

［1］马斌：《中欧班列的发展现状、问题与应对》，《国际问题研究》2018 年第 6 期。

［2］关艳萍：《基于“一带一路”视角下中欧班列可持续发展现状及对策研究》，《现代经济信息》2018 年第 18 期。

［3］富鹏飞：《广铁集团中欧班列运营管理优化探讨》，《铁路货运》2018 年第 5 期。

［4］王东方、董千里、陈艳、孙茂鹏：《中欧班列节点城市物流网络结构分析》，《长江流域资源与环境》2018 年第 1 期。

B.26

关于把金沙江黄金水道建设作为长江经济带发展战略重要内容加以推进的建议

——长江上游金沙江段航运畅通问题调研报告

张元方*

摘　要： 金沙江航道开发对滇川意义巨大，目前金沙江中下游梯级电站开发接近尾声，形成了1200公里深水航道条件，但存在电站大坝碍航、部分航段不畅等问题，建议把金沙江航道建设纳入国家基础设施补短板计划，协调三峡集团等解决电站高坝通航问题，提升整治水富至宜宾段航道，由长江航务局统一管理金沙江航运、海事。

关键词： 长江经济带　金沙江　黄金水道建设

金沙江是长江上游，全长2308公里，占长江总长的37%，流域面积占长江流域面积的26%，是长江经济带面向南亚、东南亚开放的重要战略支点，战略地位十分重要。金沙江航运建设对云南、四川乃至全国非常必要，关系国计民生，关系整个长江经济带战略实施。目前，金沙江中下游段多级梯级水电站开发建设大部分已经完成，库区大坝建成后库区回流较长，绝大

---

* 张元方，国务院参事，交通部公路科学研究所学术委员会副主任，主要从事公路及公路运输经济领域的软科学研究。

部分水道险滩均已淹没，水位大幅抬高，水床大幅增加，形成了水深条件良好、水面水域开阔、首尾基本相连、适合通行1000～5000吨级船舶的1200公里的深水航道，发展金沙江航运的条件已经成熟。

应把金沙江航运建设作为国家长江经济带发展战略的重要内容加以推进，将金沙江航运基础设施建设纳入国务院基础设施补短板计划，建立由国家有关部委牵头的工作协调推进机构；协调三峡集团等电站方，解决各水电站高坝通航问题；推进水富至宜宾段航道提升整治工程，畅通长江航运咽喉；金沙江航运、海事权限由长江航务局统一管理。

一　加强金沙江航运建设的重要意义

（一）加强金沙江航运建设，关系国家长江经济带建设战略全局

1964年，中央决定开发金沙江攀枝花段航运，当时规划“先通后畅，逐步扩大”，但因金沙江滩险水急，航道整治推进缓慢，七年后国家调整计划，工作停止。1978年10月又继续现场施工，但1979年底国家调整计划，金沙江航道整治工作再次停止。当前，发展金沙江中下游段航运可以为长江干流增加1200公里的黄金水道，有利于保护修复长江生态环境、挖掘长江上游广阔地区巨大内需潜力、优化沿江产业结构和城镇化布局、缩小东中西部地区发展差距，有利于整个长江经济带协同和融合发展。

（二）依托金沙江航运建设，可以迅速打造云南、四川新的经济支撑带

云南和四川融入长江经济带建设，必须依托金沙江黄金水道建设。金沙江中下游段流经云南迪庆州、丽江市、大理州、楚雄州、昆明市、曲靖市、昭通市共7个州（市）21个县，人口773万人、占云南总人口的16.3%，区域面积占云南总面积的21%；流经四川省攀枝花市、凉山州、宜宾市等地，流域内人口4600多万。流域内地质环境复杂，生态功能突出，是我国

西南地区生态安全屏障的重要组成部分；水能资源蕴藏量约7000万千瓦，已建成装机3056万千瓦，是全国最大的清洁能源基地；煤、磷、铜、铁、铅、锌等储量居全国前列，矿产资源富集；烟草、绿色食品、文化旅游、生物医药、新能源新材料等产业发展迅速，资源优势明显。加强金沙江航运建设有利于把资源优势转化为发展优势，推进沿江地区产业链形成，打造云南、四川新的经济支撑带和重要经济增长极。

（三）加强金沙江航运建设，符合生态优先、绿色发展的要求

金沙江沿江中上游地区属于国家西南地区生态安全屏障重要组成部分，在地质条件复杂且薄弱，公路、铁路建设难度大、成本高，容易引发地质灾害、破坏环境的特殊情况下，航运建设能够满足沿江偏远地区交通运输需要，弥补陆路交通的不足，增强区域运输能力，并为云南、四川提供出省达海大通道。同时，航运占地少、能耗低、污染小，成本低、运输能力强，符合国家"生态优先、绿色发展"的长江经济带发展方针。

（四）有利于少数民族地区和集中连片特困地区发展

金沙江中下游流域有乌蒙山区、滇桂黔石漠化区、滇西边境山区3个集中连片特困地区，沿江大部分地区为少数民族聚居区（迪庆及四川沿江部分地区为藏区）、革命老区。推进金沙江航运建设是加快沿江地区脱贫致富、经济发展、维护民族团结的重要举措，可以为这些地区打开对外交流的窗口，优化交通运输结构，带动特色产业发展，改善沿江人民群众的生产生活条件。

（五）有利于加快构建长江流域绿色交通运输体系

当前，金沙江下游库区煤炭、磷矿等货物经翻坝转运的运价约为公路运价的1/6，如果金沙江各级水电站翻坝转运能力满足要求，则水运竞争力将更强，金沙江运力将远超公路和铁路，有利于降低货物运输成本。同时，国务院办公厅于2018年9月印发《推进运输结构调整三年行动计划（2018～

2020年)》，国家正着力调整货物运输结构，提高综合运输效率，推进大宗货物“公转铁、公转水”，全面深入推进绿色交通发展。加强金沙江航运建设，有利于加快建成布局科学、生态友好、清洁低碳、集约高效的长江流域绿色交通运输体系。

二　加快金沙江航运建设的工作建议

金沙江上游（青海省玉树巴塘河口至云南省丽江市石鼓镇）约965公里，山高谷深，峡谷险峻，流域宽度不大，支流不甚发育，不适合发展航运；金沙江中下游（丽江市石鼓镇至昭通市水富港）约1260公里，多级梯级水电站开发建设大部分已经完成，库区大坝建成后库区回流较长，绝大部分水道险滩均已淹没，水位大幅抬高，水床大幅增加，发展航运条件成熟。

金沙江中下游段向家坝、溪洛渡电站坝后已分别形成约157公里、194公里的库区深水航道，白鹤滩、乌东德电站坝后还将分别形成约183公里、200公里的库区深水航道，四川攀枝花市至云南水富市全段形成约734公里的库区深水航道，库区深水航道已可常年通行1000～5000吨级船舶。金沙江航运开发，将使长江黄金水道航道里程向上游延伸到云南丽江市石鼓镇，近1200公里。2018年11月4日，核载9300吨的泸州籍船舶“祥瑞永红”号驶入水富港，随着金沙江航运建设的推进，万吨级内河船舶往来于金沙江与长江中下游将成为常态。

综合实际情况，金沙江中下游应分别以客运或货运为主，分段推进航运建设。丽江石鼓镇至元谋港（攀枝花）以旅游航运为主，兼顾地方企业、群众生产生活货运；元谋港至水富段以货物运输为主，合理开发水上旅游项目。目前，云南、四川沿江州市、交通运输等部门已经就金沙江航运建设做了大量工作，新建了一批码头、停靠点等基础设施，开展了很多招商引资活动，但还存在对长江经济带战略认识不足、建设协调机制不健全、水电站大坝翻坝转运设施落实建设难、建设资金严重不足以及融资困难、宜宾港至水富港航道等级提升项目停滞等问题，严重制约了金沙江航运发展。

（一）把金沙江航运建设作为国家长江经济带建设战略的重要内容

调研发现，由于缺乏认识上的统一、规划上的统筹、执行中的统管，金沙江航运建设遇到多重困难。个别地方和部门对长江经济带建设战略认识不足，有的没有认识到金沙江流域是长江经济带建设的重要战略支点；有的片面认为国家没有规划或中央和国务院文件中没有提及的项目、城市、航道建设缺乏依据，工作主动性和积极性不强；有的着眼于本地本部门，没有树立全局意识，在金沙江航运建设中单打独斗，缺乏统一规划、合作衔接。建议成立由国家相关部委以及云南、四川省政府分管领导领衔的协调领导小组和工作小组，负责金沙江航运建设的协调推进工作。针对金沙江航运建设纳入长江经济带总体部署规划；过坝运输中近期运输码头建设、路径选择，远期船闸、升船机的续建；金沙江纳入长江委、长航管理；水富至宜宾段航道整治等开展相关工作。

（二）解决各水电站高坝通航的问题，真正实现金沙江中下游段全线贯通

受实际限制，之前金沙江水电开发对金沙江航运资源的战略地位未予足够重视，对航运长远发展要求兼顾不够。大部分电站建设未规划航运过坝、翻坝设施，仅向家坝电站枢纽同步建设了 1000 吨通航建筑物。向家坝实际每次只能通航 500 吨。2017 年云南省上游水运货物从向家坝通航不到 200 万吨，还有 436 万吨只能从公路转运。一方面，金沙江中下游段因电站建设具备了良好的深水位通航条件。另一方面，电站大坝枢纽的阻隔，使金沙江各段形成了“竹节式”航道，“过坝难”给金沙江航运发展带来很大困难。目前，各地采用翻坝转运方式，串联各段库区航道，作为过渡性的临时措施。由于翻坝转运环节多、效率低、货损增加、成本提高，只能作为直接过坝设施的过渡或补充方案。从长期来看，需通过建设船闸、升船机等通航设施，解决各级枢纽高坝通航的问题，真正实现金沙江中下游段全线贯通，长

江黄金水道延伸至西南战略纵深腹地。建议国家水利部门针对中远期过坝运输中的升船机或船闸进行技术、经济、环境领域的论证。

（三）推进水富至宜宾段航道提升整治工程，畅通长江航运咽喉

水富至宜宾段30公里航道是长江上游（金沙江）与长江中下游的“咽喉”，目前仍为5级航道，运力较低，已经成为畅通长江上游与中下游航运的最大制约瓶颈。2009年国务院同意批复的《长江干线航道总体规划纲要》提出实施水富至宜宾3级航道建设工程，但因该航段处于长江珍稀特有鱼类自然保护区核心区而未通过环评，工程搁置。但同处保护区核心区的泸州至宜宾航道已于2009年提升改造完成。建议国家有关部委以及云南、四川加强沟通合作，加快推进水富至宜宾段航道提升整治工程，畅通长江航运“咽喉”。

（四）加大中央资金投入发行政府债券，多方式拓宽金沙江航运建设的融资渠道

码头建设、航道提升、陆路连接等航运基础设施项目属于公益性建设，民间投资对回报高、见效快的金沙江旅游项目、服务项目兴趣较大，但对投入大、回收期长的基础设施建设参与愿望不强烈，招商引资建设航运基础项目难度很大。而地方财政财力薄弱，金沙江航运建设资金矛盾突出，存在投资主体单一、自身资金积累少、融资渠道狭窄、融资能力不足等问题，建设资金需求难以满足成为金沙江航运发展主要瓶颈。建议增强中央财政资金支持，增加行业补助资金额度，对重点航运建设项目配套专项资金，并允许利用地方政府一般债券和专项债券等多渠道融资，鼓励和吸引其他国有和社会资本参与金沙江航运开发建设。

（五）纳入国务院基础设施领域补短板计划，全面推进金沙江航运建设

金沙江航运建设对云南、四川乃至全国非常必要，关系国计民生。2018

年10月11日印发的《国务院办公厅关于保持基础设施领域补短板力度的指导意见》（国办发〔2018〕101号）对金沙江航运建设的指导性很强，对推进金沙江航运建设非常有利。建议国家有关部委依据文件精神将金沙江航运建设项目列入补短板计划。

（六）在建立长江经济带流域统一管理体制方面先行探索，长江航务局统一管理长江航运、海事等事权

党中央、国务院要求建立协调统一、高效运行的长江流域管理体制。2018年4月26日，习近平总书记在武汉召开的第二次长江经济带发展座谈会的讲话中明确指出，要完善省际协商合作机制，协调解决跨区域基础设施互联互通、流域管理统筹协调的重大问题。金沙江是长江上游，金沙江流域无论在水电开发还是在航运、防洪、灌溉等方面都在长江水资源综合利用中占有重要地位，金沙江航道条件改善使得长江干线航道上延，为金沙江纳入长江航运行政一体化管理奠定了基础。结合金沙江海事管理实际，建议将金沙江的航运和海事纳入长江航务局统一管理。

B.27
关于推动长江经济带高质量发展构建现代化产业体系的建议

徐宪平　黄汉权*

摘　要： 长江病了，问题在水里、根子在岸上，根本之策是加快构建现代化产业体系，重中之重是改造提升沿江化工产业，具体建议：根据资源环境承载能力对沿江化工产业进行统筹规划和优化布局；破解化工产业环保改造、转型升级技术供给问题；设立专项资金支持改造搬迁、绿色发展；开展评价分析。

关键词： 长江经济带　高质量发展　现代化产业体系

习近平总书记一再强调，推进长江经济带发展要坚持共抓大保护、不搞大开发，探索走出一条生态优先、绿色发展的新路子。近期，我们深入沿江6个省市，进行了为期两周的实地调研，从产业发展角度提出以下四点看法及建议。

一　“长江病了”：问题在水里、根子在岸上

长江经济带是我国化工产业集聚区，沿江化工企业、化工园区高密度分

* 徐宪平，国务院参事，曾任国家发展和改革委员会副主任、党组成员；黄汉权，中国宏观经济研究院产业经济与技术经济研究所所长、研究员，主要从事“三农”问题、产业组织和产业政策、创业投资的研究。

布。据相关部门数据，目前沿江 11 省市共有化工企业 1.1 万多家，化工园区 250 多个，产值规模约占全国的比重为 40%，基本上都是沿江各省的主导产业。

存在的三大问题：一是布局不合理。化工企业入园率不高，仅为 40% 左右；700 多家化工企业位于长江岸线 1 公里范围内，有 81 家位于饮用水水源保护区和自然保护区等环境敏感区。二是环境隐患多。2016 年以来，沿江化工企业发现存在环评违法行为企业 651 家，存在超标排放违法行为企业 649 家，存在其他违法行为的企业 1267 家，占比达到 22.7%，数量不小。同时，长江经济带又是我国有色金属、矿产资源比较丰富的地区，精炼铜、精炼铅和锌产量分别占全国 44.6%、59.7% 和 45.5%；还有水泥、玻璃、陶瓷、石膏等行业企业 1.3 万多家，产生的废水、化学需氧量和氨氮排放量分别占全国 43%、37% 和 43%，造成了严重的“生态赤字”。三是认识有偏差。多年来，随着工业化城镇化的快速推进，长江经济带从“化工围江”“化工围城”到“城围化工”，源于思想认识上的两大误区：第一，片面追求经济增长速度，忽视生态环境保护，把发展凌驾于自然之上、凌驾于保护之上，导致保护和发展矛盾越来越尖锐，使人和自然的相处变得越来越不和谐；第二，过于依赖长江黄金水道大规模、低成本的运输优势，以及较大的环境容量和较强的自净能力，只考虑经济成本，不考虑环境成本，使环境成本越来越高，粗放型发展方式难以为继。2017 年长江经济带工业增加值占全国的比重为 47.2%，但化学纤维产值占 77.7%，化学农药占 77.6%，硫酸占 65.3%；工业用水量占全国的比重为 63.9%，每万元工业增加值用水量比全国平均水平高 16.2%；每亿元 GDP 化学需氧量排放强度要比全国平均水平多 1 吨左右。

二　生态优先：正确把握环境保护与经济发展的关系

环境保护和经济发展是长江经济带建设的两大主题。生态环境保护的成败，归根到底取决于经济结构和经济发展方式，要坚持在发展中保护、在保护中发展。过去大家常常说，发展是硬道理，进入新时代，我们应该说，保护也是硬道理。

化工行业是国民经济基础性产业，不可或缺、不可替代，与一个国家制造业水平和人们生活水平密切相关。美国的化工产业至今仍是第一大工业产业，德国、日本、韩国的化工行业也是排前三的主导行业。我国化工产业产值从2010年开始超过美国，成为世界第一大化工大国。2005年产值占全球的比重仅为11.4%，2015年上升到39.9%，10年提高28.5个百分点。长江经济带化工产业产值占全国的比重为40%左右，这意味着占全球的比重为16%左右，但与世界先进水平相比，存在结构不优、水平不高、国际竞争力不强、环境污染严重等突出问题。调研发现，在推进沿江化工企业整治中，存在“一关了之”“一搬了之”和“一刀切”“切一刀”等现象，就如何处理好环境保护与经济发展的关系我们认为要处理好以下三个关系。

一是存量和增量的关系，改造存量，做优增量。总体上看，长江经济带传统产业占比高，新兴产业占比低，化工产品低端多、高端少。要在存量上坚决淘汰落后产能，从源头上减少环境污染，在增量上严格实行负面清单制度，控制新增化工企业，控制排污总量，加快培育新兴产业，发展高端产品、绿色产品，既要做减法，也要做加法。

二是上中下游的关系，严防污染转移扩散。长江经济带是包括上中下游、干支流的复杂生态系统和经济系统，环保水平和产业水平呈逆向分布。从环保角度看，上游地区作为水源涵养区和饮用水水源地，生态脆弱敏感，环保标准理应更高；中游地区重化工业快速发展，环境污染问题显现。从产业角度看，上游地区经济发展水平较低，加快产业发展要求很迫切；下游地区经济实力雄厚，绿色发展已见成效，环保能力比中上游地区更强。因此，要充分统筹协调上中下游、干支流地区化工产业布局、环保标准设置，严防污染随着产业转移向上中游、支流地区转移。

三是当前与长远的关系，攻坚战、持久战相结合。长江经济带存在的环境污染问题是多年累积形成的，治理任务艰巨而繁重，难以“毕其功于一役”。只有坚持攻坚战与持久战相结合，才能做到治标又治本。当前要打好攻坚战，依靠以行政为主导的手段，取得治标的重大成果；长远要坚持持久战，以法治手段、市场手段持续推进，实现治本的最终目的。

三 根本之策：加快构建现代化产业体系

推动长江经济带高质量发展，必须加快构建现代化产业体系，这是必由之路、战略选择，总体思路是：创新引领、区域联动，破旧立新、产业升级，“四位一体”、协同发展。要以长三角地区为龙头，辐射带动上中游、干支流地区，真正把创新作为引领发展第一理念、第一动力，通过理念创新、技术创新、管理创新、制度创新和投入方式创新，推动要素自由流动，加大研究开发投入，破除旧动能、培育新动能；通过供给侧结构性改革，提高供给质量和效率，减少无效和低端供给，扩大有效和高端供给，促进产业转型升级；通过实体经济、科技创新、现代金融、人力资源“四位一体”的协同发展，共推现代化产业体系的构建。

在调研中发现两个例子，很有启示意义。

一个是干流的例子：无锡北倚长江、南邻太湖，是苏南重镇。2007 年 5 月，太湖暴发蓝藻引发的水危机，无锡市从那时开始持续进行环境污染整治，累计关停淘汰高污染、高消耗、高排放企业 3067 家，化工企业数量从 2007 年的 2955 家减少到 2017 年的 850 家。转型的过程是痛苦的，该市一度陷入经济总量排名下降、增长速度持续下降、不良债务持续上升的困境。通过实施创新驱动核心战略，加快产业转型升级，该市化工产业占规模以上工业的比重从 2007 年的 9% 增加到 2017 年的 12.6%，但高新技术产业占比从 2007 年的 26.7% 提高到 2017 年的 42.3%；物联网产业营业收入约占江苏的 1/2、全国的 1/4，集成电路产业规模居全省第一、全国前列。2017 年该市经济增速 5 年来首次超过全省平均水平，规模以上工业增速 13 年来首次超过全省平均水平。可以说，在环保治理与产业转型中实现了浴火重生。

另一个是支流的例子：株洲市位于长江支流的湘江下游，是新中国成立初期国家布点建设的八大工业城市之一，也是亚洲最大的有色金属冶炼基地和全国重要的化工生产基地。株洲清水塘工业区，15 平方公里的地域内，集聚了株冶、株化等 261 家工业企业，最高年份产值约占全市的 30%。2003～2004 年该市连续两年被列为“全国十大空气严重污染城市”之一，在其污染高峰期，汞、砷、铅、镉等重金属污染物的排放量分别占湘江干流接纳量的 90%、50%、30%、25%。2013 年以来，株洲以壮士断腕的气魄进行环保整治，累计投入 180 多亿元，关停搬迁企业 257 家。与此同时，株洲发挥集火车动力、航空动力、汽车动力于一身的产业优势、人才优势，提出打造“中国动力谷”的发展思路，建设中国轨道交通城、中南地区通用航空城和中国新能源汽车产业城，2017 年新增规模以上工业企业 203 家，新引进配套企业 106 家，轨道交通、汽车、航空三大产业本地配套率分别达到 70%、40%、30%，轨道交通电力机车国内市场占有率达到 60%，中小航空发动机国内市场占有率达到 90%，电动公交车国内市场占有率全国第一，真可谓“风雨之后见彩虹”。

四　重中之重：改造提升沿江化工产业

长江经济带既是化工产业的集聚区，也是环保治理的主战场。借鉴国际经验，坚持改造提升，既出重拳整治，又有组合拳配套，是可以走出一条绿色发展之路的。

（一）两个国际案例

德国巴斯夫公司的案例。20 世纪 80～90 年代，德国的化工企业也饱受社会诟病，人们“谈化色变”。作为全球最大的化工公司，巴斯夫公司秉持“经济成功、社会责任和环境保护相结合”的理念，创造了化工产业“上下游一体化、园区化”的模式，生产装置互联、上下游产品互供、物流等基础设施互通，同时通过严格的环境安全标准和可靠的技术管理等，全面控制和消除环境危害，巴斯夫公司现在被誉为“全球最受赞赏的化工公司”。笔者与巴斯夫公司中国区总裁座谈时，他介绍，德国 37 个化工园区和巴斯夫60多家化工企业基本上是近水而建，沿莱茵河、易北河布局，基本做到了零排放。

英国治理雾霾的案例。20世纪50年代，英国的雾霾非常严重，但通过持续治理，成效十分显著，最根本的经验是法治。从1956年出台《清洁空气法案Ⅰ》、1968年出台《清洁空气法案Ⅱ》，再到1974年出台《污染控制法案》，连续出台了多个严格的环保法律法规，伦敦的烟尘和二氧化硫的浓度出现陡峭式下降，雾霾天气从1950年的90多天减少到1980年的5天。

（二）十二字建言

一是达标。调研中了解到，现在我国化工行业环保标准已经很严，有些甚至超过欧美标准，但是没有完全落实到位。环保整治的首要目的和基本要求是达标。对环保不达标企业，要建立倒逼机制，限时整改达标，不达标便退出。不管是离沿江岸线1公里、10公里还是100公里，距离都不是标准，达标才是底线。

二是减量。长江已经是世界上最繁忙的内河，货运量世界排名第一。由于化工产业规模大，技术和管理又跟不上，污染排放量大。因此，达标排放是基础，减量发展是趋势。不仅要达标，而且要减量，要在产业转型升级中实现规模减量、排放减量、消耗减量。

三是入园。园区化、一体化是化工产业发展的方向，既可以有效消除邻避效应，也能够实现集约高效管理和污染集中整治。上海化工园区从1996年开始建设，借鉴国际一流化工园区经验，实施“产品项目、公用辅助、物流传输、环境保护、管理服务”五个一体化，经过22年的发展，已成为集聚全球知名化工企业最多、产业能级最高、循环经济水平最好、安全环保管理最严的化工园区。园内58家企业中，外资占80%，排放标准达到或超过欧美标准。而目前长江经济带化工企业入园率仅为40%，要突破“化工围城”“城围化工”的窘境，必须加大“退城入园”力度。

四是分类。对于处于不同水平、不同区域的化工企业，要因地制宜、分类施策。对于淘汰类、禁止类技术工艺装备和产品，坚决依法依规关停。对于产品有市场、有效益、就业有贡献、愿意通过加大环保技改投入来实现达标排放的企业，应该创造条件积极支持。对于技术含量高、资源消耗低、污染排放少的化工新材料，包括高端专用品、功能性化学品等，应鼓励其发展壮大。要综合区域、资源、环境、运输、市场等因素，统筹考虑上中下游、干流支流化工产业布局，形成优先开发、限制开发、禁止开发的发展格局。引导大进大出的化工企业向沿海地区布局。

五是安全。首先要确保生产安全。化工企业高温高压，易燃易爆，危险源头多，安全风险大。要完善风险排查、评估、预警和防控机制，危险化学品企业要通过改造、搬迁、关闭等方式，降低安全和环境风险。其次要确保产业安全。化工产业基础性强、关联度高，关停并转时要统筹衔接，考虑到对上下游产业的影响，以及由此导致的进口规模扩大、进口价格上升等问题，以保障国民经济基本需求。

六是法治。“生态法治化”是生态文明建设的必然选择。只有依靠严格的制度、严密的法治，才能建立环境治理的长效机制。要加快“长江保护法”等法律法规的立法进程，使长江经济带环保整治有法可依。鼓励沿江各地制定长江保护地方性法规，积极探索跨地区协同环境立法模式，真正建立长江生态环境法治“高压线”。

（三）四点建议

第一，科学规划布局。全面摸清长江经济带化工产业基本情况，根据沿江及各个区域的资源环境承载能力，对沿江化工产业进行统筹规划和优化布局，明确环境保护标准、产业准入门槛，解决目前存在的关多少、留多少、改多少、搬多少、搬哪里、何时搬、怎么搬等问题。第二，攻克关键技术。在改造提升长江经济带化工产业中，环保技术供给已经成为一个亟待解决的突出问题。决心重要，政策重要，但是技术支撑同等重要。如果缺乏相关技术支撑，提高环保标准便会成为空中楼阁。要集中力量，加大投入，攻克环保技术瓶颈制约。第三，设立专项资金。沿江产业升级，支持新兴产业发展的基金很多，支持化工产业改造提升的投入力度较小。化工产业改造搬迁，资金需求巨大，建议通过绿色发展专项基金、绿色信贷计划予以支持，以及实行化工企业退城后土地开发收入的分享政策，这是一项有效投资，也是一项战略投资，是有收益、有价值的。第四，开展评估分析。长江经济带的领导小组办公室应该定期组织相关专业机构，对沿江化工产业转型升级进展情况进行评价分析，总结经验，发现问题，有针对性修正产业发展和环保治理的目标、任务和政策，使治理能够落到实处。

B.28
破解长江经济带“重化工围江”问题的对策建议

成长春*

摘　要： 破解“重化工围江”问题，须多管齐下：突出规划引领作用，坚决打好铁腕治污组合拳，加快园区绿色化建设步伐，提高重化工污染治理专业技术水平，推动长江经济带高质量发展。

关键词： 长江经济带　重化工围江　高质量发展

党中央对长江经济带“重化工围江”问题高度重视。2016 年 1 月 5 日，习近平总书记指出，要把修复长江生态环境摆在压倒性位置，共抓大保护，不搞大开发。2018 年 4 月 24 日，习近平总书记前往湖北省考察的第一站就是化工企业。他在考察时指出，要下决心把长江沿岸有污染的企业都搬出去，企业搬迁要做到人清、设备清、垃圾清、土地清，彻底根除长江污染隐患。

从总体来看，长江流域开发与生态安全格局、产业规模扩张与资源环境承载力之间存在尖锐矛盾。沿线重化工产业“偏资偏重”，污染整治与环境修复压力巨大。今后，须拿出壮士断腕的决心和久久为功的定力，全力修复长江生态环境，建设绿色生态廊道，打造有机融合的绿色高效经济体，深入推进长江经济带高质量发展。

---

* 成长春，江苏省人民政府参事，教授，博士生导师，江苏长江经济带研究院院长，主要研究方向为长江经济带可持续发展。

一 “重化工围江”形势依然严峻

（一）整治重化工污染刻不容缓

长江流域集中了我国40%的可利用淡水资源和超过20%的湿地资源，同时也是我国生物多样性的重点地区。然而，多年来重化工产业集聚发展，带来了真金白银，却牺牲了蓝天绿水。长江经济带以全国21%的土地承载着30%的石化产业；全国主要酸雨省份八成以上分布在长江经济带；排入长江的废水量占全国的43%，居七大流域首位。在工业和人口密集的中下游地区，沿岸水质基本在Ⅲ类至Ⅳ类之间。

重化工污水的排放严重威胁长江生物多样性。在世界保护生物学“知名”的白鳍豚、白鲟和长江鲟或已灭绝，或已濒临灭绝。江豚只剩1000多头，中华鲟数量不足100只，就连沿江四大家鱼等普通鱼类资源也在减少。2018年4～5月，水利部排查出沿江固废点位1376处，大量工业固废在长江沿线跨省转移和倾倒，形成了有组织、规模化的非法产业链。

（二）整治重化工污染工作力度亟待加强

长江沿线重化工污染整治不尽如人意，主要原因有：第一，长江上中下游经济发展阶段不同、资源禀赋不同，环保意识和执法水平存在较大差异；第二，全流域重化工产业体量大，布局分散，环境污染负荷难以集中监管，治污资金缺口巨大；第三，伴随重化工产业溯江而上、梯度转移，上游地区存在轻度污染产业转入，中游地区存在中度和轻度污染产业转入，全流域缺乏跨区域联合治理机制；第四，园区数量不足，入园难与园区建设标准化难并存，且固废监督机制不健全，固废处理能力严重不足；第五，治理和建设关系需进一步理顺，缺乏具有前瞻性的规划；第六，长江沿线项目规划缺乏统筹考虑。各地在上马重化工项目时，仅针对单个项目或园区进行规划与评估，没有统筹考虑整个长江水系的生态环境承载力和运输系统承载力。

二　破解“重化工围江”问题须多管齐下

（一）突出规划的引领作用

一是抓建设与抓整治要有机结合。坚持规划先行，做到既“管眼前”又“管长远”，在统筹考虑沿江生态环境与运输系统承载力的基础上，优化沿线重化工产业的发展布局。同时，要制定重化工企业绿色转型专项规划，鼓励企业围绕《中国制造 2025》和《石化和化学工业发展规划（2016～2020 年）》，以突破关键核心技术为主攻方向，推进两化融合与智能制造，实施以“绿色生产、绿色采购和绿色消费”为重点的绿色供应链环境管理。

二是坚持区域协调和江河湖海联动。借鉴莱茵河流域“恢复完整的流域生态系统”的成功经验，实施“四同步综合治理方案”，即“沿江重化工污染和长江口沿海重化工污染同步整治、点源污染和面源污染同步控制、重化工围江和其他污染围江同步治理、支流入江口和入江支流及内河湖泊同步管控”。完善跨区域协调合作机制，明确重化工产业转移的准入门槛，强化监管执法，杜绝因产业转移带来的污染转移，实现长江经济带沿线省市间协调性均衡发展。

三是制定实施水生态规划和水生物规划。突出长江水体化学、物理、生物的完整性，按照水安全、水环境、水景观、水文化、水经济“五位一体”模式，加快水生态建设，保护水生态环境，维护水生物多样性。推广安徽省江豚保护经验，对濒危物种进行保护，对富营养化问题较严重的太湖、巢湖等水体生物多样性展开调查。借鉴德国博登湖、北美五大湖、日本琵琶湖以及芬兰塞马湖的治理经验，在内河湖泊地区实施更严格的排放限值，把湖泊的管理跟河流的管理、相邻湖泊的管理、湖泊水域与岸线的管理、物和人的管理协调起来，促使生产岸线让位于生活岸线和生态岸线。

（二）打好铁腕治污组合拳

一是实施更严格的专项治理行动。落实最严格的管理制度，提高重化工污染排放标准，认真落实“三去一降一补”五大任务，坚决淘汰落后产能。对沿江省市提出削减污染排放的指标和时间表，对不同污染程度企业列出解决问题的路线图和时间表。倡导沿江一公里不再新上重化工设备，必须搬迁的重化工企业做到“四清”。同时，推广全程治理法以及自动观测点与手动观测相结合的监测模式。

二是制定“龙头企业搬迁计划”。坚持企业搬迁与提升竞争力相结合，引导企业在搬迁的同时通过技术与管理创新，实现工艺、设备、产品、服务“四个升级”。坚持企业搬迁与保持企业稳定、社会和谐相结合，做好各层面思想工作，帮助解决人员安置等困难，减小搬迁阻力和不利影响。坚持企业搬迁与环境修复相结合，对已关停搬迁尚未开发的重化工遗留地块，全面实施治理修复。要建立金融、财税等激励机制，不断提高包括土壤修复、地下水修复和水体修复在内的各类环境修复的综合效益。

三是完善治理体制机制。建立省际协商合作机制、地区间和上下游间生态补偿机制，推动各地进行联防联治。在市场化机制方面，借鉴德国经验，以市场机制激励环保技术进步。同时，完善多方合作的多层次绿色金融平台、绿色生态技术交易市场，以及用水权、排污权、碳排放权交易市场等，解决重化工企业绿色转型和环境修复面临的资金瓶颈。同时，要完善正向激励机制，对研发应用先进治污技术、环境信用良好的企业实施差别化扶持政策。

（三）加快园区绿色化建设步伐

一是实行“园区专项建设计划”。借鉴新加坡裕廊岛化工园区将“化工”与“诗意城市”融为一体的成功经验，加快园区标准化建设，通过严格考核、限期整改、区域限批、园区退出等措施，倒逼园区提高“污染物收集与处置、能源清洁化利用和生态环境监测监控”等治污能力，实现治污系统化、标准化和现代化，建设“无泄漏、无异味”园区。引导入园企业不断优化生产工艺与管理方法，持续完善绿色制造和智慧化管理体系。

二是以园区为载体打造绿色重化工产业集群。运用行政、经济、市场等手段，引导企业向园区集聚，提高入园比例，解决因“产销地分离、长距离运输”导致环境风险上升的问题。鼓励现有沿江园区依托产业基础、市场基础、装备技术和人才优势，开展有效整合，以产业链的纵向延伸、横向耦合为主线，以创新驱动为支撑，以龙头企业为引领，强化产业配套和关联，大力发展环境服务业，带动全产业链联动发展，形成特色优势产业集聚。探索一条技术含量高、质量效益好的“重化工产业绿色转型路径”。

三是全面实施沿江园区风险评估和常态化预警。开展沿江、沿河、沿湖、沿海重化工园区与企业、化学品储运场所及危险化学品港口码头的安全风险评估及隐患整治。健全危险化学品行业风险联动联控机制。完善园区集中排污断面监督机制。加快建设装置级、企业级、园区级、流域级的多级重大危险源在线监控及事故预警系统。在企业周围构建缓冲带，加强单个企业排污的监测和定位，确保极端事故状态下，事故污水不流入长江。

（四）提高重化工污染治理的专业技术水平

一是重视环保技术。技术对于环境部门的重要性，就如技术对于芯片产业的重要性。环保技术与环保产业是解决环境污染问题的“硬”工具。加大投入，实现环境监测、污水垃圾处理、环境事故应急处理专业化，生产工艺绿色化，生产过程智能化、“三废”治理实效化。落实重化工企业在治污工作中的主体地位，鼓励企业通过参与国家重大污染治理专项课题，提高其治污技术研发能力和环境服务专业化水平。

二是推进治污领域国际化。国外工业污染治理经历的时期较长，技术也相对成熟，可抓住“一带一路”倡议机遇，借鉴环保巨头苏伊士投资32亿欧元收购GE水处理的模式，加强工业污染治理方面的跨境合作，通过并购国外具有专项环保技术的公司，获得专有技术，快速提升技术水平。

三是推广第三方治理模式。坚持市场化运作和政府引导相结合，吸引社会资本进入，积极培育可持续的商业模式。鼓励排污单位按照专业、经济、高效的原则开展第三方治理业务。借鉴贵州省运用 BOT、TOT、PPP 等多种投融资模式开展第三方治理的经验，完善第三方治理市场，提高运维水平和监管效率，帮助企业采用专业化治理模式降低治理成本，提高达标排放率，同时帮助政府降低执法成本。

B.29
关于长江经济带高新技术产业协同发展的成效、问题和建议

成长春*

摘　要：　调研组历时一个多月，分赴江苏、上海、重庆、北京等地，采取现场访谈、文献梳理和实地调研等方式，分析和评估当前长江经济带高新技术产业协同发展情况，总结沿江高新技术产业协同发展取得的积极成效。

关键词：　长江经济带　高新技术产业　协同发展

一　中国创新策源地　高新产业风向标

长江经济带横贯我国东中西三大区域，覆盖11省市，聚集了全国44%的工业总量和50%以上的战略性新兴产业总产值，以及全国1/3的高校和科研机构，在我国产业转型升级和科技创新发展中占有重要战略地位。现拥有全国近半数的国家新型工业化产业示范基地和国家级开发区（全国共有高新区168个，沿江有90个；自创区19个，沿江有9个；沿江有国家重点实验室161个、工程技术研究中心140个），以电子信息、新材料、生物医药、装备制造业、新能源和汽车相关产业为主导产业。相对于传统制造业而言，高新技术产业发展的路径依赖程度较低，创新空间大，最容易实现

* 成长春，江苏省人民政府参事，教授，博士生导师，江苏长江经济带研究院院长，主要研究方向为长江经济带可持续发展。

（跨业、跨域）协同发展。长江经济带已成为我国重要的创新策源地、高新技术产业协同发展和转型升级的风向标。

据统计，2018 年长江经济带高技术制造业增加值占本区规模以上工业的比重为 14.2%，高于全国 1.3 个百分点。同时，长江经济带也是新兴产业的主要集聚区。2017 年长江经济带战略性新兴产业总产值占全国规模以上工业的比重高达 53.9%。长江经济带战略性新兴产业总产值占本区域工业总产值的 23.4%，其中，上海占比高达 32.6%，江苏、浙江、安徽、湖南、重庆占比也均在 25% 以上。

（一）省际合作、区域协商与共建共享模式不断取得突破

当前，以上海带动全流域、武汉带动中游、重庆带动上游的区域协同发展格局初现端倪。通过合理分工协作与空间布局优化，进而促进长江经济带各城市间建立互动融合的人才链、技术链、资金链、服务链和产业链。多层次、多元化的区域性协商合作机制架构初具雏形，如已经建立的“江苏省沿江产业转移跨区域合作机制”，组织了省内近百家企业与上海自贸区、安徽、江西等地开展产业合作对接活动。上海则在推进跨区域、多样式的产融工作及“产业地图”绘制（信息一体化）等方面走在了前列。重庆、四川、云南、贵州四省市签署《关于建立长江上游地区省际协商合作机制的协议》，湖北、江西、湖南三省签署《关于建立长江中游地区省际协商合作机制的协议》，标志着长江经济带省际协商合作机制全面建立。

（二）产业园区成为长江流域高新技术协同发展重要载体

“一区多园”“飞地经济”等实质性园区合作与联动正在稳步推进。上海张江高科积极探索产业协作，在江苏和浙江等地共建 12 个园区；各类园区合作联盟如雨后春笋，如“长江经济带国家经济技术开发区协同发展联盟”共吸纳 108 家国家级经济技术开发区（全国共 219 家）；2018 年 9 月，长三角开发区协同发展联盟正式成立；嘉昆太、盐城大丰“飞地”合作进程加快，并逐步引导重点行业和先进技术优先在长江经济带有序转移。G60

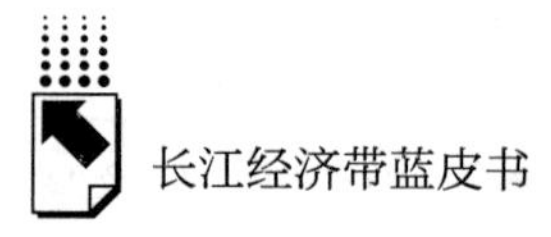

科创走廊聚焦“五大合作内容”，不断推动区域协同创新，成为新时代长三角区域协调发展新机制的试验田。

（三）双创环境持续改善，体制机制创新成为协同重要推力

高校、科研院所、企业联合建设了开放式技术研发和转移转化平台，协同构建长江经济带科技创新生态建设实践区。大型科学仪器（基础设施）协作共用与日俱增，科技创新券在长江经济带范围内的通用通兑成为可能。各地都非常注重国家级制造业创新中心建设，建立以市场为主体、以资本为纽带、以产业链为关联（瞄准重大科技创新成果）的创新联合体，如江苏、安徽、浙江、武汉、成都都在上海张江高科建有创新中心，实现了研发和产业分离。

（四）高新技术产业加速集聚，沿江高新产业发展轴带已初具规模

目前以沿江国家级新型工业化产业示范基地、开发区为载体，以大型企业、联合体为骨干，重点培育电子信息、高端装备、汽车、家电、纺织服装等产业形成集聚程度高、知名品牌多、技术水平领先、国际竞争力强的世界级产业集群，已初具规模。

南京江北新区重点发展集成电路设计、智能制造、大数据云计算三大主导产业，打造“全球创新策源地”“智能设计中心地”“新兴产业新高地”；苏州工业园区积极探索“圈层梯度、一区多园”发展模式，并积极谋划体制对接、功能融入的创新联盟/金融联盟等；上海张江高科“1 区 22 园”格局已初步形成；重庆两江新区形成新能源汽车、电子核心部件、机器人和智能装备四大模块。

二　协同弱竞争强　落差大聚合难

在高新技术产业协同发展取得一定成效的同时，长江经济带无序低效竞争、产业同构等问题仍然突出，行政上合作与经济上竞争的“二元现象”并存；创新基础不牢，高科技产业公共产品供给不足，产业升级进入“陡

坡”阶段，高端产业“低端化”后遗症显现；政策机制缺位，在关键环节存在“制度梗阻”，科技创新一体化建设还存在亟待突破的瓶颈；国际站位不够，缺少前瞻性布局，产业生态受中美贸易摩擦冲击，为深度协同蒙上阴影。

（一）产业布局同构，有布点，少布局，“各吹各号，各唱各调”的情况没有根本性改变

1. 上中下游整体协同少，产业梯次转移仍在起步阶段

协同落地过程以“我”为主，上中下游产业诉求各异，整体协同程度较低。东部沿海发达地区产业发展水平高，希望提高部分行业准入门槛；中西部地区产业基础薄弱，仍希望支持发展能源、资源型产业。出现行政上合作与经济上“对抗”并存的“二元现象”。区域发展的阶段性差异并未形成大规模的产业梯次转移，人才、资金等要素仍然流向东部沿海发达地区。

2. 在不同区域内，竞争日趋激烈，长三角区域产业协同度出现反复

近几年江苏、上海和浙江不同园区争抢企业、项目的情况时有出现，区域协同度出现阶段性反复。据统计部门监测，从 2001 年到 2016 年，长三角区域协同度呈现“倒 V”形走势，在 2012 年达到高点后逐渐下降，上中游区域要素竞争也日趋激烈。

3. 争上“高大上”项目，部分产业有新一轮产能过剩之忧

地方在承受发展经济的压力下仍存在路径依赖，倾向于选择大项目，对高质量发展具体措施的探索仍然不足。地区之间重复建设和产业趋同现象并未得到缓解，区域比较优势和协同创新优势不能充分发挥。各地提出的重点或主导产业多有雷同，沿江 11 省市将电子信息列为主导产业的有 9 个，将汽车、石化、装备制造列为主导产业的有 6 个，尚未形成“错位”与“互补”发展格局。据不完全统计，新能源汽车项目在长江经济带就有 7 个，根据有关部门印发的《汽车产业中长期发展规划》，到 2020 年，新能源汽车年产销要达到 200 万辆，而仅前述 7 个项目的规划产能就已超过 120 万

辆。经历过“缺芯少屏”之痛，平板显示和集成电路项目在长江经济带遍地开花，甚至有的县也在布局集成电路项目。

（二）创新基础不牢，高科技产业公共产品供给不足，产业升级进入“陡坡”阶段，后续发展支撑乏力，高端产业“低端化”后遗症显现

1. 区域创新生态体系难以满足产业发展需要

产业升级所需的基础性、前瞻性、共性技术供给不足。改革开放以来，曾释放大量技术红利的产业类研究机构企业化，中小企业技术升级难以找到优质供给方。区域内缺乏全球顶尖的公共研发载体，尚待形成从科学研究、技术研发到产业转化等梯次衔接的共建共享机制。对于“卡脖子”的重大科研任务和关键性技术，缺乏长期、稳定的联合攻关组织形式。

2. 高端产业“低端化”，产业升级进入“陡坡”

调研发现，长江经济带沿线省市名义上都有高新技术产业布局，但创新产出质量、产业层级仍处在整个产业链的低端，产业进一步升级的难度在加大。湖北省企业研发经费支出（R&D）呈现增速逐年放缓趋势，相当一部分的企业仍以加工技术和生产工艺改良活动为主，工艺先进但产品不高新的现象仍然普遍存在。企业研发机构建有比例较高，但建设质量有待提高；制造业体量庞大，但关键领域核心技术掌控能力不强。

3. 部分地区高新技术产业亮“红灯”，面临较大下行压力

随着国内外环境的变化，沿线省市高新技术产业的一些薄弱环节逐步显现。2018 年 1 ~ 9 月，长江经济带规模以上工业增加值增长 6.9%，比 2017 年全年下降 1.4 个百分点，回落幅度超过全国。2017 年，重庆市高技术制造业主营收入利润率仅为 4.6%，低于规模以上工业平均水平 2.4 个百分点。造成这种现象的原因是：当地高新技术制造业中占比最大的电子行业仍以价值含量较低的电子终端组装为主，附加值高的核心零部件制造规模还有待提升。江苏企业经营面临较大压力，利润持续下滑。从 2018 年的效益统计数据看，近一半地区的高新技术企业利润下滑严重。全省高新技术产业企

业有 2842 家出现亏损，约占全部高新技术产业企业数的 19.6%，亏损额超过 300 亿元。

（三）政策机制缺位，在关键环节存在“制度梗阻”，产业协同较难形成约束强、权威高、能落地的决策，“谁也指挥不动谁，谁也协同不动谁”，市场作用发挥不足

1. 跨行政区划的协同机制不健全，利益共享机制等关键性制度设计亟待破题

在产业协同落地层面，“飞地”经济、共建园区是长江经济带较多采用的模式，也取得了一定的成果。但由于这些模式涉及不同行政区的合作，合作双方面临经济指标统计、农用地占补平衡以及税收分成等利益问题，尚缺乏一套行之有效的制度性安排。在现有以 GDP 为主考核机制下，产业转移、园区共建往往造成本地经济增量、税收财力的损失，在利益共享机制缺位的情况下，长期难以为继。人才资源的互认、共享、补偿机制也是地方反映较多的问题，大量外派专家受户籍、社保等政策限制，不能享受工作地的人才政策，客观上限制了人才流动。

调研发现，各地根据实际需要已建立了不少协商平台，但由于制度不健全、议事程序和争端解决机制不完善、信息共享不充分等问题，难以形成实质性决策。在具体协作层面，区域之间“相互较劲儿”“互不服气”的心态依然存在，都想做“牵头人”，都在争“话语权”。医疗器械注册申请人制度等试点政策尚未推开，导致部分企业难以跨区域进行产业分工协作。

2. 绿色制造体系建设、清洁生产、资源综合利用等工作缺少专项政策和资金支持，地方政府工作推进难度较大

由于缺少关于化工企业整治的综合配套政策，各地更多的是依靠环保准入来推进企业关停、搬迁、淘汰，致使化工企业整治推进难度大，特别是未入园化工企业的搬迁更难。基于产业发展需要，为提高运输效率、降低运输成本，钢铁、化工、建材、有色、平板玻璃等大运量需求的产业过去都依托于长江布局，目前部分企业按要求搬迁改造。一方面，企业建设手续齐备，如强行要求搬迁，地方政府面临巨大补偿压力。另一方面，部

分企业搬迁后将不再具备成本优势，搬迁期间还将面临市场份额丢失风险，今后生产难度大。

3. 市场作用发挥不足，微观主体积极性不高

主管部门、产业园区往往带着协同任务推动企业搞合作，完全出于市场匹配的企业自发协同较少。在举办一些活动时，企业以完成本地领导交办任务的心态参与，主动性积极性不高，认为“没有什么实际意义”。近年来一些发达程度较高的园区每年有不少的产业外迁。这些以东南亚为目的地的产业完全可以在长江经济带范围内实现转移，但由于缺少市场调节机制以及产业输出地与承接地的利益分配机制，很少有“外转项目变内迁”的成功案例。

4. 交通基础设施存在“肠梗阻”

三峡船闸的通过量超过设计能力，“堵船”成为常态。若遇不良气候、长江流量超限、船闸检修等情况，待闸船舶数量会迅速增加。同时，多式联运存在“卡脖子”问题，南京长江大桥等下游桥梁过低，限制了货船通行能力；在中上游地区，铁路、公路、水路中转衔接环节有待理顺，铁路进港的“最后一公里”问题仍未破解。

（四）国际站位不够，缺少前瞻性布局，受经济大环境影响，企业家不愿投、不敢投、不想投的心态明显，产业生态受到冲击

1. 国际协同能力不足，国际化服务水平有待提升

沿线省市在针对基础领域的商事制度方面已与国际逐渐接轨，但是在产业转型升级过程中，产业越高端，与国际接轨的难度越大。仅上海这一全球性城市不足以带动长江经济带高质量发展。多数城市的国际协同能力不足，缺乏必要的教育、医疗配套服务，对国际人才吸引力不够。国际资源在导入时面临障碍，如剑桥大学南京科技创新中心从项目引进到落地耗时 4 年。

2. 外贸与投资形势不容乐观，部分外资高科技企业暂停项目或外迁，产业生态受到冲击

2018 年，江苏省高新技术产业 140 个小类中有 35 个行业出口交货值同

比出现负增长，有 19 个行业出口交货值同比下降幅度超过 10%，其中出口下降幅度最大的是智能无人飞行器制造，同比下降 55.2%。中美贸易摩擦对长江经济带高新技术产品出口及高新技术产业部分行业形成直接冲击。在重庆两江新区和保税港区，部分企业计划将产业转移至周边国家，福特汽车原拟关闭墨西哥工厂后到渝投资建厂，但受贸易摩擦影响，目前项目已陷入停滞。部分省市高新技术产业投资占工业投资比重持续回落。

三　调规划聚资源　建机制破梗阻

长江经济带在我国产业转型升级和科技创新发展中占有重要战略地位。长江经济带现已成为我国重要的创新策源地，是整个中国产业协同发展和转型升级的风向标，具备了向更高目标跃升、向更高阶段迈进的条件和基础。加快长江经济带协同发展将对全国的创新驱动、产业转型升级发挥较好的示范、引领和带动作用，也将为区域高质量一体化发展树立“全国样板”。产业协同发展体系是一个具有多主体、多因素、多尺度等权变特征的复杂巨系统，需要处理好自身发展与协同发展的辩证关系，把握好产业演化、城市发展、科技创新及人才流动之间的耦合规律，坚持“统筹布局、分层管理、错位竞争、优势互补、主体集中、区域聚集”的原则，以更高的站位、更新的理念、更活的体制、更实的举措来全力推动长江经济带高新技术产业协同发展。

（一）规划先行、高端引领，调整优化高新技术产业空间布局

1. 对《长江经济带创新驱动产业转型升级方案》《长江经济带产业转移指南》的落实情况进行阶段性评估

找准关键问题或难点，由国家层面统筹协调高新技术产业空间布局，做到有扶有控、分类指导，缓解上海产业布局过重压力，充分发挥南京、武汉、重庆、成都等承载重要产业布局的重要作用。注重高新技术产业基础设施和信息一体化工程的互联互通、开放共享。

2. 对现有规划进行有序衔接和动态调整

着手编制一系列小口径、专业化的指引、规划文件，并发布相应的指标体系，为高新技术产业协同提供坐标方位和具体参考。淡化区域指向、强调功能聚合，在长江经济带“5＋10”重点产业集群中应重点围绕集成电路、人工智能、高端装备等优势产业，加强窗口指导，提升产业质量；培育高科技服务业和科技服务业领军企业。

3. 从长周期、广区域视角审视高新技术产业的产能释放过程

在能源联动、土地资源利用、产业配套分布等方面也要有大局观和动态眼光，避免在产业转移中企业去留问题上的盲目性和片面性。支持企业通过援建、托管、股份合作、招商合作等模式，建立沿江跨区域产业发展协作平台、跨区域产业联盟、跨区域科技合作平台。鼓励总部、研发、生产分离模式，促进上中下游城市协同发展。

4. 长江经济带与沿海经济带在科研院所合作、科技成果转化、产业集群建设等方面加强联系，实现优势互补

在环保合规、技术可控并符合产业发展需求的前提下，长江中上游城市也可以有选择性地接受部分沿海经济带的产业转移。在集成电路、人工智能等前沿领域，长江经济带和沿海经济带亟待加强人才、信息认证、知识产权等方面的合作。

（二）汇聚创新资源，强化要素支撑，打造长江经济带创新共同体

1. 成立国家级产业研究平台

鼓励支持高校、院所、企业建设开放式技术研发和转移平台，设立联合研发机构，组建技术共同体，推动科技创新的平台与市场对接，为企业和个人的科研需求提供便利条件。建议学习北京协同创新研究院的成功经验，在境外设立分院，遴选来自海外一流学术机构的顶级科学家，就地开展高水平研究，项目完成后转移至境内。

2. 鼓励企业建立研发机构，增强企业持续创新能力

加大向高新技术产业发展专项资金项目倾斜力度，带动企业增加研发投

入；加大研发费用税前加计扣除和高新技术企业减免税两项创新优惠政策宣传力度，强化政策落实的技术指导；进一步加大对发明专利的申请资助力度，提升企业核心知识产权产出能力。

3. 利用大数据、互联网等手段建立长江经济带人力资源市场

人社部、科技部等出台相关政策，推动人才资源互认共享、社保一体化等；建立基于“创新资源”合作的跨区域人才联合培养机制。鼓励推动科技工作者多点执业，推广“星期六工程师”，在公共研发平台中可引入“项目经理”负责、多方入股与协同治理模式。

4. 构建线上线下结合的技术产权交易市场

为长江经济带沿线的技术流动、知识产权和科技金融服务提供平台，加快科技成果转化步伐。组建长江经济带智库联盟，开展高新技术产业发展等问题的联合攻关。

（三）统一产业发展标准，改革组织管理模式，完善园区协同发展机制

1. 建议推进园区产业发展标准、环保标准、考评机制、信息/服务标准化工作，统一准入门槛和服务细则，强调战略联动与规划协同，避免恶性竞争

从注重产业集群打造向强化创新生态体系培育转变，积极鼓励园区企业向服务化、智能化和绿色化转型。

2. 建议推进毗邻园区、重点“飞地”深度对接，探索“圈层梯度、一区多园”模式

推广北京中关村、上海张江、武汉东湖的“1 + N”管理体制，以龙头城市带动、整合沿线其他城市的高新技术产业资源，让沿线各地高效享受科技产业协同的政策红利。进一步充实完善当前“长江流域园区合作联盟”等创新合作机制，扩容“G60 科技走廊”，更好发挥其引领辐射作用。

3. 建议园区实行国企薪酬制度改革，探索园区国企的股份制改造

借鉴上海张江高科技园区整体上市的做法，选择条件相对成熟的国企进行试点。建议推动长江经济带园区的各类创新政策“跨区通兑”，引领、动

员各类主体拓展多样化合作，推动营业执照和工业产品生产许可证等“全流域通办”。推广园区管理中的“亲商服务”“诚信管理”等理念。

（四）深度参与全球化分工，建设长江经济带全球节点城市，提升高新技术产业国际竞争力

1. 结合全球产业布局新动向，明确长江经济带高新技术产业在全球生产网络中的位势，设定高定位发展目标

发布《长江经济带全球节点城市白皮书》，以此为主题定期召开具有全球影响力的学术论坛。利用全球前沿产业不同发展梯度，针对国外不同国家和市场，将长江经济带高新技术产业深度嵌入全球价值链和创新链；拓展高新技术产品对外出口渠道，开辟非洲、东南亚、澳大利亚等新兴市场。打造上海进博会品牌，支持重庆成为“中国国际智能产业博览会”永久性会址。

2. 建立对接国际的技术引入平台，加大重点实验室和高端学术研究平台的引进扶持力度，为长江经济带高新技术产业注入创新血液

大力吸引外资和外资企业进入，整体提升高新技术制造业利用外资的比重。在国际对接主体选择方面，应聚焦于科技大国和关键小国，解决项目本土化以及落地后的服务协同问题，注重运营管理团队组建、国际化社区打造。

3. 积极鼓励一批有实力的高新技术企业在海外布局创新中心

对于建立海外研发中心并成功引进高新技术的企业，给予税费减免。建立对接国际的人才引入平台，鼓励高技术人才跨境执业、季度执业，吸引全球顶尖人才来到中国创业，健全国际化高技术服务人才评价体系。此外，鉴于中美贸易摩擦带来的负面影响，创新“柔性引进、离岸孵化、机构引才”等海外人才引进方式。

（五）突破“制度梗阻”，创新长江经济带高新技术产业协同发展的体制机制

1. 杜绝重复建设、投资浪费、资源调动不足等问题

建议各相关部委对已经颁布的长江经济带各类“帽子”进行全面盘点

和系统整合，调查和清理重复建设项目，瞄准“工业4.0”“中国制造2025”和“双创2.0”，制定出台《打造世界级先进制造业集群实施方案》，统筹相关功能区域，避免行政资源和市场资源的无用消耗。

2. 由国税总局、工信部和环保部等部委牵头，建立适应产业协同发展的税收利益分享机制

在重大产业项目跨省市迁移时，充分听取地方差异化诉求，平衡相关利益矛盾，让发达地区在产业上“不吃亏”、让欠发达地区在生态上“不吃亏”。在共建园区与“飞地”经济方面，建议可由转出地负责运营，地方税收留成大部分用于园区发展，GDP、投资等指标和税收按照双方所占股份分成。

3. 紧抓上海全球科创中心建设，合肥、成都两大国家科技中心建设的大好契机，构建上中下游联动的关键核心（共性）技术供给体系

建议各部委制定和深化高新技术企业智能化、绿色化的具体指导意见。逐步落实“科技创新券”等一系列优惠政策在长江经济带沿线区域的通兑使用，解决跨地区政策不通用的痼疾。

4. 拓展直接融资渠道，创新科技金融，鼓励各类引导基金和社会资本参与研发创新投入

建议在条件允许的情况下，逐步降低高新技术企业的各项税费和成本，尊重企业家的创新意愿，并提供尽可能的跟踪反馈服务，真正激发企业转型升级与协同发展的内生动力。

B.30
从企业区位策略视角看长江经济带的协同发展

唐子来*

摘　要： 本文从企业区位策略视角，指出长江经济带的产业发展在流域层面和区域层面都呈现出明显的梯度格局。建议“产业链”与“价值链”双关注、“硬基础”与“软基础”同建设，以推动长江经济带协同发展。

关键词： 长江经济带　产业发展　协同发展

城市关联网络的本质是城市之间的经济联系，企业是城市关联网络的“作用者”，众多企业的区位策略界定了城市关联网络。

一　长江经济带的梯度发展格局

国际智库“全球化和世界城市”基于高端生产性服务业的175家世界知名公司的全球关联网络，对城市做了研究及排名。上海一枝独秀，层级和排名都显著高于长江经济带的其他城市；杭州和南京作为长江下游区域的经济发达省会城市，与长江上游区域的中心城市成都、长江中游区域的中心城市武汉基本相当；苏州作为江苏省的副中心城市，与长江上游区域的中心城市重庆、长江

* 唐子来，上海市人民政府参事，同济大学建筑与城市规划学院城乡规划系系主任、教授，主要研究方向为城市规划国际比较、经济全球化与城市和区域发展、城市政策分析和评价等。

中游区域的湖南省会城市长沙基本相当；合肥作为长江下游区域的经济相对落后省会城市，与长江上游区域的云南省会城市昆明基本相当；宁波作为浙江省的副中心城市，层级和排名高于长江中游区域的江西省会城市南昌、长江上游区域的贵州省会城市贵阳，后两者与江苏省的经济强市无锡、南通基本相当。

从企业区位策略视角看，长江经济带的产业发展在流域层面和区域层面都呈现出明显的梯度格局。上海位于第一层级，杭州、南京、成都、武汉、重庆等城市位于第二层级，其他城市位于第三或第四层级。

二 长江经济带的城市关联网络

长江经济带的三大城市群内部已经形成紧密关联，并且显著强于长江经济带城市和非长江经济带城市之间的关联，而省域内部的城市之间关联则更紧密，但三大城市群之间并未形成关联格局。以长三角城市群为例，上海、杭州和南京的核心关联腹地和次级关联腹地都是长三角城市；合肥位于长三角边缘部位，核心关联腹地是长三角城市，但次级关联腹地包括南昌和北京。

当前，长江经济带的城市关联格局是“三个区域经济”（长江下游区域、长江中游区域、长江上游区域），而不是“一个流域经济”。对于长江经济带的区域经济空间的一项研究表明，企业的区域化布局趋向是长江经济带的三大城市群内部形成紧密关联的主要动因。以上海通用汽车为例，在上海设立企业总部、动力总成和总装基地，其配件供应则集中在周边地区；雪佛兰品牌80%的配件企业位于上海300公里交通圈内，90%的配件企业位于上海500公里交通圈内。

三 推动长江经济带协同发展的建议

（一）长江经济带的梯度发展格局既要强调“产业链”，也要关注“价值链”

经济全球化导致城市体系转型，以“产业链”为特征的空间经济结构正在转变为以“价值链”为特征的空间经济结构，后者可以大致分为管理和控制（如总部经济、金融中心和高端生产性服务业）、研究和开发、制造和装配等价值区段。基于长江经济带的梯度发展格局，既要强调“产业链”，也要关注“价值链”，在流域层面和区域层面上形成“产业链”和“价值链”相互匹配的层级关系。上海应当更好地发挥向外连接全球网络和向内辐射流域腹地的“两个扇面”作用。

（二）长江经济带的城市关联网络既要强调“硬基础”，也要关注“软基础”

当前长江经济带的城市关联格局是“三个区域经济”。一方面，既要优化各个城市群内部的城市关联网络，也要完善各个城市群之间的城市关联网络；另一方面，既要强调城市关联网络的“硬基础”，也要关注城市关联网络的“软基础”。

城市关联网络的本质是城市之间的经济联系，而交通联系为经济联系提供必要的“硬基础”。完善长江经济带的三大城市群之间的城市关联网络，应加强“长江综合立体交通廊道”建设。同时，政府应当在体制和机制方面提供必要的公共产品，特别是互利共赢的区域治理模式，促进各类市场要素的自由流动，既要优化各个区域内部，也要完善整个长江流域的城市关联网络。

附　　录

Appendix

B.31
推动长江经济带发展的相关政策

[1]《国务院关于长江流域防洪规划的批复》（国函〔2008〕62 号，2008 年 7 月 21 日）

[2]《国务院关于进一步推进长江三角洲地区改革开放和经济社会发展的指导意见》（国发〔2008〕30 号，2008 年 9 月 16 日）

[3]《国务院关于加快长江等内河水运发展的意见》（国发〔2011〕2 号，2011 年 1 月 30 日）

[4]《长江三峡水利枢纽安全保卫条例》（中华人民共和国国务院令第 640 号，2013 年 9 月 9 日）

[5]《国务院关于依托黄金水道推动长江经济带发展的指导意见》（国发〔2014〕39 号，2014 年 9 月 25 日）

[6]《国务院关于长江中游城市群发展规划的批复》（国函〔2015〕62 号，2015 年 4 月 5 日）

[7]《国务院关于长江三角洲城市群发展规划的批复》（国函〔2016〕87

号，2016 年 5 月 25 日）

[8]《长江经济带发展规划纲要》（2016 年 9 月）

[9]《国务院批转国家经委等六个部门关于开办长江对外贸易运输港口的报告》（国发〔1980〕45 号，2017 年 5 月 24 日）

[10]《国务院办公厅关于加强长江水生生物保护工作的意见》（国办发〔2018〕95 号，2018 年 10 月 15 日）

* * * * *

[11]《国家发展改革委　财政部　交通运输部关于建立长江沿线涉及航运企业收费目录清单制度的通知》（发改价格〔2015〕1912 号，2015 年 8 月 21 日）

[12]《国家发展改革委、国家林业局关于加强长江经济带造林绿化的指导意见》（发改农经〔2016〕379 号，2016 年 2 月 24 日）

[13]《国家发展改革委　科技部　工业和信息化部关于印发〈长江经济带创新驱动产业转型升级方案〉的通知》（发改高技〔2016〕440 号，2016 年 3 月 2 日）

[14]《国家发展改革委　住房城乡建设部关于印发成渝城市群发展规划的通知》（发改规划〔2016〕910 号，2016 年 4 月 27 日）

[15]《国家发展改革委关于建设长江经济带国家级转型升级示范开发区的通知》（发改外资〔2016〕1111 号，2016 年 5 月 25 日）

[16]《国家发展改革委　住房城乡建设部关于印发长江三角洲城市群发展规划的通知》（发改规划〔2016〕1176 号，2016 年 6 月 1 日）

[17]《国家发展改革委　交通运输部　中国铁路总公司关于印发〈“十三五”长江经济带港口多式联运建设实施方案〉的通知》（发改基础〔2016〕2588 号，2016 年 12 月 7 日）

[18]《国家发展改革委　交通运输部关于进一步贯彻落实“三大战略”发挥高速公路支撑引领作用的实施意见》（发改基础〔2016〕2806 号，

2016 年 12 月 30 日）

［19］《国家发展改革委关于印发〈长江经济带绿色发展专项中央预算内投资管理暂行办法〉的通知》（发改基础〔2018〕360 号，2018 年 2 月 28 日）

［20］《国家发展改革委　生态环境部　农业农村部　住房城乡建设部、水利部印发〈关于加快推进长江经济带农业面源污染治理的指导意见〉的通知》（发改农经〔2018〕1542 号，2018 年 10 月 26 日）

［21］《国家发展改革委关于印发〈汉江生态经济带发展规划〉的通知》（发改地区〔2018〕1605 号，2018 年 11 月 5 日）

［22］《国家发展改革委　自然资源部　生态环境部　住房城乡建设部　水利部　农业农村部　林草局关于印发〈洞庭湖水环境综合治理规划〉的通知》（发改地区〔2018〕1783 号，2018 年 12 月 3 日）

* * * * *

［23］《财政部关于建立健全长江经济带生态补偿与保护长效机制的指导意见》（财预〔2018〕19 号，2018 年 2 月 13 日）

* * * * *

［24］《交通运输部关于推进特定航线江海直达运输发展的意见》（交水发〔2017〕53 号，2017 年 4 月 11 日）

［25］《交通运输部关于推进长江经济带绿色航运发展的指导意见》（交水发〔2017〕114 号，2017 年 8 月 4 日）

［26］《交通运输部办公厅关于印发〈长江经济带船舶污染防治专项行动方案（2018～2020 年）〉的通知》（交办海〔2017〕195 号，2018 年 1 月8 日）

［27］《交通运输部贯彻落实习近平总书记推动长江经济带发展重要战略思想的工作方案》（2018 年 6 月 14 日）

[28]《交通运输部办公厅关于印发深入推进长江经济带多式联运发展三年行动计划的通知》(交办水〔2018〕104号，2018年8月24日)

[29]《交通运输部办公厅关于加快长江干线推进靠港船舶使用岸电和推广液化天然气船舶应用的指导意见》(交办规划〔2018〕120号，2018年9月19日)

[30]《交通运输部办公厅　国家发展改革委办公厅关于严格管控长江干线港口岸线资源利用的通知》(交办规划〔2019〕62号，2019年7月9日)

[31]《交通运输部关于推进长江航运高质量发展的意见》(2019年7月10日)

* * * * *

[32]《农业农村部关于支持长江经济带农业农村绿色发展的实施意见》(农计发〔2018〕23号，2018年9月11日)

[33]《农业农村部　财政部　人力资源社会保障部关于印发〈长江流域重点水域禁捕和建立补偿制度实施方案〉的通知》(农长渔业〔2019〕1号)

* * * * *

[34]《环境保护部办公厅关于印发〈长江经济带战略环境评价工作方案〉的通知》(环办环评〔2017〕83号，2017年)

[35]《环境保护部　国家发展改革委员会　水利部　关于印发〈长江经济带生态环境保护规划〉的通知》(环规财〔2017〕88号，2017年7月13日)

[36]《生态环境部关于印发〈长江流域水环境质量监测预警办法(试行)〉的通知》(环办监测〔2018〕36号，2018年11月6日)

[37]《生态环境部　国家发展改革委关于印发〈长江保护修复攻坚战行动计划〉的通知》(环水体〔2018〕181号，2018年12月31日)

* * * * *

[38]《长江中游区域市场发展规划（2017～2020年）》（商务部办公厅，2017年10月）

[39]《关于开展长江经济带海关区域通关一体化改革的公告》（海关总署公告〔2014〕65号，2014年9月9日）

* * * * *

[40]《云南省人民政府办公厅关于成立云南省长江经济带战略环境评价项目协调小组的通知》（2018年4月2日）

* * * * *

[41]《四川省人民政府办公厅印发四川省推进实施长江经济带综合立体交通走廊规划工作方案的通知》（川办发〔2014〕95号，2014年11月11日）

[42]《四川省人民政府贯彻〈国务院关于依托黄金水道推动长江经济带发展的指导意见〉的实施意见》（川府发〔2014〕67号，2014年11月11日）

* * * * *

[43]《重庆市潼南区人民政府办公室关于印发2018年推动长江经济带发展工作要点的通知》（2018年6月13日）

[44]《重庆市人民政府　四川省人民政府关于印发〈深化川渝合作深入推动长江经济带发展行动计划（2018～2022年）〉的通知》（渝府发

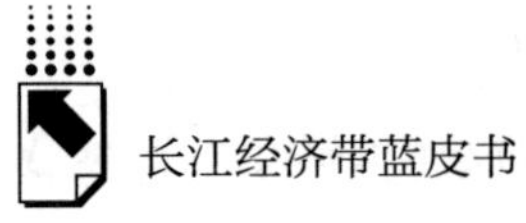

〔2018〕24 号，2018 年 6 月 30 日）

[45]《重庆市人民政府关于深入推动长江经济带发展的意见》（渝府发〔2018〕6 号）

* * * * *

[46] 贵州省经济和信息化委转发《工业和信息化部办公厅关于组织编制〈长江经济带产业发展市场准入负面清单〉工作的通知》（黔经信产业〔2016〕11 号，2016 年 7 月 5 日）

[47]《贵州省人民政府办公厅关于成立贵州省长江经济带战略环境影响评价项目协调领导小组的通知》（黔府办函〔2017〕213 号，2017 年 12 月 10 日）

[48]《贵州省人民政府办公厅关于调整贵州省推动长江经济带发展领导小组组成人员的通知》（黔府办函〔2018〕159 号，2018 年 9 月 29 日）

* * * * *

[49]《湖北省人民政府关于印发〈湖北长江经济带开放开发总体规划（2009 ~ 2020 年）〉的通知》（鄂政发〔2010〕51 号，2010 年 8 月 24 日）

[50]《湖北省发展改革委关于印发湖北长江经济带产业绿色发展专项规划的通知》（鄂发改工业〔2017〕542 号，2017 年 11 月 10 日）

[51]《湖北省住房和城乡建设厅关于印发湖北长江经济带绿色宜居城镇建设专项规划的通知》（鄂建〔2018〕1 号，2018 年 1 月 11 日）

[52]《湖北省人民政府关于印发湖北长江经济带绿色发展十大战略性举措分工方案的通知》（鄂政发〔2018〕27 号，2018 年 7 月 12 日）

*　*　*　*　*

[53]《湖南省人民政府关于依托黄金水道推动长江经济带发展的实施意见》（湘政发〔2015〕15 号，2015 年 5 月 27 日）

[54]《湖南省人民政府办公厅关于印发〈2015 年湖南省推动长江经济带发展工作要点〉的通知》（湘政办发〔2015〕83 号，2015 年 9 月 29 日）

[55]《湖南省“十三五”长江经济带交通发展规划》（2018 年 3 月 17 日）

[56]《中共湖南省委关于坚持生态优先　绿色发展　深入实施长江经济带发展战略　大力推动湖南高质量发展的决议》（2018 年 5 月 13 日）

[57]《岳阳市关于印发〈长江经济带战略环境评价“三线一单”编制岳阳市工作方案〉的通知》（岳环委函〔2018〕3 号，2018 年 8 月 7 日）

*　*　*　*　*

[58]《江西省环境保护厅关于开展长江经济带化工污染防治专项行动（2017 ~ 2018 年）的通知》（2017 年 4 月 12 日）

[59]《江西省人民政府办公厅关于成立长江经济带战略环境评价工作协调领导小组的通知》（赣府厅字〔2017〕138 号，2017 年 11 月 27 日）

[60]《九江市人民政府关于印发九江长江经济带区域航运中心建设规划的通知》（2018 年 5 月 16 日）

[61]《江西省农业厅关于印发〈江西省推进长江经济带“共抓大保护”攻坚行动农业重点任务工作方案〉的通知》（赣农字〔2018〕48 号，2018 年 8 月 7 日）

[62]《中共江西省委办公厅　江西省人民政府办公厅关于印发〈江西省长江经济带“共抓大保护”攻坚行动工作方案〉的通知》（赣办发〔2018〕8 号，2018 年 8 月 9 日）

* * * * *

[63]《安徽省人民政府办公厅关于印发安徽省长江经济带化工污染整治专项行动工作方案的通知》(皖政办秘〔2017〕21号，2017年2月14日)

[64]《安徽省人民政府办公厅关于印发长江经济带固体废物大排查行动安徽省工作方案的通知》(皖政办秘〔2018〕53号，2018年7月20日)

* * * * *

[65]《浙江省参与长江经济带建设实施方案(2016~2018年)》(2016年)

[66]《浙江省人民政府办公厅关于印发〈浙江省参与长江经济带建设实施方案(2016~2018年)〉的通知》(浙政办发〔2016〕123号，2016年9月29日)

[67]《浙江省关于印发〈浙江省长江经济带船舶污染防治专项行动实施方案(2018~2020年)〉的通知》(浙交办〔2018〕28号，2018年2月12日)

[68]《浙江省环境保护厅、浙江省发展和改革委员会、浙江省水利厅关于印发〈长江经济带生态环境保护规划浙江省实施方案〉的通知》(浙环函〔2018〕27号，2018年3月22日)

* * * * *

[69]《江苏省长江经济带生态环境保护实施规划》(江苏省环保厅，2018年7月11日)

[70]《江苏省政府关于印发〈江苏省长江经济带综合立体交通运输走廊规划(2018~2035年)〉的通知》(苏政发〔2018〕116号，2018年9月7日)

*　*　*　*　*

[71]《上海市人民政府关于贯彻〈国务院关于依托黄金水道推动长江经济带发展的指导意见〉的实施意见》（沪府发〔2015〕35 号，2015 年 8 月 19 日）

[72]《上海市推动长江经济带发展实施规划》（上海市委、市政府，2017 年）

[73]《上海市人民政府办公厅关于成立上海市长江经济带战略环境评价工作协调小组的通知》（沪府办〔2018〕25 号，2018 年 4 月 13 日）

推动长江经济带发展政策数据如表 1 所示。

表 1　长江经济带相关政策梳理

单位：个

机构/省市	数量
国务院	10
国家发展改革委	12
财政部	1
交通运输部	8
农村农业部	2
生态环境部	3
商务部	1
海关总署	1
云南省	1
四川省	2
重庆市	3
贵州省	3
湖北省	4
湖南省	5
江西省	5
安徽省	2
浙江省	4
江苏省	2
上海市	3
合计	73

注：本表为不完全统计，截至 2019 年 7 月 10 日。

（赵源整理）

B.32

长江经济带主要指标统计

表1 2014~2018年地区生产总值数据（长江经济带覆盖省市）

单位：亿元

地区	2014年	2015年	2016年	2017年	2018年
上海	23567.70	25123.45	28178.65	30632.99	32679.87
江苏	65088.32	70116.38	77388.28	85869.76	92595.40
浙江	40173.03	42886.49	47251.36	51768.26	56197.15
安徽	20848.75	22005.63	24407.62	27018.00	30006.82
江西	15714.63	16723.78	18499.00	20006.31	21984.78
湖北	27379.22	29550.19	32665.38	35478.09	39366.55
湖南	27037.32	28902.21	31551.37	33902.96	36425.78
重庆	14262.60	15717.27	17740.59	19424.73	20363.19
四川	28536.66	30053.10	32934.54	36980.22	40678.13
贵州	9266.39	10502.56	11776.73	13540.83	14806.45
云南	12814.59	13619.17	14788.42	16376.34	17881.12

表2 2014~2018年第三产业增加值占比（长江经济带覆盖省市）

单位：%

地区	2014年	2015年	2016年	2017年	2018年
上海	64.82	67.76	69.78	69.18	69.90
江苏	47.01	48.61	50.00	50.27	50.98
浙江	47.85	49.76	50.99	53.32	54.67
安徽	35.39	39.09	41.05	42.92	45.08
江西	36.80	39.10	41.97	42.70	44.84
湖北	41.45	43.10	43.94	46.53	47.58
湖南	42.19	44.15	46.37	49.43	51.86
重庆	46.78	47.70	48.13	49.24	52.33
四川	38.70	43.68	47.23	49.73	51.45
贵州	44.55	44.89	44.67	44.90	46.54
云南	43.25	45.14	46.68	47.83	47.12

表 3　2016 年地区生产总值（长江经济带覆盖省市）

地　区	地区生产总值（亿元）	三次产业增加值（亿元）			分行业增加值（亿元）								
		第一产业	第二产业	第三产业	农林牧渔业	工　业	建筑业	批发和零售业	交通运输、仓储和邮政业	住宿和餐饮业	金融业	房地产业	其　他
上　海	28178.65	109.47	8406.28	19662.90	113.47	7555.34	879.81	4119.59	1237.32	388.98	4765.83	2125.62	6992.69
江　苏	77388.28	4077.18	34619.50	38691.60	4323.53	30455.15	4173.66	7470.27	2837.16	1291.32	6011.13	4292.79	16533.28
浙　江	47251.36	1965.18	21194.61	24091.57	2000.23	18655.12	2610.72	5754.19	1774.37	1119.00	3050.61	2607.00	9680.12
安　徽	24407.62	2567.72	11821.58	10018.32	2693.19	10076.94	1763.53	1775.87	826.90	458.02	1447.02	1124.07	4242.09
江　西	18499.00	1904.53	8829.54	7764.93	1962.35	7219.11	1610.91	1264.66	796.47	425.34	1056.30	745.89	3417.97
湖　北	32665.38	3659.33	14654.38	14351.67	3780.80	12536.39	2192.97	2485.05	1297.48	748.61	2318.87	1291.35	6013.85
湖　南	31551.37	3578.37	13341.17	14631.83	3725.90	11337.28	2016.59	2487.80	1356.56	666.12	1272.71	879.62	7808.79
重　庆	17740.59	1303.24	7898.92	8538.43	1324.66	6183.80	1715.12	1470.85	848.22	391.19	1642.59	926.19	3237.97
四　川	32934.54	3929.33	13448.92	15556.29	4005.42	11058.79	2472.96	2138.45	1472.57	941.28	2729.45	1516.61	6599.01
贵　州	11776.73	1846.19	4669.53	5261.01	1944.32	3715.64	955.44	732.71	987.47	400.93	689.40	249.20	2101.63
云　南	14788.42	2195.11	5690.16	6903.15	2242.22	3891.20	1806.22	1441.95	328.41	478.34	1092.60	303.96	3203.52

续表

地区	人均地区生产总值（元）	构成（地区生产总值=100）			指数（上年=100）				
		第一产业	第二产业	第三产业	地区生产总值	第一产业	第二产业	第三产业	人均地区生产总值
上　海	116562	0. 4	29. 8	69. 8	106. 9	93. 4	101. 2	109. 6	107. 0
江　苏	96887	5. 3	44. 7	50. 0	107. 8	100. 7	106. 6	109. 8	107. 5
浙　江	84916	4. 2	44. 9	51. 0	107. 6	102. 7	105. 7	109. 7	106. 8
安　徽	39561	10. 5	48. 4	41. 0	108. 7	102. 7	108. 1	111. 1	107. 7
江　西	40400	10. 3	47. 7	42. 0	109. 0	104. 2	108. 5	111. 1	108. 4
湖　北	55665	11. 2	44. 9	43. 9	108. 1	103. 9	107. 8	109. 5	107. 5
湖　南	46382	11. 3	42. 3	46. 4	108. 0	103. 3	106. 5	110. 6	107. 3
重　庆	58502	7. 3	44. 5	48. 1	110. 7	104. 6	111. 3	111. 0	109. 6
四　川	40003	11. 9	40. 8	47. 2	107. 8	103. 8	107. 6	109. 2	107. 0
贵　州	33246	15. 7	39. 7	44. 7	110. 5	106. 0	111. 3	111. 4	109. 8
云　南	31093	14. 8	38. 5	46. 7	108. 7	105. 6	108. 9	109. 5	108. 0

注：本表绝对数按当年价格计算，指数按不变价格计算。

表 4　2014～2017 全国和长江经济带覆盖省市户籍人口

单位：万人

地　区	2014 年	2015 年	2016 年	2017 年
全　国	137692	138115	139213	139516
上　海	1439	1443	1448	1455
江　苏	7685	7718	7776	7794
浙　江	4859	4873	4911	4958
安　徽	6936	6949	7027	7059
江　西	4923	4941	4986	4992
湖　北	6162	6139	6157	6142
湖　南	7202	7242	7319	7296
重　庆	3375	3372	3392	3390
四　川	9159	9102	9137	9113
贵　州	4325	4395	4453	4475
云　南	4642	4647	4688	4735

表 5　2012～2018 年全国和长江经济带覆盖省市年末常住人口

单位：万人

地　区	2012 年	2013 年	2014 年	2015 年	2016 年	2017 年	2018 年
全　国	135404	136072	136782	137462	138271	139008	139538
上　海	2380	2415	2426	2415	2420	2418	2424
江　苏	7920	7939	7960	7976	7999	8029	8051
浙　江	5477	5498	5508	5539	5590	5657	5737
安　徽	5988	6030	6083	6144	6196	6255	6324
江　西	4504	4522	4542	4566	4592	4622	4648
湖　北	5779	5799	5816	5852	5885	5902	5917
湖　南	6639	6691	6737	6783	6822	6860	6899
重　庆	2945	2970	2991	3017	3048	3075	3102
四　川	8076	8107	8140	8204	8262	8302	8341
贵　州	3484	3502	3508	3530	3555	3580	3600
云　南	4659	4687	4714	4742	4771	4801	4830

注：本表数据根据年度人口抽样调查推算。全国数据包括中国人民解放军现役军人数，但不包括香港、澳门特别行政区和台湾地区数据；分省数据中未包括中国人民解放军现役军人数。

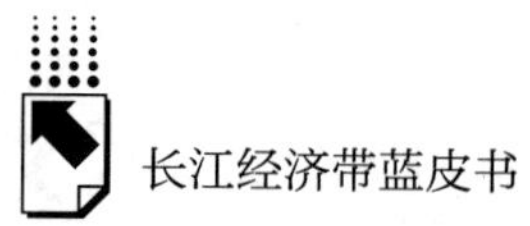

表6　2012～2018年长江经济带覆盖省市年末城镇人口比重

单位：%

地　区	2012年	2013年	2014年	2015年	2016年	2017年	2018年
全　国	52.57	53.73	54.77	56.10	57.35	58.52	59.58
上　海	89.30	89.60	89.60	87.60	87.90	87.70	88.10
江　苏	63.00	64.11	65.21	66.52	67.72	68.76	69.61
浙　江	63.20	64.00	64.87	65.80	67.00	68.00	68.90
安　徽	46.50	47.86	49.15	50.50	51.99	53.49	54.69
江　西	47.51	48.87	50.22	51.62	53.10	54.60	56.02
湖　北	53.50	54.51	55.67	56.85	58.10	59.30	60.30
湖　南	46.65	47.96	49.28	50.89	52.75	54.62	56.02
重　庆	56.98	58.34	59.60	60.94	62.60	64.08	65.50
四　川	43.53	44.90	46.30	47.69	49.21	50.79	52.29
贵　州	36.41	37.83	40.01	42.01	44.15	46.02	47.52
云　南	39.31	40.48	41.73	43.33	45.03	46.69	47.81

注：本表数据根据年度人口抽样调查推算。

表7　2018年长江经济带覆盖省市地区生产总值

地区	地区生产总值(亿元)	第一产业(亿元)	第二产业(亿元)	第三产业(亿元)	地区生产总值指数(上年=100)	人均地区生产总值(元)	人均地区生产总值指数(上年=100)
上　海	32679.9	104.4	9732.5	22843.0	106.6	134982	106.5
江　苏	92595.4	4141.7	41248.5	47205.2	106.7	115168	106.3
浙　江	56197.2	1967.0	23505.9	30724.3	107.1	98643	105.7
安　徽	30006.8	2638.0	13842.1	13526.7	108.0	47712	106.9
江　西	21984.8	1877.3	10250.2	9857.2	108.7	47434	108.1
湖　北	39366.6	3547.5	17089.0	18730.1	107.8	66616	107.5
湖　南	36425.8	3083.6	14453.5	18888.7	107.8	52949	107.2
重　庆	20363.2	1378.3	8328.8	10656.1	106.0	65933	105.1
四　川	40678.1	4426.7	15322.7	20928.7	108.0	48883	107.4
贵　州	14806.5	2159.5	5755.5	6891.4	109.1	41244	108.4
云　南	17881.1	2498.9	6957.4	8424.8	108.9	37136	108.2

注：本表绝对量按当年价格计算，指数按不变价格计算。

表 8　2013～2018 年长江经济带覆盖省市城镇居民人均可支配收入

单位：元

地　区	2013 年	2014 年	2015 年	2016 年	2017 年	2018 年
全　国	26467.0	28843.9	31194.8	33616.2	36396.2	39250.8
上　海	44878.3	48841.4	52961.9	57691.7	62595.7	68033.6
江　苏	31585.5	34346.3	37173.5	40151.6	43621.8	47200.0
浙　江	37079.7	40392.7	43714.5	47237.2	51260.7	55574.3
安　徽	22789.3	24838.5	26935.8	29156.0	31640.3	34393.1
江　西	22119.7	24309.2	26500.1	28673.3	31198.1	33819.4
湖　北	22667.9	24852.3	27051.5	29385.8	31889.4	34454.6
湖　南	24352.0	26570.2	28838.1	31283.9	33947.9	36698.3
重　庆	23058.2	25147.2	27238.8	29610.0	32193.2	34889.3
四　川	22227.5	24234.4	26205.3	28335.3	30726.9	33215.9
贵　州	20564.9	22548.2	24579.6	26742.6	29079.8	31591.9
云　南	22460.0	24299.0	26373.2	28610.6	30995.9	33487.9

表 9　2013～2018 年长江经济带覆盖省市农村居民人均可支配收入

单位：元

地　区	2013 年	2014 年	2015 年	2016 年	2017 年	2018 年
全　国	9429.6	10488.9	11421.7	12363.4	13432.4	14617.0
上　海	19208.3	21191.6	23205.2	25520.4	27825.0	30374.7
江　苏	13521.3	14958.4	16256.7	17605.6	19158.0	20845.1
浙　江	17493.9	19373.3	21125.0	22866.1	24955.8	27302.4
安　徽	8850.0	9916.4	10820.7	11720.5	12758.2	13996.0
江　西	9088.8	10116.6	11139.1	12137.7	13241.8	14459.9
湖　北	9691.8	10849.1	11843.9	12725.0	13812.1	14977.8
湖　南	9028.6	10060.2	10992.5	11930.4	12935.8	14092.5
重　庆	8492.5	9489.8	10504.7	11548.8	12637.9	13781.2
四　川	8380.7	9347.7	10247.4	11203.1	12226.9	13331.4
贵　州	5897.8	6671.2	7386.9	8090.3	8869.1	9716.1
云　南	6723.6	7456.1	8242.1	9019.8	9862.2	10767.9

表 10　2012～2018 年长江经济带覆盖省市农村贫困人口（2010 年标准）

单位：万人

地　区	2012 年	2013 年	2014 年	2015 年	2016 年	2017 年	2018 年
全国总计	9899	8249	7017	5575	4335	3046	1660
上　海	–	–	–	–	–	–	–
江　苏	106	95	61	–	–	–	–
浙　江	83	72	45	–	–	–	–
安　徽	543	440	371	309	237	158	67
江　西	385	328	276	208	155	107	63
湖　北	395	323	271	216	176	114	67
湖　南	767	640	532	434	343	232	105
重　庆	162	139	119	88	45	21	13
四　川	724	602	509	400	306	212	98
贵　州	923	745	623	507	402	295	173
云　南	804	661	574	471	373	279	179

注：“–”表示数值较小，统计上不显著。

表 11　2014～2018 年地区生产总值数据（长江经济带覆盖省市）

单位：亿元

地区	2014 年	2015 年	2016 年	2017 年	2018 年
上　海	23567.70	25123.45	28178.65	30632.99	32679.87
江　苏	65088.32	70116.38	77388.28	85869.76	92595.40
浙　江	40173.03	42886.49	47251.36	51768.26	56197.15
安　徽	20848.75	22005.63	24407.62	27018.00	30006.82
江　西	15714.63	16723.78	18499.00	20006.31	21984.78
湖　北	27379.22	29550.19	32665.38	35478.09	39366.55
湖　南	27037.32	28902.21	31551.37	33902.96	36425.78
重　庆	14262.60	15717.27	17740.59	19424.73	20363.19
四　川	28536.66	30053.10	32934.54	36980.22	40678.13
贵　州	9266.39	10502.56	11776.73	13540.83	14806.45
云　南	12814.59	13619.17	14788.42	16376.34	17881.12

表 12　地区生产总值和指数（长江经济带覆盖省市）

地　区	地区生产总值（亿元）				
	2011 年	2012 年	2013 年	2014 年	2015 年
上　海	19195.69	20181.72	21818.15	23567.70	25123.45
江　苏	49110.27	54058.22	59753.37	65088.32	70116.38
浙　江	32318.85	34665.33	37756.58	40173.03	42886.49
安　徽	15300.65	17212.05	19229.34	20848.75	22005.63
江　西	11702.82	12948.88	14410.19	15714.63	16723.78
湖　北	19632.26	22250.45	24791.83	27379.22	29550.19
湖　南	19669.56	22154.23	24621.67	27037.32	28902.21
重　庆	10011.37	11409.60	12783.26	14262.60	15717.27
四　川	21026.68	23872.80	26392.07	28536.66	30053.10
贵　州	5701.84	6852.20	8086.86	9266.39	10502.56
云　南	8893.12	10309.47	11832.31	12814.59	13619.17

地　区	指数(上年 = 100)				
	2011 年	2012 年	2013 年	2014 年	2015 年
上　海	108.2	107.5	107.7	107.0	106.9
江　苏	111.0	110.1	109.6	108.7	108.5
浙　江	109.0	108.0	108.2	107.6	108.0
安　徽	113.5	112.1	110.4	109.2	108.7
江　西	112.5	111.0	110.1	109.7	109.1
湖　北	113.8	111.3	110.1	109.7	108.9
湖　南	112.8	111.3	110.1	109.5	108.5
重　庆	116.4	113.6	112.3	110.9	111.0
四　川	115.0	112.6	110.0	108.5	107.9
贵　州	115.0	113.6	112.5	110.8	110.7
云　南	113.7	113.0	112.1	108.1	108.7

注：本表绝对数按当年价格计算，指数按不变价格计算。

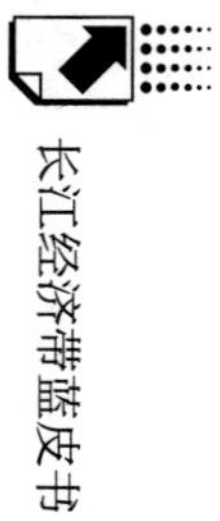

表 13　2017 年地区生产总值（长江经济带覆盖省市）

地　区	地区生产总值（亿元）	三次产业增加值(亿元)			分行业增加值(亿元)								
		第一产业	第二产业	第三产业	农林牧渔业	工业	建筑业	批发和零售业	交通运输、仓储和邮政业	住宿和餐饮业	金融业	房地产业	其　他
上　海	30632.99	110.78	9330.67	21191.54	115.10	8392.84	970.79	4393.36	1344.54	412.33	5330.54	1873.05	7800.44
江　苏	85869.76	4045.16	38654.87	43169.73	4314.53	34013.60	4651.75	8070.23	3097.67	1406.82	6783.87	5016.54	18514.75
浙　江	51768.26	1933.92	22232.08	27602.26	1972.84	19474.48	2845.48	6217.29	1938.17	1218.51	3533.05	3222.54	11345.90
安　徽	27018.00	2582.27	12838.28	11597.45	2706.74	10916.31	1943.56	1910.47	875.38	500.57	1663.59	1390.48	5110.90
江　西	20006.31	1835.26	9627.98	8543.07	1898.49	7789.59	1838.95	1415.12	866.30	465.58	1107.12	890.55	3734.61
湖　北	35478.09	3528.96	15441.75	16507.38	3690.30	13060.08	2459.68	2682.21	1420.01	814.18	2640.86	1642.98	7067.79
湖　南	33902.96	2998.40	14145.49	16759.07	3165.28	11879.94	2278.65	2666.71	1496.01	705.38	1610.31	1019.35	9081.33
重　庆	19424.73	1276.09	8584.61	9564.03	1300.33	6587.08	1997.53	1595.88	939.46	424.78	1813.73	1048.25	3717.69
四　川	36980.22	4262.35	14328.13	18389.74	4365.11	11576.16	2838.35	2574.15	1595.80	1023.46	3203.27	2039.83	7764.09
贵　州	13540.83	2032.27	5428.14	6080.42	2139.97	4260.48	1169.47	812.74	1070.22	439.19	787.88	283.05	2577.83
云　南	16376.34	2338.37	6204.97	7833.00	2388.55	4089.37	2123.68	1567.79	366.59	523.58	1194.67	345.50	3776.61

续表

地区	人均地区生产总值（元）	构成（地区生产总值 = 100）			指数（上年 = 100）				
		第一产业	第二产业	第三产业	地区生产总值	第一产业	第二产业	第三产业	人均地区生产总值
上　海	126634	0. 4	30. 5	69. 2	106. 9	99. 2	105. 8	107. 5	106. 8
江　苏	107150	4. 7	45. 0	50. 3	107. 2	100. 4	106. 5	108. 5	106. 8
浙　江	92057	3. 7	42. 9	53. 3	107. 8	102. 7	106. 6	109. 2	106. 6
安　徽	43401	9. 6	47. 5	42. 9	108. 5	104. 1	108. 2	109. 9	107. 5
江　西	43424	9. 2	48. 1	42. 7	108. 8	104. 4	108. 2	110. 5	108. 1
湖　北	60199	9. 9	43. 5	46. 5	107. 8	103. 7	107. 1	109. 5	107. 3
湖　南	49558	8. 8	41. 7	49. 4	108. 0	103. 6	106. 7	110. 3	107. 4
重　庆	63442	6. 6	44. 2	49. 2	109. 3	104. 0	109. 3	109. 9	108. 2
四　川	44651	11. 5	38. 7	49. 7	108. 1	103. 8	107. 5	109. 8	107. 5
贵　州	37956	15. 0	40. 1	44. 9	110. 2	106. 3	110. 1	111. 5	109. 4
云　南	34221	14. 3	37. 9	47. 8	109. 5	106. 1	110. 7	109. 5	108. 8

注：本表绝对数按当年价格计算，指数按不变价格计算。表中数据根据第三次全国农业普查结果进行修订。

表 14　数据库：长江经济带覆盖省市年度数据（2014 年）

地区	用水总量（亿立方米）	森林覆盖率（%）	铁路营业里程（万公里）	内河航道里程（万公里）	公路里程（万公里）	高速等级公路里程（万公里）	水运货运量（万吨）	公路货运量（万吨）	铁路货运量（万吨）	货运量（万吨）	国内发明专利申请受理量（项）	国内发明专利申请授权量（项）
上海市	105.92	10.7	0.05	0.22	1.29	0.08	46583	42848	549	89980	39133	11614
江苏省	591.29	15.8	0.27	2.44	15.75	0.45	75328	114449	6376	196153	146660	19671
浙江省	192.87	59.1	0.23	0.98	11.64	0.39	72837	117070	4343	194250	52406	13372
安徽省	272.09	27.5	0.35	0.56	17.44	0.38	108587	315223	10488	434298	49960	5184
江西省	259.30	60.0	0.37	0.56	15.55	0.45	9162	137782	4934	151878	4688	1033
湖北省	288.34	38.4	0.41	0.84	23.69	0.51	29794	116279	4689	150762	22536	4855
湖南省	332.41	47.8	0.46	1.15	23.63	0.55	25687	172613	4753	203053	14474	4160
重庆市	80.47	38.4	0.18	0.43	12.74	0.24	14117	81206	2054	97377	19418	2321
四川省	236.87	35.2	0.40	1.07	30.97	0.55	8361	142132	8541	159034	29926	5682
贵州省	95.31	37.1	0.24	0.37	17.91	0.40	1338	78017	6317	85672	8203	1047
云南省	149.41	50.0	0.29	0.36	23.04	0.33	560	103161	4823	108544	4732	1423

注：①2004 年起内河航道里程为内河航道通航里程数。②2005 年起公路里程包括村道。③2008 年公路、水路运输量统计口径有调整。④1993 年起铁路货物运输增加行包运量。

资料来源：国家统计局。

表 15　数据库：长江经济带覆盖省市年度数据（2015 年）

地区	用水总量（亿立方米）	森林覆盖率（%）	铁路营业里程（万公里）	内河航道里程（万公里）	公路里程（万公里）	高速等级公路里程（万公里）	水运货运量（万吨）	公路货运量（万吨）	铁路货运量（万吨）	货运量（万吨）	国内发明专利申请受理量（项）	国内发明专利申请授权量（项）
上海市	103.8	10.7	0.05	0.22	1.32	0.08	49770	40627	496	90893	46976	17601
江苏省	574.5	15.8	0.27	2.44	15.88	0.45	80343	113351	5304	198998	154608	36015
浙江省	186.1	59.1	0.26	0.98	11.80	0.39	74797	122547	3887	201231	67674	23345
安徽省	288.7	27.5	0.42	0.56	18.69	0.42	104949	230649	10158	345756	68314	11180
江西省	245.8	60.0	0.40	0.56	15.66	0.51	10894	115436	4019	130349	5722	1639
湖北省	301.3	38.4	0.41	0.84	25.30	0.62	33968	115801	4135	153904	30204	7766
湖南省	330.4	47.8	0.45	1.15	23.69	0.57	23061	172248	4407	199716	19499	6776
重庆市	79.0	38.4	0.19	0.43	14.06	0.25	15040	86931	1862	103833	35086	3964

续表

地区	用水总量（亿立方米）	森林覆盖率（%）	铁路营业里程（万公里）	内河航道里程（万公里）	公路里程（万公里）	高速等级公路里程（万公里）	水运货运量（万吨）	公路货运量（万吨）	铁路货运量（万吨）	货运量（万吨）	国内发明专利申请受理量（项）	国内发明专利申请授权量（项）
四川省	265.5	35.2	0.44	1.08	31.56	0.60	8688	138622	7287	154597	40437	9105
贵州省	97.5	37.1	0.28	0.37	18.64	0.51	1463	77341	5736	84540	7538	1501
云南省	150.1	50.0	0.29	0.39	23.6	0.40	507	101993	5108	107608	6301	2079

注：①2004 年起内河航道里程为内河航道通航里程数。②2005 年起公路里程包括村道。③2008 年公路、水路运输量统计口径有调整。④1993 年起铁路货物运输增加行包运量。

资料来源：国家统计局。

表 16　数据库：长江经济带覆盖省市年度数据（2016 年）

地区	用水总量（亿立方米）	森林覆盖率（%）	铁路营业里程（万公里）	内河航道里程（万公里）	公路里程（万公里）	高速等级公路里程（万公里）	水运货运量（万吨）	公路货运量（万吨）	铁路货运量（万吨）	货运量（万吨）	国内发明专利申请受理量（项）	国内发明专利申请授权量（项）
上海市	104.8	10.7	0.05	0.22	1.33	0.08	48787	39055	482	88324	54339	20086
江苏省	577.4	15.8	0.28	2.44	15.73	0.47	79314	117166	5590	202070	184632	40952
浙江省	181.1	59.1	0.26	0.98	11.91	0.41	77646	133999	3913	215558	93254	26576
安徽省	290.7	27.5	0.42	0.56	19.76	0.45	110776	244526	9265	364567	95963	15292
江西省	245.4	60.0	0.40	0.56	16.19	0.59	10889	122872	4357	138118	8202	1914
湖北省	282.0	38.4	0.41	0.84	26.02	0.62	35716	122656	4088	162460	43789	8517
湖南省	330.4	47.8	0.47	1.15	23.83	0.61	23445	178968	4114	206527	25524	6967
重庆市	77.5	38.4	0.21	0.44	14.29	0.28	16648	89390	1928	107966	19981	5044
四川省	267.3	35.2	0.46	1.08	32.41	0.65	8131	146046	6794	160970	54277	10350
贵州省	100.3	37.1	0.33	0.37	19.16	0.54	1654	82237	5635	89526	10953	2036
云南省	150.2	50.0	0.37	0.40	23.81	0.41	646	109487	5372	115505	7907	2125

注：①2004 年起内河航道里程为内河航道通航里程数。②2005 年起公路里程包括村道。③2008 年公路、水路运输量统计口径有调整。④1993 年起铁路货物运输增加行包运量。

资料来源：国家统计局。

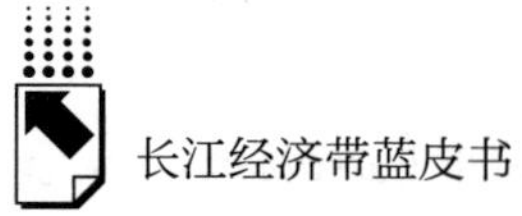

表 17　数据库：长江经济带覆盖省市年度数据（2017 年）

地区	用水总量（亿立方米）	森林覆盖率（%）	铁路营业里程（万公里）	内河航道里程（万公里）	公路里程（万公里）	高速等级公路里程（万公里）	水运货运量（万吨）	公路货运量（万吨）	铁路货运量（万吨）	货运量（万吨）	国内发明专利申请受理量（项）	国内发明专利申请授权量（项）
上海市	104.8	10.7	0.05	0.21	1.33	0.08	56619	39743	488	96850	54630	20681
江苏省	591.3	15.8	0.28	2.44	15.85	0.47	85668	128915	5949	220532	187005	41518
浙江省	179.5	59.1	0.26	0.98	12.01	0.42	86513	151920	4071	242504	98975	28742
安徽省	290.3	27.5	0.43	0.56	20.33	0.47	114015	280471	8940	403426	93527	12440
江西省	248.0	60.0	0.43	0.56	16.23	0.59	11492	138074	4871	154437	11507	2238
湖北省	290.3	38.4	0.42	0.84	26.95	0.63	36143	147711	4253	188107	51569	10880
湖南省	326.9	47.8	0.47	1.15	23.97	0.64	22560	198806	4185	225551	31365	7909
重庆市	77.4	38.4	0.22	0.44	14.79	0.30	18506	95019	2012	115536	19297	6138
四川省	268.4	35.2	0.48	1.08	33.00	0.68	7750	158190	6982	172922	64642	11367
贵州省	103.5	37.1	0.33	0.37	19.44	0.58	1665	89298	5279	96242	13885	1875
云南省	156.6	50.0	0.37	0.40	24.25	0.50	667	124064	4568	129298	7801	2259

注：①2004 年起内河航道里程为内河航道通航里程数。②2005 年起公路里程包括村道。③2008 年公路、水路运输量统计口径有调整。④1993 年起铁路货物运输增加行包运量。

资料来源：国家统计局。

表 18　数据库：长江经济带覆盖省市年度数据（2018 年）

地区	用水总量（亿立方米）	森林覆盖率（%）	铁路营业里程（万公里）	内河航道里程（万公里）	公路里程（万公里）	高速等级公路里程（万公里）	水运货运量（万吨）	公路货运量（万吨）	铁路货运量（万吨）	货运量（万吨）	国内发明专利申请受理量（项）	国内发明专利申请授权量（项）
上海市							66906	39595	482	106983		
江苏省							87735	139251	6171	233157		
浙江省							98219	166533	4330	269083		
安徽省							114877	283817	8066	406761		
江西省							11484	157646	5155	174285		
湖北省							36432	163145	4730	204307		

续表

地区	用水总量（亿立方米）	森林覆盖率（%）	铁路营业里程（万公里）	内河航道里程（万公里）	公路里程（万公里）	高速等级公路里程（万公里）	水运货运量（万吨）	公路货运量（万吨）	铁路货运量（万吨）	货运量（万吨）	国内发明专利申请受理量（项）	国内发明专利申请授权量（项）
湖南省							21101	204389	4468	229957		
重庆市							19460	107064	1967	128491		
四川省							6862	173324	7199	187385		
贵州省							1670	95354	5513	102537		
云南省							688	135321	4661	140670		

注：①2004 年起内河航道里程为内河航道通航里程数。②2005 年起公路里程包括村道。③2008 年公路、水路运输量统计口径有调整。④1993 年起铁路货物运输增加行包运量。

资料来源：国家统计局。

B.33
推动长江经济带发展大事记

一　习近平总书记关于长江经济带的系列重要讲话（摘要）

推动长江经济带发展是党中央做出的重大决策，是关系国家发展全局的重大战略。习近平总书记曾多次主持召开长江经济带发展座谈会并发表重要讲话，在多个场合对长江经济带发展做出重要阐述和要求。

1. 2013年7月21日上午武汉新港考察

习近平总书记在武汉考察时强调，长江流域要加强合作，发挥内河航运作用，把全流域打造成黄金水道。

2. 2016年1月5日重庆推动长江经济带发展座谈会

习近平总书记在重庆市召开推动长江经济带发展座谈会时对长江经济带建设做出重要论述。习近平总书记明确强调，长江是中华民族的母亲河，也是中华民族发展的重要支撑。推动长江经济带发展必须从中华民族长远利益考虑，走生态优先、绿色发展之路，使绿水青山产生巨大生态效益、经济效益、社会效益，使母亲河永葆生机活力。

3. 2016年1月26日北京中央财经领导小组第十二次会议

习近平总书记在会议中指出，长江是中华民族的生命河。推动长江经济带发展，理念要先进，坚持生态优先、绿色发展，把生态环境保护摆上优先地位，涉及长江的一切经济活动都要以不破坏生态环境为前提，共抓大保护，不搞大开发。思路要明确，建立硬约束，长江生态环境只能优化、不能恶化。

4. 2016年3月25日中共中央政治局会议

中共中央总书记习近平主持中共中央政治局会议，会议审议通过《长江经济带发展规划纲要》。纲要从规划背景、总体要求、大力保护长江生态环境、加快构建综合立体交通走廊、创新驱动产业转型升级、积极推进新型城镇化、努力构建全方位开放新格局、创新区域协调发展体制机制、保障措施等方面描绘了长江经济带发展的宏伟蓝图，是推动长江经济带发展重大国家战略的纲领性文件。

5. 2018年3月10日参加十三届全国人大一次会议重庆代表团审议

习近平在会上指出，如果长江经济带搞大开发，下面的积极性会很高、投资驱动会非常强烈，一哄而上，最后损害的是生态环境。过去已经有一些地方抢跑，甚至出现无序开发，违法挖河沙、搞捕捞、搞运输，岸线被随意占用等情况，如果这样下去，所谓的长江经济带建设就变成了一个“建设性”的大破坏。所以，长江经济带不搞大开发、要共抓大保护。

6. 2018年4月24日考察兴发集团宜昌新材料产业园

长江经济带建设要共抓大保护、不搞大开发，不是说不要大的发展，而是首先立个规矩，把长江生态修复放在首位，保护好中华民族的母亲河，不能搞破坏性开发。通过立规矩，倒逼产业转型升级，在坚持生态保护的前提下，发展适合的产业，实现科学发展、有序发展、高质量发展。

7. 2018年4月25日考察东洞庭湖国家级自然保护区巡护监测站

修复长江生态环境，是新时代赋予我们的艰巨任务，也是人民群众的热切期盼。当务之急是刹住无序开发，限制排污总量，依法从严从快打击非法排污、非法采沙等破坏沿岸生态行为。绝不容许长江生态环境在我们这一代人手上继续恶化下去，一定要给子孙后代留下一条清洁美丽的万里长江！

8. 2018年4月26日武汉深入推动长江经济带发展座谈会

推动长江经济带发展是党中央做出的重大决策，是关系国家发展全局的重大战略。新形势下推动长江经济带发展，关键是要正确把握整体推进和重点突破、生态环境保护和经济发展、总体谋划和久久为功、破除旧动能和培育新动能、自我发展和协同发展的关系，坚持新发展理念，坚持稳中求进工作总基调，坚持共抓大保护、不搞大开发，加强改革创新、战略统筹、规划引导，以长江经济带发展推动经济高质量发展。

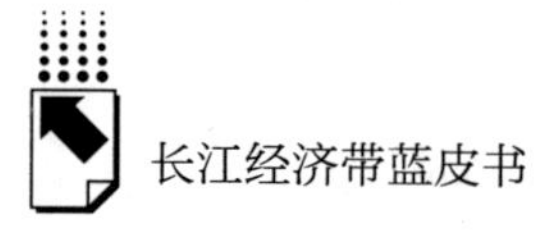

习近平明确提出了推动长江经济带发展需要正确把握的五个关系：第一，正确把握整体推进和重点突破的关系，全面做好长江生态环境保护修复工作；第二，正确把握生态环境保护和经济发展的关系，探索协同推进生态优先和绿色发展新路子；第三，正确把握总体谋划和久久为功的关系，坚定不移将一张蓝图干到底；第四，正确把握破除旧动能和培育新动能的关系，推动长江经济带建设现代化经济体系；第五，正确把握自身发展和协同发展的关系，努力将长江经济带打造成为有机融合的高效经济体。

二　推动长江经济带发展领导小组、办公室的重要会议

中共中央于2014年成立推动长江经济带发展领导小组，由中央政治局常委、国务院副总理张高丽担任组长，马凯、韩正等担任副组长，依托国家发展和改革委员会设立办公室。

2014年12月底，推动长江经济带发展领导小组办公室会同有关部门和沿江11省市，启动《长江经济带发展规划纲要》研究编制工作。

2015年2月6日，中共中央政治局常委、国务院副总理张高丽主持推动长江经济带发展工作会议并发表讲话。会议认真学习习近平总书记关于推动长江经济带发展的重要讲话和批示精神，学习李克强总理重要指示要求，研究讨论《2015年推动长江经济带发展工作要点》，部署下一步深入推动长江经济带发展工作。

2015年4月23日至24日，中共中央政治局常委、国务院副总理张高丽在湖北武汉调研推进长江经济带建设工作。24日上午张高丽主持召开推进长江经济带建设工作会议，认真学习习近平总书记关于推动长江经济带发展的重要讲话和指示批示精神，学习李克强总理重要指示要求，审议《长江经济带发展规划纲要》，研究推进长江黄金水道建设工作，推动建立沿江地方政府协商合作机制。

2015年11月26日，中共中央政治局常委、国务院副总理张高丽主持推动长江经济带发展工作会议并讲话。会议认真学习习近平总书记关于推动

长江经济带发展的重要讲话精神，学习李克强总理重要指示要求，总结2015年推动长江经济带发展工作，研究2016年总体工作思路，审议《关于进一步加强长江航道治理工作的指导意见》等八个文件，部署下一步工作。

2016年1月5日，中共中央总书记、国家主席习近平在重庆召开推动长江经济带发展座谈会，听取有关省市和国务院有关部门对推动长江经济带发展的意见和建议。中共中央政治局常委、国务院副总理张高丽出席座谈会并讲话。

2016年9月11日，推动长江经济带发展领导小组办公室负责人就长江经济带发展有关问题答记者问。相关的问题包括：推动长江经济带发展的时代背景和战略意义；《长江经济带发展规划纲要》编制过程和主要内容；推动长江经济带发展的总体要求；长江经济带在空间布局上的考虑；《长江经济带发展规划纲要》在生态环境保护、综合立体交通走廊建设、产业转型升级、新型城镇化推进、对外开放新格局构建、一体化市场体系建设、基本公共服务整体水平提升等方面的具体举措。

2016年12月1日，推动长江经济带发展领导小组办公室会议暨省际协商合作机制第一次会议在北京召开。根据会议要求，相关部门及沿江各省市将抓紧制定配套实施方案，全面贯彻实施《长江经济带发展规划纲要》，编制生态环保、林业、旅游等专项规划，尽早形成有机衔接的长江经济带发展规划体系。找准重点突破口，加快推进实施生态环境保护、综合交通建设、产业优化升级等“三大工程”。积极探索创新，抓紧建立健全负面清单管理制度、长江流域管理体制、长江生态保护法律制度等“三项制度”。

2016年12月18日，推动长江经济带发展领导小组办公室与最高人民法院在北京签署《关于建立推动长江经济带发展司法合作协同机制的合作框架协议》。最高人民法院院长周强同志与领导小组办公室主任、发展改革委主任徐绍史同志代表双方签署合作协议并讲话。

2017年初，推动长江经济带发展领导小组办公室做出重要部署——印发《关于开展长江入河排污口专项检查行动的通知》。长江流域各地应声而动，纷纷开展自查自审。

2017 年 6 月 9 日，推动长江经济带发展工作会议在北京召开。中共中央政治局常委、国务院副总理张高丽主持会议并讲话，会议认真学习贯彻习近平总书记关于推动长江经济带发展的重要讲话和指示批示精神、李克强总理重要批示要求，讨论《长江经济带生态环境保护规划》等有关文件，研究部署下一步工作。

2017 年 8 月 23 日，推动长江经济带发展领导小组办公室在湖北武汉召开加快推进沿江非法码头和非法采砂专项整治工作座谈会，会议要求严格按照时间表决战决胜，要求沿江省市应取缔的非法码头必须在 9 月底前全部拆除完毕，同时力争年底前，已拆除码头完成生态复绿、应规范提升码头完成整改。国家发展改革委副主任胡祖才出席会议并讲话，湖北省委常委、常务副省长黄楚平出席会议并致辞。

2017 年 12 月 13 日，推动长江经济带发展领导小组办公室会议暨省际协商合作机制第二次会议在北京召开。领导小组办公室综合协调组介绍了推动长江经济带发展工作进展情况；江苏省、湖北省、重庆市分别介绍了长江经济带发展工作进展及省际协商合作机制运行情况。会议强调，2018 年是推动长江经济带发展的关键之年，要凝聚共识，牢牢把握“共抓大保护、不搞大开发”的战略导向，奋发有为，扎实工作，切实把一江清水保护好，把黄金水道利用好，把长江经济带建设好。沿江 11 省市分管副秘书长、发展改革委负责同志，领导小组办公室成员单位联络员以及三峡集团、节能环保集团、国家开发银行、国家开发投资公司负责同志参加会议。

2018 年 5 月 17 日，中共中央政治局常委、国务院副总理、推动长江经济带发展领导小组组长韩正在北京主持召开推动长江经济带发展领导小组会议。会上审议有关文件，明确目标、分解任务，部署下一阶段重点工作。

2018 年 6 月 4 日至 8 日，为扎实推进长江入河排污口整改提升工作，推动长江经济带发展领导小组办公室、生态环境部、水利部组成三个联合督查组，赴沿江省市开展专项督查。领导小组办公室综合协调组组长兼基础产业司副司长刘德春同志带领督查一组对四川省进行了重点督查，先后到泸州、宜宾、乐山、眉山、成都等地 10 处污水处理厂，查看每处入河排污口情况，检查整改提升工作进度、研究分析存在问题、提出下一步工作要求。8 日下午，督查组在成都同四川省相关部门负责同志深入交换了意见。

2018 年 6 月 13 日，推动长江经济带发展领导小组办公室综合协调组赴江苏省泰州市对泰兴滨江污水处理厂污泥处置问题进行现场督查。

2018 年 6 月 24 日至 26 日，为及时准确研判上半年推动长江经济带发展形势，推动长江经济带发展领导小组办公室综合协调组组长兼基础产业司副司长刘德春同志、基础产业司副司长史瑞明同志分别带队赴湖北、安徽开展专题调研。调研组深入湖北武汉、宜昌、荆州和安徽合肥、芜湖、安庆等地，实地调研了三峡枢纽综合交通运输体系建设、沿江 1 公里化工企业搬迁、长江岸线整治、饮用水水源地保护、流域生态综合治理、固体废物大排查以及新兴产业发展情况，召开专题座谈会听取地方有关部门意见建议，就当前长江经济带共抓大保护工作进展、经济发展形势、存在的主要问题以及下一步工作建议进行了深入研究。

2018 年 11 月 10 日上午，为推动实施长江流域水环境质量监测预警办法，有力有序有效推进长江生态环境保护修复工作，推动长江经济带发展领导小组办公室、生态环境部在四川省成都市联合召开长江经济带水环境质量监测预警现场会。会议听取了长江经济带水环境综合治理和污染联防联控相关工作进展情况的汇报，解读了《长江流域水环境质量监测预警办法（试行)》，通报了 2018 年 1 ~ 9 月长江流域水环境质量预警试评价结果，交流了有关省市水环境综合治理经验和做法。

2018 年 12 月 14 日，中共中央政治局常委、国务院副总理、推动长江经济带发展领导小组组长韩正在北京主持召开推动长江经济带发展领导小组会议。会议全面贯彻落实习近平总书记在深入推动长江经济带发展座谈会上的重要讲话精神，坚持问题导向，推动长江经济带共抓大保护取得新进展。会上播放了生态环境部与中央广播电视总台组织力量，历时 3 个月、深入长江经济带 11 省市、行程约 10 万公里进行暗访、暗查、暗拍，对长江的生态环境状况进行了一次初步“体检”，编辑形成长江经济带生态环境警示片。长江经济带 11 省市和有关部门负责同志针对暗访暗查发现的问题做了发言。

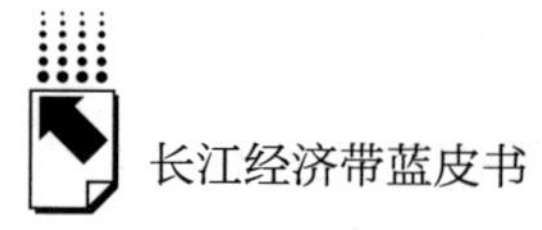

2019 年 1 月 10 日，推动长江经济带发展领导小组办公室主任、国家发展改革委主任何立峰在北京主持召开推动长江经济带发展领导小组办公室第三次会议。会议全面贯彻落实习近平总书记关于推动长江经济带发展的重要讲话和指示精神，贯彻落实中央经济工作会议精神，认真落实李克强总理批示要求，传达贯彻推动长江经济带发展领导小组第二次会议精神，讨论有关文件，向沿江省市移交生态环境问题清单，研究部署 2019 年重点工作，扎实推动长江经济带高质量发展取得新成效。

三　长江经济带沿江11省市的相关政策和重要会议

2015 年，湖北省、湖南省、安徽省、江苏省、上海市、重庆市、浙江省等相继成立推动长江经济带发展领导小组。

2015 年 7 月，江苏省委省政府出台《江苏省贯彻落实〈国务院关于依托黄金水道推动长江经济带发展的指导意见〉的实施意见》，提出江苏在长江经济带建设“五个区”（长江南京以下江海联运港区、全球先进制造业和现代服务业集聚区、长江流域内外开放合作先导区、长三角城市群北翼核心区、全国生态文明建设先行示范区）的战略定位，并成立了江苏省推动长江经济带发展领导小组，全面推进全省建设长江经济带各项工作。

2016 年 1 月 8 日，湖北省扎实开展长江经济带“共抓大保护”专项检查。湖北省委常委会 1 月 8 日召开专题会议，学习传达习近平总书记重要讲话精神，迅速部署长江经济带生态保护和绿色发展工作，要求全省牢固树立“位置上游、责任上游、工作标准上游”的“上游意识”，绝不以牺牲生态环境为代价片面追求 GDP，时时处处对“下游”负责，切实履行“中游”的责任与担当，确保“一江清水东流”“一库清水北送”。

2016 年 6 月，江西省成立推动长江经济带发展领导小组。

2017 年 1 月，湖北省人大出台《关于大力推进长江经济带生态保护和绿色发展的决定》，限制在长江干流沿线新建石油化工、煤化工等化工项目，禁止新增长江水污染物排放的建设项目，坚决关停沿江排污不达标企业。

2017 年 3 月 20 日，江西省政府新闻办、省发展改革委联合召开“2017 年江西省长江经济带战略实施情况及 2018 年推动长江经济带发展工作重点”新闻发布会。

2017 年 4 月，贵州省推动长江经济带发展领导小组成员调整。

2017 年 5 月，四川省推动长江经济带发展领导小组第一次全体会议在成都召开。

2017 年 7 月 20 日，金融租赁服务长江经济带发展战略联盟正式成立。交银租赁、工银租赁等八家资产规模超千亿元的金融租赁企业共同发起组建金融租赁联盟，联盟与沿江 11 省市发展改革委签署协议，初步达成 3000 亿元租赁合作意向。

2018 年 6 月 8 日，重庆市与三峡集团签订了《坚持生态优先、共推绿色发展战略合作框架协议》，协议就四方面 10 个事项达成一致意见。这标志着重庆市与三峡集团开启了央地合作深入推动长江经济带发展共抓大保护工作的新征程。

2018 年 11 月 19 日至 20 日，长江沿岸中心城市经济协调会（以下简称“长江协调会”）第十八届市长联席会议在重庆市召开。会议的主题是“推动智能化高质量发展，共建绿色长江经济带”。长江协调会 27 个成员城市政府领导和区域合作交流部门负责同志，长江沿岸中心城市信息合作联盟单位负责人参加了会议。国家发展改革委、国家互联网信息办公室、国家信息中心、中国信息协会等国家部委领导到会指导。江苏、安徽、湖北、四川、贵州、云南等省区域合作交流主管部门负责人，长江流域智能制造与机器人产业联盟及知名专家、重庆机器人与智能装备产业联合会、国内知名学者、专家和企业家应邀出席会议。

2018 年 11 月 27 日，长江中游城市群省会城市第六届会商会在长沙举行，武汉、长沙、合肥、南昌四市党政主要领导出席，围绕贯彻落实习近平总书记重要讲话精神，下好区域协调发展“一盘棋”，共商推动区域经济绿色发展、创新发展、高质量发展。这是习近平总书记在武汉主持召开深入推动长江经济带发展座谈会后，长江中游城市群四省会城市召开的首次会商会。四市以及观察员城市岳阳、黄石、九江、安庆共同签署《长江中游城市群建设近期合作重点事项》。会上还签署了《长江中游城市群省会城市共建科技服务资源共享平台合作协议》《长江中游城市群省会城市新区发展合作框架协议》。

（唐聪聪整理）

B.34
后　记

《长江经济带高质量发展研究报告（2019）》汇集了政府咨询机构、科研机构和高校关于长江经济带发展的研究成果，旨在为推动长江经济带高质量发展的科学民主决策和工作部署落实建言献策。

本书的编辑工作是在国务院参事室主任王仲伟和上海参事室主任姜平的领导下，由国务院参事室副主任赵冰和中国宏观经济研究院副院长吴晓华总体统筹，由国务院参事室参事业务一司司长许晓伟和副司长张立平、中国宏观经济研究院科研部副主任罗蓉组织协调，国务院参事室参事业务一司张培源、赵源、庞新华，中国宏观经济研究院王继源、唐聪聪、肖黔楠、孙林参与下完成的。

本书成果由国务院参事室长江经济带发展研究中心、中国宏观经济研究院、沿江省市政府参事室、上海社会科学院、同济大学国家现代化研究院和南京大学长江产业经济研究院、南通大学江苏长江经济带研究院、湖北社科院长江流域经济研究所、上海发展战略研究所等专家学者提供，在此谨对上述同志表示衷心感谢。对书中存在的不足之处，欢迎各位读者批评指正。

编委会

2019 年 10 月

Abstract

The Yangtze River Economic Belt YREB development strategy is major strategic decision made by the Central of the Communist Party of China (CPC) . Since the 18th CPC National Congress, General Secretary Xi Jinping has stood at the historical and holistic heights and personally planned the development of Yangtze River Economic Belt in the long-term interests of the Chinese nation. He put forward "promoting well-coordinated environmental protection and avoiding excessive development", "giving priority to ecology for green development", "adopting a holistic approach", "pursuing a unified blueprint", and to properly handle five relationships in the economic development of Yangtze River Economic Belt. These strategic thoughts aim at promoting the high-quality development of Yangtze River Economic Belt under the new situation.

Under the guidance of Xi Jinping Thought on Socialism with Chinese Characteristics for a New Era, the Yangtze River Economic Belt has made substantial progress in various aspects, such as ecology, transportation, industry, urbanization, opening-up, and institutional framework, noticeably in ecological protection and governance and transportation infrastructure construction. Based on its own situation, status, and strategic orientation, the Yangtze River Economic Belt will be built into a new engine to boost the high-quality development of China's economy. This is one of the key tasks for China to achieve the second Centennial Goal (a strong, democratic, civilized, harmonious, and modern socialist country) .

To promote the high-quality development of Yangtze River Economic Belt, the top priority is to vigorously protect the ecological environment of the Yangtze River. In the long-term interests of the Chinese nation, we should put the Yangtze River ecological restoration in an overwhelming position. We need to find the root causes of ecological problem in the Yangtze River, with consideration to the river-lake relationship and with a view to ecosystem integrity and river basin system. On this basis, a systematic program should be designed, taking into account ecological elements such as mountains, waters, forests, farmlands, lakes, and grasslands. Then, ecological restoration and environmental protection projects will be well implemented to gradually resolve the ecological overdraft in the Yangtze River.

To promote the high-quality development of Yangtze River Economic Belt, the various modes of transportation should be coordinated and integrated to reduce the costs and improve the overall effectiveness and efficiency of transportation. Focusing on transportation organization optimization and supply chain collaborative innovation, we should adopt an integrated approach for development to promote changes in the quality, efficiency and power of transportation. This will drive the deep adjustment and optimization of transportation, energy, and industrial structures of Yangtze River Economic Belt, and expedite the construction of a modern green three-dimensional transportation corridor that integrates with industry, economy, trade, and ecology at deep levels.

To promote the high-quality development of Yangtze River Economic Belt, innovation-driven industrial restructuring and upgrading is necessary. With great and firm determination, we should resolve backward production capacity in an active and prudent way to eliminate ineffective supply, and completely abandon the old model dominated by investment and factor inputs. Meanwhile, we will cultivate and develop advanced production capacity within the space created by the exit of old production capacity, and encourage the high-end development of traditional industries to build a modern industrial system, increase effective supply This will accelerate the formation of new industrial clusters and further, facilitate industrial restructuring and upgrading.

To promote the high-quality development of Yangtze River Economic Belt, we must actively advance new-type urbanization that harmonizes water, road, port, shore, industry, and city. We should apply systematic methods to appropriately handle the relationship between individual development and coordinated development. Cities and towns in the Yangtze River Economic Belt cities should clarify the orientation and direction of their own development, and meanwhile, identify the priorities for complementary development based on the orientation and direction of the entire urban cluster development. This will contribute to coordinated development, organic integration, and concerted effort that build the Yangtze River Economic Belt into an efficient economy.

To promote the high-quality development of Yangtze River Economic Belt, we will strive to create a new all-round opening-up pattern, in which cities along the coast, river, and border are coordinated with inland areas. In terms of hardware, we should improve international transportation corridors and enhance opening-up platforms. In terms of software, we should build a new open economic system. To this end, we need to clean up local policies and regulations hindering the rational flow of factors, and remove market barriers to facilitate cross-regional free flow and optimal allocation of factors such as labor, capital and technology. The experience of Shanghai Pilot Free Trade Zone in reform and innovation will be reproduced and spread, and it will be organically integrated into the Belt and Road Initiative to foster new advantages in international economic cooperation and competition.

Contents

I General Report

Abstract: General Secretary Xi Jinping called for efforts to transform the Yangtze River Economic Belt into "a new engine to boost the high-quality development of China's economy". In the past three years, the Yangtze River Economic Belt has formed a holistic view with the strategic orientation to "green development with priority to ecology". In line with the strategic requirement of "promoting well-coordinated environmental conservation and avoiding excessive development", the Yangtze River Economic Belt has established overall planning while following the principle of "coordinated advancement of protection and development". As a result, the region gradually shows the characteristics of high-quality development: The pattern of well-coordinated environmental conservation has basically taken shape; the philosophy of innovation-driven development has been deeply rooted in the minds of the people; and continuous improvements have been seen in regional coordination, river basin openness, and development and sharing indicators. However, it should be noted that the Yangtze River Economic Belt development still faces problems such as inadequate coordination in environmental governance, separate management of various modes of transportation, disorder and inefficient industrial competition, and unbalanced development of river basin. It is necessary to further understand General Secretary Xi Jinping's strategic thinking on the YRBE, strengthen the coordination among sectors and among areas, accelerate the reform of core systems in key fields and key aspects. Focus efforts should be made to address the YRBE high-quality green development during the 14th Five-Year Plan period, providing first-hand experience for leading the high-quality development of Chinese economy.

Keywords: Yangtze River Economic Belt; High-quality Development; Enviroment

Ⅱ Ecological Environment Reports

B. 2 Study of Negative List System for Market Access in the Yangtze River Economic Belt *Su Ming* / 018

Abstract: The negative list system for market access is an important initiative to promote well-coordinated environmental conservation and avoid excessive development in the Yangtze River Economic Belt. This paper expounds the essential requirements and vital significance of negative list system, and clarifies the key issues to be addressed and defines the ideas and principles for the preparation of negative list. On this basis, shorelines, sections, and regions are classified into two categories: prohibited and restricted. Then, category-specific control measures or requirements are brought forward for shoreline, section and regional development, as well as industrial development, which will be integrated into form a negative list. Finally, the paper proposes to establish a range of systems to support the negative list system, including comprehensive regulatory and inspection system and information sharing mechanism, assessment and accountability system, dynamic adjustment system, and guided exit mechanism for classified existing projects.

Keywords: Yangtze River Economic Belt; Market Income; Negative List

Abstract: Energy is a key factor in the environmental protection and high-quality development of Yangtze River Economic Belt. This paper analyzes prominent energy development issues in the Yangtze River Economic Belt at the river basin/regional level, including the escalating contradiction between hydropower development of the upper and middle reaches and environmental protection of the river basin, the serious contradiction between pollution from ship fuels and construction of Yangtze River Green Ecological Corridor, the insufficient capacity of oil and gas pipeline networks along the Yangtze River, absent adaptive policy to meet the strong demand for clean winter heating, the restraints on coordinated consumption and delivery of clean electricity in Yunnan, Guizhou, Sichuan, and Chongqing, the dual pressure of ensuring energy security and promoting green and low-carbon transformation in Hunan, Hubei and Jiangxi, and the relatively large shortage of energy for the high-quality development of Yangtze River Delta. In line with the strategic vision of green development with priority to ecology and the overall requirement of promoting well-coordinated environmental conservation and avoiding excessive development, this paper put forward four principles for coordinated energy development in the Yangtze River Economic Belt, i. e. coordination in the river basin, between areas in the belt, between energy varieties, and between the YRBE and beyond, and suggests the implementation pathways and guarantee mechanisms to address the mentioned seven major issues.

Keywords: Yangtze River Economic Belt; Energy Coordination; Green Development

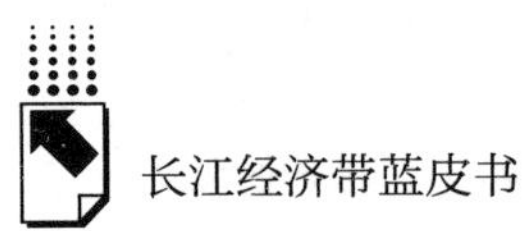

B. 4 Actively Exploring the Way to Transform Lush Mountains and Lucid Waters into Invaluable Assets for the Yangtze River Economic Belt

Li Zhong / 054

Abstract: General Secretary Xi Jinping called for active efforts to explore and promote the way to transform lush mountains and lucid waters into invaluable assets for the Yangtze River Economic Belt. This paper proposes three implementation pathways. The first pathway is to protect the ecological environment and improve the eco-compensation mechanism, including the rational allocation of eco-compensation funds to enhance the ecological protection capacity of Yangtze River Basin, the coordination of various compensation funds and policies to form comprehensive compensation measures for the Yangtze River Basin, and the establishment of incentive and restraint mechanisms with clear rewards and punishments that link ecological protection results with fund allocation. The second pathway is to revitalize ecological resources and establish a market-oriented operation mechanism, including defining the property right of ecological resources, assetizing ecological resources, creating an ecological product trading market, and actively exploring the trading mechanism for capitalizing ecological resources. The third pathway is to facilitate the transformation of ecological resources into ecological economy by relying on the ecological environment, including the transformation of ecological products into eco-agricultural products, eco-tourism products and eco-industrial products.

Keywords: Eco-compensation; Ecological Product; Trading Mechanism

Abstract: Guided by the philosophy that "lush mountains and lucid waters are invaluable assets", Zhejiang Province has thoroughly implemented the requirement of green development with priority given to ecology for the development of Yangtze River Economic Belt. A value realization model has been fostered for ecological products in rural areas based on eco-agriculture. The model starts from eco-tourism and includes new industrial formats as important supplements, such as rural e-commerce, leisure agriculture, and cultural creativity. By promoting the development of whole industrial chain and the integration of primary, secondary and tertiary industries, brands are strengthened to further expand the sources of profit and increase the added value. While boosting the rural economy, the practice represents Zhejiang's experience of promoting the green development of Yangtze River Economic Belt and offers an important starting point for advancing the implementation of rural revitalization strategy.

Keywords: Yangtze River Economic Belt; Value Realization of Ecological Products; Rural Revitalization

Abstract: The value realization mechanism for ecological products, which turns natural ecological advantages into socio-economic development advantages, is one of the important components of building the ecological economic system for the Yangtze River Economic Belt. In line with the philosophy that "lush mountains and lucid waters are invaluable assets", Zhejiang Province innovatively reforms forestry to facilitate the transformation of forestry resources into assets and capital. With focus on operators, the forestry reform addresses issues such as capital source, growth point, and brand cultivation, and realizes the change from "harvesting trees" to "conserving trees". Zhejiang's practice provides a useful reference for smooth pathways to transforming lush mountains and lucid waters into invaluable assets. Especially, it forms valuable experience for promoting the development of Yangtze River Economic Belt in terms of integrated means, legalized property rights, diversified participants, financial operation, ecological industrialization, and high-end brand. This embodies Zhejiang's wisdom for exploring the value realization pathways of ecological products.

Keywords: Forestry Reform; Yangtze River Economic Belt; Green Development

Abstract: Ganzhou City of Jiangxi Province, an important ecological shield in the southern part of China, is included in the first pilot areas for ecological protection and restoration of mountains, rivers, forests, farmlands, lakes, and grasslands. To achieve ecological protection and restoration, the city makes scientific planning and design for systematic governance instead of single restoration; builds a co-governance mechanism that unites all forces; and improves the ecological conservation system that address various issues simultaneously. It appropriately handles the relationship between overall promotion and key breakthroughs, the relationship between environmental protection and economic development, and the relationship between overall planning and unremitting effort. In addition, the city actively develops innovative models of ecological restoration and creates pilots and examples to achieve ecological benefits for all the people.

Keywords: Ecological Protection; Ecological Restoration; Ecological Governance

Abstract: The current environmental management of Yangtze River Economic Belt is still deficient in many aspects, including insufficient initiative and creativity, absent or imperfect mechanism for coordinated environmental protection, inadequate practical regional cooperation, and lack of urban coordination and driving force between urban clusters. Institutional mechanism is the key to the green development and better environmental management of Yangtze River Economic Belt, so it is necessary to build an environmental performance management system that enhances organizational leadership, mobilizes all shareholders, stimulates endogenous motivation, and adapts to integrated watershed management. Further, systematic assessment and constraint diagnosis of environmental performance management at the city level is an important link and way to improve environmental performance management and environmental quality for the green development of Yangtze River Economic Belt.

Keywords: Yangtze River Economic Belt; Environmental Performance; Watershed Management

Ⅲ Three-dimensional Transportation Reports

Abstract: In the inspection of the Yangtze River Economic Belt in Hubei, General Secretary Xi Jinping once again stressed the need to promote well-coordinated environmental protection and avoid excessive development in pursuit of healthy growth when advancing the high-quality development of Yangtze River Economic Belt. He offered guidance for the further development of Yangtze River Economic Belt by proposing to appropriately handle the relationship between overall progress and key breakthroughs, between environmental protection and economic development, between overall planning and unremitting efforts, between removal of old driving forces and cultivation of new ones, and between individual development and coordinated development. High-quality transportation provides an important guarantee and driving force for accelerating the development of Yangtze River Economic Belt in accordance with new requirements. It is necessary to promote changes in the quality, efficiency and power of transportation, with focus on optimization and adjustment of transportation organizations and collaborative innovation of supply chain. An integrated approach should be adopted for transportation development to simulate the deep adjustment and optimization of transportation structure, energy structure and industrial structure of Yangtze River Economic Belt. Pace should be accelerated to construct a modern green three-dimensional transportation corridor that integrates with industry, economy, trade and ecology at deep levels.

Keywords: Transportation; High-quality Development; Yangtze River Economic Belt

Abstract: Tongren Phoenix Airport covers and serves two administration areas. In recent years, Tongren Phoenix Airport has achieved rapid development owning to the concerted efforts of the governments of Tongren City and Xiangxi Autonomous Prefecture. The coordinated efforts of the two local governments are typical and representative in the cross-regional coordinated development of China. Therefore, the experience is hereby summarized and refined, which will provide certain reference for regional coordinated development of China's Yangtze River Economic Belt.

Keywords: Tongren Phoenix Airport; Yangtze River Economic Belt; Coordinated and Shared Development

Ⅳ Industrial Upgrading Reports

Abstract: The chemical industry in developed countries has experienced a transition from high-pollution extensive production to technology-intensive clean production. The main experiences are forcing industrial transformation and upgrading by raising environmental protection standards; ensuring sound industrial operation through strict laws and regulations; giving play to the role of industry associations and civil institutions; and resolve public concerns through open and transparent communication mechanisms. China should draw on these experiences and practices to accelerate the high-end, green, and cluster development of chemical industry toward high quality.

Keywords: Chemical Industry; Transformation and Upgrading; Yangtze River Economic Belt

Abstract: In theory, an industrial alliance is an intermediate organization between the enterprises and the market. The cooperation mechanism is based on the bonds among industry, university, institute, intermediate, and government that is linked by contract or entity. Driven by revenue from cooperation, industrial alliances aim to solve common problems in industrial development, and have significant effects on industrial innovation, transformation and upgrading. The industrial alliances in the Yangtze River Economic Belt concentrate on local leading industries and characteristic industries. These industrial alliances are mainly established on a provincial basis, with few across provinces and cities. They have diversified members and differ in leading members. The model is relatively simple, characterized by contractual cooperation between members. Based on the situation and problems of industrial alliance construction in the Yangtze River Economic Belt, the paper suggests promoting and improving the cooperation mechanism of inter-regional industrial alliances, in accordance with the overall idea of "market orientation, government guidance, multi-shareholder governance, and differentiated policy", under the guidance of the spirit of the 18th CPC National Congress while drawing on the advanced experience at home and abroad.

Keywords: Yangtze River Economic Belt; Industrial Alliance; Industrial Innovation and Development

Abstract: In recent years, the Yangtze River Economic Belt has accomplished remarkable results in industrial innovation and development. Areas in the belt play a significant leading role in industrial development. The driving forces have been transformed and industrial transfer advanced in an orderly manner, and the supply-side structural reform has yielded results. However, industrial development remains inadequate and imbalanced. There are still many obstacles to cooperation and flow of factors between regions and between industries, weak linkage for industrial development and shortage of high-end talents. It is urgent to establish a fair and unified market, optimize regional industrial layout, advance orderly industrial transfer, and build a sound ecological compensation system for the Yangtze River Economic Belt, which contributes to green and low-carbon industrial development. The regional coordination and cooperation system should be set up to promote regional coordinated industrial development. Efforts should be intensified to train talents and cultivate innovative talents.

Keywords: Yangtze River Economic Belt; Industrial Innovation and Development; Industrial Cooperation; Regional Coordination

V New Urbanization Reports

Abstract: The Yangtze River Delta integrated development and the Yangtze River Economic Belt development are major strategies planned, deployed and promoted personally by General Secretary Xi Jinping. They have innate close ties, despite different starting points and strategic priorities. In the process of implementation, the two strategies should not be separated, but coordinated in strategic planning. At present, in view of current inadequate connections, efforts should be made to strengthen the alignment of the two strategies in environmental protection, site selection of major platforms, and interactive carriers of the upper, middle and lower reaches.

Keywords: Yangtze River Economic Belt; Regional Integration; Yangtze River Delta

B. 15 Promoting the High-quality Development of Four Provinces in the Middle Reaches of the Yangtze River—Cultivating China's Second Echelon to Surmount the Middle-income Trap

Wang Jiyuan, *Jia Ruoxiang* / 173

Abstract: At present, China is in the sprint stage of surmounting the middle income trap. Facing new challenges in the new situation, China should give full play to the advantage of large economic leeway, deepen the implementation of regional coordinated development strategy, and plan and cultivate a number of new regional economic growth points. Anhui, Jiangxi, Hubei, and Hunan which have sustained rapid growth of around 8% since the 18th CPC National Congress, are identified as strategic priorities. They will be built into the second echelon of surmounting the middle-income trap after the eastern region, through initiatives such as facilitating major transportation infrastructure connectivity, creating open channels for the Belt and Road, expanding the real economy, and promoting urbanization. This is of great significance for China to maintain medium- and high-speed economic growth, smoothly move into high-income countries, and realize the goal of basically achieving socialist modernization in 2035.

Keywords: Middle-income Trap; Regional Coordination; Central Yangtze River

B. 16 Rural Land System Reform in the Upper Reaches of Yangtze River Economic Belt

Liu Baokui / 182

Abstract: In recent years, Chongqing, Sichuan, Guizhou and Yunnan in the upper reaches of the Yangtze River Economic Belt have have carried out many attempts in rural land system reform, combined with the pilots for rural land system reform and comprehensive pilot projects for new urbanization. With relatively outstanding results achieved, these provinces and cities have walked in the forefront of national rural land system reform. Based on a large number of investigations, this paper summarizes the representative experiences of rural areas, such as Meitan, Pitxian and Dazou, in rural contracted land, collectively-operated construction land, and rural housing land, and proposes to further deepen rural land reform through the exit of rural housing land, lease-then-sell arrangement for agricultural land, and mortgage loans secured by farmhouse property rights.

Keywords: Rural Land System; Market Entry of Collectively-operated Construction Land; Rural Housing Land

Abstract: This research report is the final outcome of the research project "Alignment of Suzhou, Wuxi and Changzhou with Shanghai for the Yangtze River Delta Integration" carried out by the National High-end Think Tank of the Shanghai Academy of Social Sciences. The main contents include: (1) The latest progress and the bottlenecks faced in the Yangtze River Delta integration. This part reviews the current situation and problems in the Yangtze River Delta in terms of planning alignment, strategic coordination, special cooperation, market unification, and mechanism improvement; (2) The situation and measures for comprehensive alignment of Suzhou, Wuxi and Changzhou with Shanghai. This part analyzes the alignment situation and relevant measures of the three cities, covering regional transportation facility interconnectivity, industrial integration and regional economic capacity improvement, coordinated technological innovation and joint establishment of a global technological innovation center, and economic and social integration marked by medical cooperation and big health industry. At the same time, this part probes into the comparative advantages of the three cities in spatial location, economic structure, and resource endowment, and examines the rationality of alignment measures in such aspects as undertaking industrial transfer from Shanghai and promoting regional coordinated development of industries, so as to explore the potential areas for future full alignment with Shanghai; and (3) Real difficulties and obstacles faced by Suzhou, Wuxi and Changzhou for alignment with Shanghai in the above aspects. This part explains the obstacles from the external environment and Shanghai, Suzhou, Wuxi and Changzhou themselves, and puts forward the feasibility and operational areas of for full alignment with Shanghai under the economic reality of administrative division.

Keywords: Yangtze River Delta Integration; Suzhou Wuxi and Changzhou; Industrial Integration

Ⅵ Opening-up Reports

Abstract: Since cities along the Yangtze River became open in 1992, the Yangtze River Economic Belt has made substantial progress in the development of open economy. In recent years particularly, the middle and upper reaches have accelerated the pace of opening up, and explored and formed the new model of inland openness represented by the China Railway Express. This paves a solid foundation for creating a pattern of comprehensively opening up the Yangtze River Economic Belt. However, the existing pattern characterized by strong eastern areas and coastal areas and weak western areas and inland areas has not yet fundamentally changed. Three new and difficult problems have arisen in the coordination of opening up the eastern and western areas. Hence, there is still a long way to go to achieve the all-round opening-up of Yangtze River Economic Belt.

Keywords: The Yangtze River; Opening up; Open Economy

Abstract: The key to the success of the conceive of the Yangtze River Economic Belt lies in the fact whether the upper, middle and lower reaches of the river basin can be linked. The key point th sovle this problem is to make the upper and middle reaches posses the momentum of development. In the new era, the omin-directional opening strategy represented by the Belt and Road has provided impetus for coordinated development of the Yangtze River economic belt. We must integrate the green devlopment of the Yangtze River economic belt with the construction of the Belt and Road. To promot deep integration, we must pay more attention to the following issues. First, new changes in the strategic position and role of the development of the upper reaches of the Yangtze River and the western region in the new era. Second, regional development policies should be different. Third, reconstruction of industrial chain, value chain and supply chain in the upper reaches of the Yangtze River and the western region in an open enviroment. Fourth, attach importance to the important strategic grasp of design coordination and linkage. So, we give the following suggestion. Grasp interconnection and create basic conditons for coordinated development. With opening as the motive power, promote the construction of an open economic system in the upper and middle reaches of the Yangtze River. Enhance the ability of innovation and support, and advance the high-quality development of the Yangtze River economic belt. Take the road of ecological green and realize sustainable development.

Keywords: The Belt and Road; The Yangtze River Economic Belt; Green Development

Ⅶ Policy Recommendations Reports

B. 20 Three Suggestions for Promoting the Timely Introduction of Yangtze River Protection Law

Zhu Weijiu, *Chen Enmei* / 242

Abstract: The Research Center for Yangtze River Economic Belt Development of the Counselors' Office of the State Council carried out research on issues concerning the legislation of Yangtze River Protection Law. The Counselor of the State Council Zhu Weiyan and the Counselor of Sichuan Provincial People's Government Chen Enmei proposed that the *Yangtze River Protection Law* should strictly follow the *Legislation Law* and well address seven issues, including convergence with other laws, management system and agencies, environmental standard setting, resource development regulation, ecological protection compensation, incentive mechanism, and judicial collaboration. They suggested initiating the temporary suspension of local application of certain provisions and authorizing relevant pilot reform to promote the timely introduction of Yangtze River Protection Law.

Keywords: Yangtze River Protection Law; Management System; Judicial Collaboration

B. 21 Proposal on Establishment of Development Indicator System for the Yangtze River Economic Belt

Center of the Yangtze River Economic Belt Development Research of the Counsellors' office of the State Council, *Chinese Academy of Macroecomic Research* / 247

Abstract: The Research Center for Yangtze River Economic Belt Development of the Counselors' Office of the State Council believed that the development indicator system is of high significance for promoting the high-quality development of Yangtze River Economic Belt. It suggested integrating resources and creating a task force to step up the research on development indicator system of Yangtze River Economic Belt based on the existing work. The research findings will be reported, and with approval, issued and implemented according to the procedures. The scientific and accurate figures and graphs about the Yangtze River will provide important support for scientific decision-making, planning implementation, and effectiveness evaluation.

Keywords: Yangtze River Economic Belt; Development Indicatior System; High-quality Development

Abstract: The Research Center for Yangtze River Economic Belt Development of the Counselors' Office of the State Council suggested that Chongqing, Sichuan, Yunnan and Guizhou in the upper reaches of the Yangtze River and Hubei, Jiangxi and Hunan in the middle reaches support and guarantee the coordinated development of the upper and middle reaches of the Yangtze River Economic Belt through the rule of law by adopting local People's Congress decisions. On the basis of summarizing the effects of existing inter-provincial consultation and cooperation mechanism, these provinces should draw on the practice of Shanghai, Jiangsu and Zhejiang that local People's Congress decides to support and guarantee the higher-quality integrated development of Yangtze River Delta.

Keywords: Legislative Protection; Integrated Development; Yangtze River Economic Belt

B. 23 Creating a New Pattern of Regional Integration of Urban Clusters in the Middle Reaches of the Yangtze River Based on Regional Coordination Platform

Peng Zhimin, Tang Zilai and Liu Hao / 254

Abstract: Under the Research Center for Yangtze River Economic Belt Development of the Counselors' Office of the State Council, the Task Force on Joint Research of Urban Clusters in the Middle Reaches of the Yangtze River pointed out the problems of low level and weak overall coordination in promoting the regional integration for urban clusters in the middle reaches, and proposed to carry out pilot of regional integration with industrial park coordination as the core and regional industrial hubs as the carrier.

Keywords: The Middle Reaches of the Yangtze River; Industrial Park; Regional Integration

B. 24 Proposal on Enhancing Farmland Quality and Food Security in the Middle Reaches of the Yangtze River

Zhou Yong / 258

Abstract: The Research Center for Yangtze River Economic Belt Development of the Counselors' Office of the State Council has carried out relevant research. Zhou Yong, Counselor of Hubei Provincial People's Government, thoroughly examined the important position of Hunan, Hubei, Anhui, and Jiangxi in the national strategy of farmland protection and food security, analyzed the main problems in farmland resource utilization and food safety production, and put forward countermeasures and suggestions for improving farmland quality and ensuring food security in the middle reaches of the Yangtze River, which will provide decision-making support for the protection of cultivated land and the coordinated development of population, resources, environment and economy in the Yangtze River Basin.

Keywords: The Middle Reaches of the Yangtze River; Farmland Quality; Food Security

Abstract: Under the Research Center for Yangtze River Economic Belt Development of the Counselors' Office of the State Council, the Task Force on Joint Research of Urban Clusters in the Middle Reaches of the Yangtze River found that China Railway Express fails to effectively drive local export-oriented economy due to small scale and few collaboration, and put forward the suggestions of pooling regional foreign trade resources, optimizing China Railway Express as a starting point, and constructing a regional coordination mechanism for the development of export-oriented economy in urban clusters.

Keywords: The Middle Reaches of the Yangtze River; China Railway Express; Regional Coordination Mechanism

Abstract: Under the Research Center for Yangtze River Economic Belt

Development of the Counselors' Office of the State Council, Counselor Zhuang Yuanfang et al. , believed that the development of the Jinsha River waterway is of great significance for Yunnan and Sichuan. At present, the construction of cascade hydropower stations in the middle and lower Jinsha River is drawing to an end, creating a 1, 200 km deep water channel. However, there are problems such as shipping obstruction by dams and poor shipping conditions in partial sections. To this end, suggestions were provided, including incorporating the Jinsha River waterway construction into the national plan for shoring up infrastructure weakness, cooperating the Three Gorges Group to address the navigation problem of high-dam power stations, rectifying the Shuifu-Yibin section, and implementing the unified management of the Jinsha River shipping and maritime affairs by Changjiang River Administration of Navigational Affairs.

Keywords: The Yangtze River Economic Belt; Jinsha River; Waterway Construction

B. 27 Proposal on Promoting the High-quality Development of Yangtze River Economic Belt and Building a Modern Industrial System *Xu Xianping, Huang Hanquan* / 276

Abstract: Under the Research Center for Yangtze River Economic Belt Development of the Counselors' Office of the State Council, the research team led by Counselor Xu Xianping carried out the field investigation, and concluded that the Yangtze River problem is manifested in water issue while the root cause lies in the shore. The fundamental solution is to speed up the construction of a modern industrial system, in which the most important is to transform and upgrade the chemical industry along the Yangtze River. The specific recommendations included strengthening the overall planning and optimal layout of chemical industry along the Yangtze River according to the resource and environmental carrying capacity; giving technological support for the environmental protection, transformation and upgrading of chemical industry; setting up special funds to support the transformation and relocation, and green development; and carrying out evaluation.

Keywords: The Yangtze River Economic Belt; High-quality Development; Modern Industrial System

B. 28 Proposal on Options for Addressing the Concentration of Heavy Chemical Plants in the Yangtze River Economic Belt

Cheng Changchun / 284

Abstract: Under the Research Center for Yangtze River Economic Belt Development of the Counselors' Office of the State Council, Cheng Changchun, Counselor of Jiangsu Provincial People's Government, investigated and suggested that the problem of heavy chemical plants surrounding the Yangtze River should be tackled in a multi-pronged manner: highlighting the guidance of planning, adopting a combination of effective measures to control pollution, accelerating the pace of green park construction, and improving the technical level of heavy chemical pollution control, so as to promote the high-quality development of Yangtze River Economic Belt.

Keywords: The Yangtze River Economic Belt; Heavy Chemical Plants; High-quality Development

B. 29 Achievements, Problems and Suggestions on the Coordinated Development of High-tech Industries in the Yangtze River Economic Belt

Cheng Changchun / 290

Abstract: Under the Research Center for Yangtze River Economic Belt Development of the Counselors' Office of the State Council, Cheng Changchun, the joint research team, led by Cheng Changchun, Counselor of Jiangsu Provincial People's Government and comprised of experts from the Institute of National Modernization at Tongji University, carried out month-long surveys in Jiangsu, Shanghai, Chongqing and Beijing. Through on-site interview, literature review, and field investigation, the research team analyzed and evaluated the current situation of coordinated development of high-tech industries in the Yangtze River Economic Belt, and summarized the positive results achieved by the coordinated development of high-tech industries along the Yangtze River.

Keywords: The Yangtze River Economic Belt; High-tech Industry; Coordinated Development

B. 30 Coordinated Development of Yangtze River Economic Belt from the Perspective of Corporate Location Strategy

Tang Zilai / 302

Abstract: Under the Research Center for Yangtze River Economic Belt Development of the Counselors' Office of the State Council, Cheng Changchun, Tang Zilai, Counselor of Shanghai Municipal People's Government, pointed out from the perspective of corporate location strategy that the industrial development of Yangtze River Economic Belt shows a clear gradient pattern at the basin level and regional level. It is recommended to pay attention to both industrial chain and value chain and construct the hard foundation and soft foundation simultaneously to promote the coordinated development of Yangtze River Economic Belt.

Keywords: The Yangtze River Economic Belt; Industrial Development; Coordinated Development

Ⅷ Appendix

皮书起源

“皮书”起源于十七、十八世纪的英国，主要指官方或社会组织正式发表的重要文件或报告，多以“白皮书”命名。在中国，“皮书”这一概念被社会广泛接受，并被成功运作、发展成为一种全新的出版形态，则源于中国社会科学院社会科学文献出版社。

皮书定义

皮书是对中国与世界发展状况和热点问题进行年度监测，以专业的角度、专家的视野和实证研究方法，针对某一领域或区域现状与发展态势展开分析和预测，具备原创性、实证性、专业性、连续性、前沿性、时效性等特点的公开出版物，由一系列权威研究报告组成。

皮书作者

皮书系列的作者以中国社会科学院、著名高校、地方社会科学院的研究人员为主，多为国内一流研究机构的权威专家学者，他们的看法和观点代表了学界对中国与世界的现实和未来最高水平的解读与分析。

皮书荣誉

皮书系列已成为社会科学文献出版社的著名图书品牌和中国社会科学院的知名学术品牌。2016 年，皮书系列正式列入“十三五”国家重点出版规划项目；2013~2019 年，重点皮书列入中国社会科学院承担的国家哲学社会科学创新工程项目；2019 年，64 种院外皮书使用“中国社会科学院创新工程学术出版项目”标识。

S 基本子库
UB DATABASE

中国社会发展数据库（下设 12 个子库）

全面整合国内外中国社会发展研究成果，汇聚独家统计数据、深度分析报告，涉及社会、人口、政治、教育、法律等 12 个领域，为了解中国社会发展动态、跟踪社会核心热点、分析社会发展趋势提供一站式资源搜索和数据分析与挖掘服务。

中国经济发展数据库（下设 12 个子库）

基于“皮书系列”中涉及中国经济发展的研究资料构建，内容涵盖宏观经济、农业经济、工业经济、产业经济等 12 个重点经济领域，为实时掌控经济运行态势、把握经济发展规律、洞察经济形势、进行经济决策提供参考和依据。

中国行业发展数据库（下设 17 个子库）

以中国国民经济行业分类为依据，覆盖金融业、旅游、医疗卫生、交通运输、能源矿产等 100 多个行业，跟踪分析国民经济相关行业市场运行状况和政策导向，汇集行业发展前沿资讯，为投资、从业及各种经济决策提供理论基础和实践指导。

中国区域发展数据库（下设 6 个子库）

对中国特定区域内的经济、社会、文化等领域现状与发展情况进行深度分析和预测，研究层级至县及县以下行政区，涉及地区、区域经济体、城市、农村等不同维度。为地方经济社会宏观态势研究、发展经验研究、案例分析提供数据服务。

中国文化传媒数据库（下设 18 个子库）

汇聚文化传媒领域专家观点、热点资讯，梳理国内外中国文化发展相关学术研究成果、一手统计数据，涵盖文化产业、新闻传播、电影娱乐、文学艺术、群众文化等 18 个重点研究领域。为文化传媒研究提供相关数据、研究报告和综合分析服务。

世界经济与国际关系数据库（下设 6 个子库）

立足“皮书系列”世界经济、国际关系相关学术资源，整合世界经济、国际政治、世界文化与科技、全球性问题、国际组织与国际法、区域研究 6 大领域研究成果，为世界经济与国际关系研究提供全方位数据分析，为决策和形势研判提供参考。

法律声明